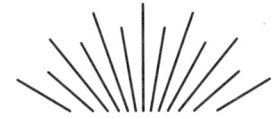

给教师的建议
Сто советов учителю

〔苏〕В.А.苏霍姆林斯基——著　　赵聪——译
В.А.Сухомлинский

湖南人民出版社

本作品中文简体版权由湖南人民出版社所有。
未经许可,不得翻印。

图书在版编目(CIP)数据

给教师的建议 /(苏)B.A.苏霍姆林斯基著;赵聪译. —长沙:湖南人民出版社,2021.3(2022.5)
 ISBN 978-7-5561-2606-4

Ⅰ. ①给… Ⅱ. ①B… ②赵… Ⅲ. ①教学理论 Ⅳ. ①G42

中国版本图书馆CIP数据核字(2020)第231482号

GEI JIAOSHI DE JIANYI

给教师的建议

著　　者	〔苏〕B.A.苏霍姆林斯基
译　　者	赵　聪
出版统筹	陈　实
监　　制	傅钦伟
产品经理	姚忠林
责任编辑	田　野
责任校对	杨萍萍
封面设计	刘　哲

出版发行	湖南人民出版社有限责任公司 [http://www.hnppp.com]
地　　址	长沙市营盘东路3号
邮政编码	410005

印　　刷	湖南凌宇纸品有限公司
版　　次	2021年3月第1版 2022年5月第7次印刷
开　　本	880 mm × 1230 mm　1/32
印　　张	11.125
字　　数	240千字
书　　号	ISBN 978-7-5561-2606-4
定　　价	39.00元

营销电话:0731-82683348　(如发现印装质量问题请与出版社调换)

代　序

本书写作的灵感来自我在帕夫雷什中学工作时与刚开始工作的青年教师进行的上百次会面、交谈，以及从他们那里收到的数千封信件。

我认识许多不同行业的从业人员，但我坚信，没有其他任何一个行业比教师更具有求知精神、更不满现状、更执着地追求创造思想。我永远不会忘记那个来自遥远的巴尔达乡村的年轻女教师。她大学毕业后第一年教英语，就遇到了许多困难。这个年轻姑娘迫不及待地要迈出自己创造性劳动的第一步，梦想着与学生能进行愉快的思想交流，却发现自己并没有从事教学工作的才能，做的是一项并不适合自己的工作。她给我写了很多封满是忧虑的信，信中都贯穿着同样的问题：到底什么是才能？如何确定自己的才能？如何明确自己是否热爱这项工作？我的回复并未让她满意，所以她来找我，想要面对面地告诉我，她所忧虑的到底是什么。

"我将会去往上百所学校，遇到成千上万的教师，"这位年轻的女教师说道，"但我想知道的是，我是否有与孩子们打交道的才能。"

每一个有文化、有修养的人都追求创造所带来的愉悦和生活上的充实。关于如何在教育年轻一代这项高尚的事业中展示自己的才能,如何在这个被认为是最有意义、最复杂、最富人文气息的职业中实现自我,这是一个值得深思的问题。

在我收到的很多信件、参与的座谈中,也曾多次提及这个问题。无论是刚读完中学的十七岁姑娘、师范学院毕业生,还是已经有过成败体验的教师,都在努力地寻求答案。我将以这个问题为切入点,为教师们提供一百条切实可行的建议。

目 录

上 篇 >>>

[1] 什么是教师的才能？它是如何形成的？ /003

[2] 教师的健康、充实的精神生活、快乐的工作 /009

[3] 如何预防日常工作中的神经衰弱？ /014

[4] 请保持善意！ /019

[5] 请记住，没有也不可能有抽象的学生 /024

[6] 时间从哪里来？一昼夜只有 24 小时 /029

[7] 教师的时间和教学各阶段的相互依存 /032

[8] 基础知识在学生记忆中的储存 /035

[9] "双教学大纲"和学生的思维发展 /038

[10] 与"学困生"打交道 /041

[11] 知识既是目的，也是手段 /045

[12] 知识的发掘 /048

[13] 怎样引导学生从事实走向抽象真理？ /051

[14] 第一次学习新知识点 /054

［15］思考新知识点是上课的一个阶段 /057

［16］如何让检查家庭作业成为有效的脑力劳动？/060

［17］评分应该有分量 /063

［18］学习之母不应该是继母 /066

［19］怎么检查作业本？/069

［20］课程学习中学生积极活动的内容 /072

［21］教会学生观察和发现 /075

［22］如何用阅读扩充知识？/077

［23］阅读是"学困生"智力培养的重要手段 /079

［24］不要让能力与知识的比例失调 /081

［25］兴趣的奥秘何在？/085

［26］请努力争取学生的思想和心灵 /088

［27］怎样把思想和自尊心相融合？/094

［28］分享知识和参加社会生活 /096

［29］怎样按季节安排学生的劳动？/098

［30］关于学生的智力生活 /101

［31］要克服负担过重的现象，就必须有空闲时间 /104

［32］请教会学生利用空闲时间 /108

［33］请让每个学生都有自己的爱好 /111

［34］请用劳动爱好来教育学生 /114

［35］怎样才能让学生专注？/118

［36］直观性是认知的道路，也是照亮这条道路的光 /121

［37］给刚参加教学工作的教师的建议 /126

［38］给准备教一年级的教师的建议 /131

［39］怎样在学龄前阶段研究孩子的思维？/133

［40］怎样发展孩子的思维和智力？/137

［41］怎样培养记忆力？/139

［42］请爱惜和发展青少年的记忆力 /141

［43］请培养孩子对绘画的热爱 /144

［44］怎么训练孩子流利书写？/147

［45］请教孩子用左、右手工作 /149

［46］给在大学校里工作的教师的建议 /151

［47］给单班制学校教师的建议 /154

［48］教师要制订哪些计划？/157

［49］关于教师日记的建议 /160

［50］关于自己孩子的教育问题 /163

下 篇 >>>

[51] 是谁、是什么在教育孩子？在教育中教师决定着什么？其他教育者又决定着什么？ /167

[52] 怎样让父母参与孩子的家校教育？ /172

[53] 怎样才能让学生听进去教育者的话？ /177

[54] 怎样才能让作为教育者的父亲和母亲保持一致？ /181

[55] 进行情感教育的训练应该是什么样？ /185

[56] 怎样让孩子愿意好好学习？ /189

[57] 怎样随着孩子的成长和发展，加强与家长的教育工作？ /192

[58] 怎样与家庭共同指导儿童劳动？ /195

[59] 怎样用劳动使心灵高尚、培养人性？ /198

[60] 怎样与家长一起教育未来的母亲和父亲？ /200

[61] 怎样培养对女性——女孩、母亲的尊重？ /203

[62] 教师作为教育者应该具备什么品质？ /205

[63] 集体是一种教育方法，怎样创建集体？集体的基础是什么？ /210

[64] 集体怎样成为个人全面发展的手段？ /215

[65] 怎样培养服从和领导的能力？怎样培养严格要求的精神？ /218

[66] 怎样教育少年列宁主义者，教师在少先队生活中的作用？ /220

[67] 怎样让共产主义思想深入少年列宁主义者的头脑和心灵？ /225

［68］怎样才能让青年们在领取印有伟大列宁肖像的红色共青团员证时满腔热情，使他们珍惜共青团员的称号？ /229

［69］怎样培养共青团员，让他们每个人想要不断变得更好？ /234

［70］怎样激励人不断地进行道德发展和完善？ /236

［71］怎样能让少年对我们的生活和斗争不无动于衷？ /238

［72］怎样用社会主义祖国的思想充实共青团员的精神生活？ /243

［73］青少年的精神是怎样成熟起来的？ /245

［74］不要害怕困难，就让它困难吧，没有困难就没有对少年的思想教育 /249

［75］请珍惜青少年纯洁的精神热情 /251

［76］怎样教共青团员生活在公共利益的世界里？ /254

［77］怎样建立学生集体内部的劳动关系？ /257

［78］不能凭空建立跨年龄集体 /259

［79］请用心让你的学生成为教育者 /261

［80］请教育集体不要无视孤独 /263

［81］请让自己的学生远离空话 /265

［82］怎样教学生自己教育自己？ /267

［83］请掌握与学生单独谈话的艺术 /270

［84］怎样激励道德方面的自我教育？ /275

［85］怎样在劳动和学习中激励自我教育？/281

［86］怎样在脑力劳动中培养自律？/285

［87］怎样在体育运动中激励自我教育？/289

［88］在什么条件下，集体能够有效发挥教育个人的功能？/292

［89］在学校集体里可以讨论什么，不能讨论什么？/297

［90］集体的自主活动是什么？/301

［91］课堂上的思想教育是什么？/305

［92］怎样让时代精神深入青少年的头脑和心灵？/311

［93］要善于使美德具有吸引力 /314

［94］教师的权力是什么？它应该如何体现？/316

［95］怎样珍惜儿童的信任？/319

［96］请用书籍、理智和信念管理学生的心灵 /324

［97］怎样规划教育工作？/327

［98］怎样与集体进行教育谈话？/330

［99］怎样与懒惰作斗争？/335

［100］最后一个建议——关于保密 /339

注释 /341

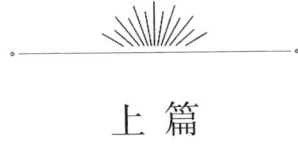

上 篇

[1]

什么是教师的才能？
它是如何形成的？

就像任何一种有明确目标、有计划、专业性、系统性的工作一样，人的教育也是一种职业、一项专长，但这是一种其他任何工作都无法与之相媲美的特殊职业。它具有以下特点：

（1）我们是与生活中最复杂、最无价、最珍贵的"人"打交道。人的生命、健康、理智、性格、意志、行为举止、精神面貌、在生活中的地位和角色、幸福等，都取决于我们，取决于我们的能力、水平、工作技巧和智慧。

（2）教育工作不在于一朝一夕，而是要经过很长一段时间，才可见其成效。我们教授、灌输给孩子们的知识和技能，有可能得五年、十年后才会显现出来。

生活中的很多人和各种现象都会对孩子产生影响。父母、同学、所谓的"外部环境"、读过的书、看过的电影（而这些你并不知道）等都会影响孩子，甚至与某个人的偶然会面也可能会对孩子幼小的心灵产生影响。而这些影响可能是积极的，也可能是消极的。有一些悲伤的沉重的家庭环境会给人的一生留下不可磨灭的印记。亲爱的同行们，学校的使命以及教师最重要的任务，就是为人而斗争，克服消极影响，并扩大积极影响。而要完成这一使命，教师就必须对学生的个性发展施加最为鲜明、积极、有益的影响。德·伊·皮萨列夫曾说："人的本性如此丰富、有力而富有弹性，它能在最坏的环境中保持自己的鲜艳和美丽。"[1] 只有当孩子遇到了聪明智慧、水平高超的教师，他的本性才能得到充分展现。

（3）我们工作的对象是个人成长中最细腻的精神生活领域——理智、感觉、意志、信念、自我意识，而要对其产生影响，也只能通过理智、感觉、意志、信念、自我意识。影响学生精神世界最重要的工具是教师的话语、周围世界和艺术之美，以及创造一定的环境，使得人际关系中所有的情感都得到最充分的表达。

（4）教师创造性劳动的最重要特点之一是，他的工作对象是多变的、每天都以新面貌出现的孩子。我们的工作是培养人，而这赋予了我们一种任何事物都无法比拟的特殊责任感。

这些就是教育工作的特点。那它的才能到底是什么呢？要培养、确定、发展，并磨炼这一才能，需要哪些必要的客观条件呢？

与人交往，并在交往中找到生活的快乐和充实，是每个人固有的精神需求。但由于各种原因，有些人的这种需求并不强烈，而对于另一部分人来说，它又是一个明显的性格特点。人们常说，有些人"天生"孤僻、封闭、沉默，喜欢独处或只与少数朋友交往（当然，"天生"的问题不在我们的讨论范围之内，而教育，尤其是少年的教育具有决定性的意义）。如果与一群人交流让你感到头痛，相较于大的团体工作，你更喜欢独立，或是与两三个朋友一起工作的话，那就请不要选择教师作为自己的职业。

教师职业是一项研究人的科学，要不断地深入人的复杂的精神世界。其显著特点是，不断地发掘人身上新的东西，对新的东西感到惊奇，并能看到人的成长过程，这就是滋养教育工作才能的根源。我坚信，这个根源形成于人的童年和少年时代，形成于家庭和学校，在父母和师长的关怀下滋养而成，他们会教会孩子从心里爱人并尊重人。

如果你的内心萌发了当教师的想法，那就请检查和考验一下你自己。当你在九年级或者十年级学习的时候，去请求共青团委员会任命你为少先队辅导员或十月儿童小组的教导员。这样，你的面前就有了40个小孩，一眼望去，你会觉得他们长得都很像，但到第三天、第四天、第五天，去过几次树林和田野之后，你就会深信，每个孩子都是一个独一无二、与众不同的完整世界。如果这个世界在你面前打开，如果你能感受到每个孩子的独特性，如果每个孩子的喜悦和悲伤都能打动你的内心，并引发你的思考、关心和担忧，那么就请勇敢地选择这份高尚的教师工作，将其作为你的职业，你一定会在其中找到创造的乐趣。因为我们工作中的创造性（我还会谈到这一点）首先是认识、了解人，惊讶于人的多样性和无穷性。

如果你觉得40个孩子一模一样，如果你很难记住他们的长相和名字，如果你无法从孩子的双眼中看到某种极具个性的东西，如果你听不出是哪个孩子从花园深处传来的声音，一周之后，一个月之后，仍旧听不出是谁在喊，喊的又是什么，那就请再三考虑之后，再决定你是否要当教师。因为没有任何一条教育规律、任何一条真理，可以绝对"完全适用于"所有的孩子。因为实践教育学就是达到一定水平、艺术高度的知识和能力。因为教育人首先就要认识他的内心，发现并感知他的个人世界。

"如果我手中有权，谁要说人是改不了的，我就割下他的舌头。"[2]伟大的思想家阿拜·库南巴耶夫的这句话深深浸入我的灵魂。每次当我思考教师的才能时，当年轻教师与我交流他在工作中的悲喜成败时，这句话就如火焰般，在我面前闪闪发光。如果你想一生都致力于伟大的教学工作，那你心中就应该抱有对人、对人性本善的无限信任。不是信任某个抽象的人（这种人在自然界中并不存在），而是信任在社会主义社会中成长的我们的苏维埃儿童。

教师才能的基础，是要对每个孩子都有可能被成功地教育这一点深信不疑。我不相信这世上会有不可救药的儿童、少年和青年。因为我们面对的，是一个才刚刚开始在世界上生活的人，我们能做的，就是不要抑制、摧残、抹杀儿童身上任何一种美好、善良、人道的品质。所以，每一个决定献身教育的人，都应该宽容孩子的弱点。如果你很仔细地、用心地去观察、思考，而不是只靠理智的话，你就会发现，这些弱点微不足道，完全不值得愤怒、生气和惩罚。不要认为我是在宣传完全的、抽象的容忍，我是在呼吁教师应以宽容的态度"背起自己的十字架"。我所说的完全是另一回事，是关乎父母师长的英明才能，即理解和感受孩子产生过错的最细微的动机和原因。要理解和感受的正是孩子的过错。不要把孩子和自己一概而论，也不要对他提出和大人一样的要求，要理解孩子的行为和孩子集体关系的复杂性，自己不要孩子气，也不要把自己放到和孩子一样的水平上。

如果孩子的淘气让你感到气恼、心跳加速，如果你认为，孩子们的淘气已经到极限了，需要采取一些特别的"消防"措施，那就请再三思考一下是否要做教师。如果你总是与孩子有冲突，你就无法成为一名教师。要想消除冲突，首先要明白，你是在与孩子打交道。这种能力来自滋养教师才能的根源，即要理解、感受到，孩子是一个永远在变化的生命。

在我看来，教师才能还有一个不可或缺的特点。我想把这个特点称作心灵与理智的和谐。除了教师和医生以外，未必会有其他的职业要求这样的热忱。你要教的学生也许不止40个。如果你教的是高年级，那就会有100甚至150个学生。对于他们每个人，你都需要付出自己的真心，每个人的喜怒哀乐都应该在你的心里占有一席之地。拥有同情心、能真心关怀别人，就是教师才能的血与肉。教师绝不能是冷漠无情的人。对发生的一切冷眼相待、保持理性、审慎思虑，生怕没有完全遵守所有的章程，这些都会让孩子对教师产生戒备心理和不信任。孩子不仅不喜欢过于理性的教师，他们也永远不会在这样的教师面前敞开自己的心扉。

在任何情况下，都要听从内心最初的热情，而这份初心永远都是最崇高的。但同时，教师也应该能够用理智来控制自己内心的热情，不要让它受情感的支配。尤其是当你要对学生的错误、莽撞、各种不正确的行为采取措施的时候，这一点显得尤为重要。

教师的艺术和技巧，恰好就在于把热忱与智慧结合起来的能力。

有时候需要暂缓采取行动，让感情"稳定下来"。每当学生出现一些反映他内心复杂矛盾的行为，需要与他就此谈话的时候，我都会推迟几天再谈。敬爱的同行们，请相信，这样做会使你对学生说的话、对他的理智和心灵的情感都更加充盈，因为在这种情况下，感情会因为你高明的决策而变得更加高尚。此时，你所作出的决策、你说的话都会深入学生内心，因为它们富有情感，充满了你内心的焦虑。与学生，尤其是未成年人亲切交谈的能力，也是每个教师应该培养的一个非常重要的教育手段。要培养这种能力，并不断发展、完善、"磨炼"它，使其更为透彻，也更有效。

要培养这种能力，必须要深入学生内心，并仔细分析他们的关注点在哪里，看他们如何对待世界，而周围人对他们又有什么影响。

我亲爱的同行们！要想成为一个真正的教育者，就必须要学好"热忱"这节课，在很长一段时间里用心去认识一切，了解学生的关注点，他们在想些什么，因为什么而高兴，又因为什么而不安，这是我们教育事业中最细微的事情之一。如果你牢固地掌握了这项能力，那么你就会成为一个真正的行家。

[2]

教师的健康、充实的精神生活、快乐的工作

我想起了一次送别退休教师的盛大晚会。邀请我参加晚会的女教师年纪并不大,她20岁参加工作,而退休时只有45岁。所有人都很纳闷,为什么阿纳斯塔西娅·格雷戈里耶夫娜要退休呢?奇怪的是,这位女教师不愿意再多工作一天,在她从教刚满25年的那天就退休了。阿纳斯塔西娅·格雷戈里耶夫娜在自己的告别词中,向我们这些在当时还很年轻的教师揭开了所有的疑惑。"亲爱的朋友们,"她说,"我之所以退休,是因为学校的工作并不是我所热爱的事业。我没有在这项工作中得到满足,它没有给我带来任何的愉悦,反而是我生命中的苦难和悲剧。我每天都在期待快点下课,远离喧闹,就可以早些独处。你们一定会很惊讶,一个身体还很健康的女人才45岁就退休了。不,我的身体状况很不好,我并不健康。而不健康是因为工作没有带给我愉悦感,导致我的心脏疼得很厉害。年轻人,我建议你们审视一下自己,如果工作不能让你快乐,就辞去学校的工作,在生活中正视自己,并找到喜欢的事业。否则工作的这些年对你而言将会是地狱。"

亲爱的朋友,让我们来思考一下这个悲伤的故事。健康、情绪、

精神生活的充实、创造性劳动的快乐、热爱的事业所带来的满足，这些都紧密相关、互相依赖。这里最重要的就是健康和心力的和谐。如果教师突然生了一场无法治愈的重病，那他会多么需要健康，这场重病对于他的生活将会影响极大。经常会有这样的事，一个教师才45~47岁，他的生命就已经枯竭了。刚进入教学盛年，才发现了教育技巧和艺术的奥秘，形成了自己的教育观，然而却没有精力了。"我有多害怕不到45岁就成为'主席团荣誉成员''退职将军'"，一位从16岁开始教学，并有着25年教龄的教师写信说道，"怎样工作才能不损害健康？要知道健康是劳动、创造最需要的东西，没有工作，我就无法想象幸福是什么"。

我曾与四百多位年龄在45~50岁的教师交流过。每当谈到健康的时候，许多人都在抱怨："心脏不好""心脏有点小毛病"。心脏和神经活动失常、心脏衰弱这类疾病潜伏在教师身上，这不仅限制他们的创造性劳动，更是经常中断他们的工作，并迫使他们提前退休。教师应该珍惜自己的心脏和神经，我们需要到60岁之前都能保持健康，乐观愉快地工作。很难想象，对于教师而言，还有比感觉自己充满智慧、思想，可是身体却无能为力更悲惨的事情。

但是如何保护心脏和神经呢？不是让你断绝一切会引起个人情感的事情，也不要让自己变得冷漠。这里首先就要考虑到我们工作的特殊职业条件。

我们的工作是需要心脏和神经的工作，需要时时刻刻消耗大量心血。我们的劳动要面对不断变化的形势，既会产生紧张兴奋感，也会有情感的抑制。所以"自律""控制自己"的能力也是一项必备技能，因为这决定着教师工作的顺利，同时也决定着他的健康状况。不会正确抑制经常性的兴奋，不会"控制形势"，就会损害教师的心脏，使其神经系统极度疲劳。

但是，该如何培养自己的这一能力？首先，应该了解自己的健康状况，知道自己神经系统和心脏的情况。人的神经系统本来就非常灵活，教师应该学会利用这种灵活性来控制其情绪。我是这样培养自己的这种能力的，不要让负面现象萌芽，比如愁眉苦脸、夸大他人的恶习、夸大儿童"不正常的"意图和行为（这很难用语言来表达，但我们教育工作确实存在这一不足），习惯于像要求大人那样来要求孩子，把孩子培养成好高谈阔论的人，或者是一台冷漠地接受大道理和训诫的"机器"。我一直尽量不让自己兴奋，也不给自己压力，而是选择排解情绪。为此需要做些什么？怎么避免经常强迫自己、克制自己呢？最根本的方法是，把整个教师团队的精力转移到需要精神统一、集体创造、集体和个人的劳动凝聚、个人价值观互相交流的事业上来。经验使我相信，正是这样的集体活动能够放松教师经常为克制兴奋和愤怒而被迫压紧的"弹簧"。如果不放松这些"弹簧"，而使精神高度集中，就会容易受到刺激，变得过分紧张和情绪波动。每当在工作中出现感情完全放纵，或者相反，即感情被压制的情况时，都会出现这种危险情绪的波动。

我和孩子们一起去了树林。在我们中间，有一个翘鼻子、长雀斑的蓝眼睛小男孩尤尔科，十分活泼、顽皮、好动。当孩子们都聚集到林中旷地听我讲接下来要去哪里，以及怎样才能不在树林里迷路的时候，尤尔科就跑到密林里，藏在某个峡谷中，我们所有人都听到了他在呼喊……乍看之下，你可能会觉得，这个小男孩意图不善，想要影响我们的林中远足。但我对自己说，不能夸大孩子的意图。因为尤尔科只是个读二年级的小孩，他不可能想得这么深。我也不会神经紧张，更不会生气愤怒，而是借此做了个非常有趣的游戏。孩子们，我们都别说话，藏起来让尤尔科看不到。现在不是我们去找他，而是等他来找我们。悄悄地藏起来，不要把脚下的草弄响，大家溜进了我知道的一个洞穴，藏在了里边，孩子们兴奋地看着自己的藏匿地。尤尔科喊了几次之后就不作声了，他去了其他地方，模仿着黄鹂的歌声，并慢慢靠近我们之前坐着的旷地。他又喊了几次，我听出了他声音中的恐慌。他现在已经在那片旷地了，不再呼喊，也不模仿小鸟的歌声了，而是惊慌地叫着我们："你们在哪里？回答我！"

与其强迫自己压制激动的心情，不如去找一个以另外一种完全不同的方式引发兴奋或生气的活动，从而帮你把"弹簧"压下去。以一种玩笑的方式来面对不快的事情，你就会成为所有思想和感觉的主宰者。

第二个控制激动生气的心情、放松压抑"弹簧"的方法是幽默感。如果你具有幽默感，就可以缓和那些可能会引发长期愤怒情绪的紧张情况。孩子喜欢，同时也尊敬那些快乐、没有忧郁情绪、不悲观失望的教师，因为他们本身就是快乐、幽默的人。他们在每个行为举止中、在每一种生活现象中都能看到欢乐的一面。温和善意地看待一切负面的东西，以玩笑的方式去支持鼓励正面的东西，这种能力是一个好教师、一个优秀的学生集体的重要特征。

如果教师没有幽默感，就会在师生间竖起一堵隔阂之墙，教师不理解学生，学生也无法理解教师。因为觉得孩子们不理解你，你感到生气，而这种气愤就是教师经常解脱不了的一种状态。我亲爱的同行们，请相信，那些损害学校里活生生的个体、毒害学生集体生活的冲突，往往正是这种隔阂引起的。

教师工作的一个特点，就是理智作用下的高度紧张和相对安静时期的相互交替。多年的实践经验证明，教师的心脏和神经必须要有长时间的停止消耗神经和心力的机会。这种机会必须要得到补充，而补充的必要条件是合理地利用休息时间。正确的休息，尤其是夏天和冬天，会使神经系统的代偿能力得到发展和强化，能让自制力得到培养，能保持沉着稳重，并使情感冲动处于理智的控制之下。许多已经在学校工作了三四十年，甚至有更长经验的教师说，良好的自制力和保持镇静能让他们与自然长时间交流，从而使得身体的紧张和观察、思考相结合。

与此同时，需要在日常工作中爱惜神经力量，这也是保持心脏与精神健康的重要保障。

[3]

如何预防
日常工作中的神经衰弱？

我们是在童年世界里工作的，这一点在任何时候都不能忘记。这是一个任何事物都无法与之相比的特殊世界。仅仅了解这个世界还远远不够，应该"深入体会"童年世界。如果可以的话，每位教师都应该使孩子的每一个小小闪光点发光发亮，而不是去熄灭它们。

那到底什么是童年世界呢？我在这里只是给教师一些实践建议，而并不打算对童年的所有特点都进行科学总结。我想说的是，童年首先是对周围世界的情感认知。童年世界首先是用心去感知孩子的所见和所为。明亮、充实、富有表现力的心灵生活，丰富的感觉和情感活动，这就是我们教育工作对象的童年，就是我们工作的环境。

童年的心灵生活时时刻刻都会带给我们满足与不满、欢乐与痛苦、悲伤与喜悦、疑惑与惊讶、温和与愤怒。在童年世界带给我们的广阔情感领域里，有开心与不快、高兴与悲伤的旋律。善于处理这种旋律的能力，是教师在教育工作中实现精神充实、获得快乐与成功最重要的一个条件。如果与孩子交流带给教师的只有伤心、愤怒和生气，那它们不只是教师心中的不快经历，更会破坏其身体内部器官的运转。如果一个教师无法看到并感知童年世界的复杂情感旋律，就会经常出现神经紊乱，其中最悲伤、有时也很可怕的，就是神经衰弱。

来自坦波夫州的H.利季娅写道："我一天只有三节课，但感觉回家的时候筋疲力尽，已经没有力气备课、读书，甚至没有力气思考。这是怎么回事？每天在学校工作的时候，我就像一根紧绷的弦。孩子们的淘气让我无法安静，好像每个孩子想的都是要做点什么来让我不高兴似的。我上课的时候看到费佳推了瓦尼亚，而瓦尼亚的回击则是用尺子打了他的头……其他老师都说这是小事，可我却不能就安静地看着：一股热浪遍布全身，心脏几乎要跳出来，手脚麻木。我批评了他们，并想让他们安静，可嗓子却在颤抖，我觉得，孩子们注意到了这一点，他们都在笑，并做出一些新动作来故意让我恼火。我该怎么办？"

这已经不是由不理解童年世界引起的神经紊乱了。总体来看，童年世界非常美好，我亲爱的同行，如果你不了解它，且不能如鱼得水地感知它，它就不会带给你积极的经历，相反会带给你更多的消极体验。所以请学会用心倾听、理解、感知这曲被人称之为童年的音乐，尤其是那些明亮、欢快的旋律。不能只作为童年音乐的倾听者和需求者，更要成为它的创作者——作曲者。请在童年这曲音乐中创作明亮、欢快的旋律，你的健康、精神力量、心脏状况都将取决于此。你的钢琴、你那写有童年音乐的乐谱本，你用来指挥乐曲的指挥棒，都是一种非常简单，但同时又非常复杂的东西——乐观主义。请记住，没有一个儿童、少年和青年男女会存心为恶，如果万一有千分之一、万分之一的概率出现这样的人，那么使他们停止作恶，拯救他们良知和人性的，正是那具有魔力的小提琴和指挥棒——乐观主义。

孩子身上没有那种需要教师残忍对待的东西。如果孩子的心灵中有一些陋习，那么首先就要用善去驱逐恶。这并不是鼓吹不抵抗邪恶，而是对童年世界的真实看法。我憎恶那种对孩子的怀疑态度，憎恶那种形式主义的要求和禁令条例。这并不是鼓吹玩忽职守和"自由教育"，而是坚信对待孩子，善良、温柔和爱并不是抽象的，而是仁慈、真实的。满怀对人的信赖，这是一种相信人的一切美好，并使人变得完美的强大力量。我不相信，一个被正确教育的孩子会成为无赖、寄生虫，或是厚颜无耻、撒谎成性、道德败坏的人。

乐观主义和对人的信赖，是教育者和被教育者的创造力、神经力量和健康的不竭源泉。不要让对人不信任和怀疑的种子在自己心中萌芽。因为这里是在讨论身体和精神健康，所以我会说，这种对人的不信任感，无论在最开始的时候多么渺小，最后都会发展成一种不友善的可怕癌症。而不友善是一种危险的精神疾病，既会反映在心脏上，也会反映在神经上。这种疾病用一块布蒙上了教师的眼睛，使他看不到人身上好的东西。不友善是一副奇怪的眼镜，它的镜片把人身上好的东西缩小到只有显微镜才能看得到，让人看不出来，却把坏的东西放大无限倍，以至于遮盖了人最细腻的特点。年轻的朋友，当教师放任其不友善的心理枝繁叶茂地生长，并由与对人的乐观主义的信任完全不同的意图和行为滋养时，教师的身体状况就会紊乱。不友善会滋生恶毒，而恶毒，形象地说，就是一根尖刺，会经常在心脏最敏感的地方扎一下，使精神疲惫不堪，并削弱人的神经。

小小的幸灾乐祸，怕是比恶还厉害。请永远不要做这样的事情，比如"严厉斥责"学生，"刺痛"他敏感的地方，在日记中记录下他不体面的行为，你的意识深处隐隐地产生一种快感，告诉学生：你父亲那么严厉，他读完我的记录，一定会问你……匆匆瞥一眼孩子忧伤的眼睛，你没有惊慌，反而很安静。亲爱的朋友，请记住，你的痛苦正是从此刻开始的，因为你的内心深处种下了幸灾乐祸。一开始，它看起来并没有恶意，就像一只虚弱无害的野兽，但实际上，它更像一条毒蛇。幸灾乐祸会使你变得没有耐心，一颗幸灾乐祸、又聋又哑的心，看不到孩子心灵中的细微活动；一个幸灾乐祸的人在普通的孩子淘气中看到的是恶意和居心叵测。无法容忍孩子的淘气和恶作剧，会让教师变得冷漠、爱说教，成为一个让孩子讨厌的、过于理性的监督者。而孩子就会故意找茬，以此作为对教师的报复，试图让他失控，"得罪"他。如果出现了这种情况，教师的心脏会因为每天都必须压制自己的恶意开始出现问题。我的朋友，要害怕这种情况，就像害怕不幸一样。如果你无法摆脱它，就会变得暴躁易怒、悲伤忧郁，工作对你而言就是服苦役，而你则会出现许多邪恶的念头和陋习。

友善待人、理性的善良是孩子集体生活应有的氛围，是师生关系的主要特点。"善意"是多么美好的一个词，同时也是一种深刻、复杂、多面的人际关系。如果善意是相互的，人就会向对方完全敞开自己的心扉。

我说过很多次，并且会永远反复地说，教师与学生相互之间的善意，就是连接心与心最精细的纽带。正是因此，无需言语，人就可以理解另一个人，并感受他内心最细腻的活动，请注意，这也是我们教育工作中非常重要的一点。多年的校园工作经验使我坚信，如果我对孩子抱有善意，并且培养他们的善意，他们就会顾惜我的心脏和神经，当我心里难受，甚至都说不了话的时候，他们也都会理解。他们能感受到我的状态，知道我心里难受，就会小声说话，不再吵闹，无论是课堂上，还是课间休息，都会尽量保持安静。我亲爱的同行们，这种心与心的相互感知，阅读人内心的能力，就是你保持健康的不竭源泉。在这里我们提起了校园生活的一个特殊领域，人们很少谈及，但其实应该经常合理地涉及这个问题。这就是情感教育最重要的一个方面——善意的本质。

[4]

请保持善意!

　　本建议一般属于教育文化的基础知识,尤其是教育文化的情感方面。保持善意意味着要像对待自己的儿子一样对待学生。当学生成绩跟不上、落后,学习效果不如同班同学,学生做了错事的时候,所有这些都是麻烦、麻烦、麻烦……如果这些麻烦是你的儿子惹的,那你会怎么办?你不见得会开除他,或因为他的行为而给低分……当然,理智会提醒明智的父母,必须这样做,但首先你的心会告诉你最重要的是拯救儿子,而惩罚无法拯救一个人。你的心里要求儿子精神上的道德纯真和美好,并想让他成为一个真正的人。这就是心愿,也就是善意。教师的善意首先就表现在其有能力不让孩子变坏,提早预防他走上错误道路。像父母一样希望孩子好,这意味着要阻止恶走进孩子心里,让孩子的心远离恶。如果你的心里对每个孩子都能这样关怀,那么他们对你来说就不仅仅是班级点名册上的一行字、一个序号,而是一个活生生的人,一个独特的人的世界,那你就可以相信:当孩子弄出麻烦时,你的心就会指引你该怎么做。这种内心的驱使,就是行动上的善意待人。

保持善意说起来很容易。但善意需要培养，而且只有当内心状态是相互的，也就是说，教师能感受到学生的善意，学生也能感受到教师的善意，这时候才能培养这种心灵素养。这是校园生活的美妙和声。以善相待是在浓厚的情感文化氛围中培养的。我一直都认为，教育工作最重要的任务之一，就是教会孩子用心去认识世界，用心去感受人的状态，不仅仅是亲人、朋友，更是他在成长道路上碰到的每一个人。教会小孩感受他所遇到的人的心理压力和痛苦，也是一种最细致的教育能力。我想就教师如何培养自己的这种能力，如何培养孩子的感情素养，以及如何把这种素养变成彼此间善意相待的基础，分享一些经验。

春天，集体农庄的女庄员在学校旁边的甜菜种植园劳作。每天早上，当太阳刚从地平线上升起的时候，她们就一个接一个地去地里。而我的一年级学生也是在这个时候去学校的小花园。我们在自己的"美德角"——蔚蓝色天空下的绿色教室里迎接日出。这是一个翠绿的大窝棚，茂密的葡萄树枝把炙热的阳光隔在外边。女庄员从我们旁边两三米的地方走过，我们能看到她们每个人的脸庞和眼睛，如果静静地屏息坐着的话，也能听到她们的呼吸声。但她们看不到我们。我告诉孩子们：看她们的眼睛，学会感受并理解每个人内心的宁静或悲伤。我们每天都能看到同样的人走过。一个有着蓝眼睛、梳着浓密淡褐色辫子的年轻妇女，她是两个小孩的母亲，在上班的时候会哼唱着歌。她经常会停在小山丘那儿，望着蔚蓝的天空，听着百灵鸟的歌声，脸上洋溢着笑容。我对孩子们说："生活让她感到高兴，她是幸福的。"我们每个人看到这种幸福时，同样也感到快乐。另一个有着一双黑眼睛的妇女，每天都会拐到狭窄的田间小路上,摘下几朵林间的野花,我们从她的眼睛里看到了明朗和乐观。有两个女孩一块儿走到草地上静静流淌的泉水边,看着泉水,就像在照镜子,整理着自己的头发,欣赏着自己的美。孩子们,看,她们的眼睛里有快乐、有希冀。而这个黑眼睛的女人采完野花之后,还坐在树桩上编了一个小花环。当然了,这样的小花环只能是送给小女孩的。亲爱的孩子们,仔细看她的眼睛,你们能感受到母爱的温暖。但孩子们,仔细看那个头发灰白的女人,看她的眼睛,那么悲伤,那么忧郁,满含悲痛和忧伤。她停下来了,看着太阳,看着淹没在绿色花园里的村落,沉重地叹息着。你们能看到,她走的不是田间小道,而是那条通往乡村中央的路,在路边摘了一些野花,走向一个在反法西斯战争中牺牲的战士的墓地。她把花放在坟墓上,你们看,她在哭。

孩子们,现在你们看到的,是人在世界上最大的痛苦——母亲的痛苦。她会再一次路过我们的小房子,请再仔细看看她的眼睛。

孩子们屏息坐着。没有树叶沙沙作响,也没有一根草在响动,周围静悄悄的。在我们的面前,只有母亲忧伤的双眸。她又看了一眼战士的墓碑,我们听到她沉重的叹息声。

根本不需要任何的话语和解释,孩子们就明白了,这位母亲的儿子在战争中牺牲了。最悲伤的是,她的丈夫和两个儿子都战死了……

之后,我们开始了一个又一个用心认识人的新课程。我们去田间,坐在乡间小道上,旁边时不时地有人走过。

孩子们看着每个人的脸庞和眼睛，感受着他们的内心世界。某个人的眼中是日常生活带来的愉快，另一个人的眼里梦想着某种动人、宝贵的东西，第三个人的眼中只是疲惫和某种漠然——不，他也不是一切都不好……而第四个人的眼中则是担心和忧虑，可能就是操心些日常生活小事，也可能是担忧着某件大事。现在走来的老爷爷的眼里则是痛苦。孩子们被触动了，并为之一颤。他们从没有在其他人的眼睛中看到过这种痛苦。"他很痛苦……很不幸……应该问问，我们怎么能帮助他……"孩子们说道。

他们走向老爷爷，问道："有什么能帮您吗？"爷爷用手温柔地抚摸着小季娜的头，叹了一口气，说："你们没有什么能帮我的，亲爱的孩子，我妻子刚刚在医院里去世了……我现在要去找车……她活了47岁……你们没有什么能帮我的，但你们都是好人……"

感情素养就是这样被培养出来的。这是一个长期、细致的过程，要求教师要有一定的分寸、周到、善于思考，对每个人的内心精神世界要有深刻的认识。

能用心感受别人的孩子会成为善良的人。但同时还有一点也非常重要，他能感觉到教师的善意：感受善意，以善换善，这种情况在教育工作中的重要性不容小觑。应该以温柔、善良和热忱来看待孩子的内心世界。你可能听过一些老师的怨言（可能你自己同样也说过这样的话）："怎么办？孩子们听不懂好话……我用温柔、赤忱之心对他，可他却毫无怜悯之心，反而嘲笑我的善良。"很遗憾，真会出现这样的情况，而这种对真心的罔顾源自于情感上没有教养，原因在于在孩子幼年时并没有人教会他用心去认识人。

如果你教会自己的学生用心去感受人，那你的善意就能创造奇迹。教师的善意体现在哪里？首先体现在孩子的脑力劳动上。希望脑力劳动中存善，意味着能理解孩子的所有优势和劣势，感受他脑力劳动中的细腻之处。你的善意是一种强大的教育手段，直到学生想要变得更好，他的自尊心不断发展，一直都是有效的。如我们所见，教育事业中的各种现象和事实之间都有密切联系：学生的成绩反映在他的精神状态上；而精神状态则反映在教师精神生活的充实和身体健康状况上。如果学生想要变得更好，想要牢固地掌握知识，这就已经是你工作快乐的一半了。

学生的自尊心取决于他的学业成绩，而学业成绩则取决于教师的善意，当然，也取决于学生对教师的善意有多理解。尊敬的同行们，请记住，学生的学习成绩和自尊心是你创造性劳动的快乐的火苗。只要这颗火苗还在燃烧，你就能感受到自己精神生活的充实和创造的喜悦。

但是，这里又有一个问题，怎样才能让孩子在学习中一直都取得好成绩呢？怎样培养他的自尊心？怎么能通过想要变得更好的愿望——这种巨大的精神能量——使他变得高尚呢？现在，我们转向下一条建议，这条建议可以用几个字简单概括。

[5]

请记住，
没有也不可能有抽象的学生

为什么在一年级的时候，就已经有学习成绩落后的学生了，而到了二三年级，教师就已经放弃那些没有希望的落后学生了？这是因为教师没有在校园生活最重要的领域，即在脑力劳动方面对学生因材施教。

想象一下，这些7岁的孩子，刚刚上小学，就被要求做一些体力劳动，比如说，提水。一般人提5桶水之后就会大口喘气，也许有人能提20桶。但让弱小的孩子提20桶水，会让他疲惫不堪，到了第二天，他就什么也做不了了，说不定还得去住院。孩子脑力劳动所需要的力量也是不一样的。有的孩子理解、思考和记忆都很快，且能牢固地记很长时间；而另一个孩子的脑力劳动则是完全不一样的：接受知识很慢，记忆的时间短，也不牢固。但也可能正是这个孩子，未来在学习和智力发展上，会比那些在一开始学习更好的学生取得更大的成就。没有需要机械地遵守教育教学规律的抽象学生，没有一个完全一致的前提条件能适用于所有学生，使他们都获得好的学习成绩。学习成绩这个概念本身就是相对的：某个学生认为"五分"就是成就，而另一个则认为"三分"就是一个很大的成就。正确认识到每个学生在某个阶段适合什么，如何进一步发展他的智力，是教育智慧特别重要的组成部分之一。

保持和培养每个学生的自尊心，取决于教师如何看待学生个人的学习成绩。不能对学生提出其无法实现的要求。任何一门课程的任何教学大纲都只是特定的水平、特定的知识面，而不是活生生的孩子。不同的孩子达到这个水平，了解这个知识面的过程都是不一样的。有的孩子上一年级的时候，就已经能独立地读题、解题，而有的孩子要到二年级结束，甚至是三年级才可以。教师需要确定孩子是以何种方式达到教学大纲规定的水平，有什么滞后的地方和困难，知道怎样在每个学生的脑力劳动中具体地实施大纲要求。

教育教学的艺术和技巧在于挖掘每个孩子的力量和潜能，给予他在脑力劳动中取得成就的愉悦感。而这意味着，无论是从脑力劳动的内容（作业题的性质），还是从时间上，在学习过程中，都要实现其个性化。有经验的教师在上一节课时会给一些学生提出两三道，甚至是四道题，而给另外的学生只有一道。给有的学生的题更难一些，给有的学生的更简单一些。有的学生是书面的语言创作，比如写作文，而有的学生则是学习文学作品。

通过这样的方法，所有的学生都在向前进，只是有的快一些，而有的慢一些。孩子们完成作业，在评分中看到了自己的劳动和努力；学习带给他精神上的满足和发现的乐趣。此时教师与学生相互的善意与相互信任结合在一起。学生不再把教师看成是一个严厉的监督者，也不再把评分看作棍棒。他会坦白对教师说："这里我没做好，我不会做。"他的心思单纯，不会抄别人的作业，也不会打小抄；他想要树立自己的尊严。

形象地说，学习成绩是一条通往孩子内心深处的小路，那里燃烧着使他变得更好的愿望的火苗。请珍惜这条小路和这颗火苗。

我的朋友伊·古·特卡琴科是一位优秀的数学教师（基洛沃格勒的波格丹诺夫中学）。他说自己是这样备课的："我先思考一下，每个学生会做什么。为所有人选择能让他们产生成就感的作业。如果有的学生没有在掌握知识的道路上前进，哪怕只是一小步，那这堂课对他就没有用。没有成效的劳动，可能就是一个教师和学生会遇到的最大危险。"

请看帕夫雷什中学的阿·格·阿里辛科和姆·阿·雷萨克两位老师的数学课。解题（解题占了上课的 90% 的时间）的时候，班上同学会分成几个小组。第一组是学习最好的学生，他们不用任何帮助就轻松解出任何题，小组里还有一两个学生可以口头解题，不用动笔计算，老师刚一读完条件，学生就已经举手了，除了大纲规定的题目外，教师还会为这个小组挑选一些超出大纲的题。给这些学生一些力所能及，甚至是需要费脑的难题；有时候还要给他们一些自己无法独立解答的题，但教师所给予的帮助，也只是稍加指点或提示。

第二组是一些勤奋努力的学生，他们要进行一定程度的脑力劳动、查找资料克服困难之后才能够完美解答问题。教师们常说，这些学生勤奋、用功、努力、坚持，所以也能跟得上。

第三组是一些不用帮助可以解答中等难度的习题，但有时候解答不出难题的学生。在这些学生解题的过程中帮助他们，就要求更多的教育技巧。

第四组是在思考、解题时都很慢的学生。他们在课堂上解的题，会比第二、三组的学生少二分之一或三分之二，但无论如何，你都不能催促他们。

第五组是个别完全不会解中等难度题的学生。教师要专门选择一些题目，只能期望他们获得一点点的成就。

这些分组并非完全固定、不再变化的。能带给人成功愉悦感的脑力劳动总是会提高学生们的能力的。

在让每个学生都取得成就的教师的课堂上，仔细看看那些学生们的脑力劳动情况，这里充满着前边讲到的相互关怀的氛围，洋溢着智力所受到的鼓舞。每个人都想通过自己的努力实现目标，你可以从孩子们眼中看到思想的高度集中，或是快乐的火花（找到了正确答案！），或是沉思（这道题该从哪里入手？）。教师在这样的氛围中工作，就是种极大的享受。我亲爱的同行，请相信，无论教师在这样的课堂上的工作是多么紧张，他都有时间稍事休息，否则是无法连续上四五节课的。我教过几年五至七年级的数学课，而且，这些课是和文学课、历史课交叉安排的，这对我而言就是真正的休息。凡是能让每个学生体验到个人成就快感的课程，都不会让教师过度紧张、筋疲力尽：他不用焦急地等待那令人不快的事情发生，也不需要监督那些活泼好动、因无事可做就时不时用小动作来"招待"老师的学生，因为他们的精力在这样的课堂上都走上了正轨。如果教师能给这些淘气的孩子一些力所能及、并让他们感到成功喜悦的脑力劳动，他们就会非常勤奋、能集中注意力去解题！他们活跃的心在紧张的劳动中得以显现，他们会变得让你都认不出来：他们所有的注意力都集中到怎么才能更好地完成作业这件事情上。

某些教师抱怨说孩子在课堂上捣蛋或是做别的事情，对此我一直都感到困惑。我亲爱的朋友，如果你能认真地思考怎么让每个学生都用心学习，那这种事情就不会发生！

这就涉及我们工作中的一个尖锐问题：怎样工作才能不使我们感到疲惫，不带给神经和心脏无尽的压力？这些压力是由每时每刻都会发生的"紧急事件"或者"无恶意的戏谑"引起的。这些事情很小，微不足道，但如果过多的话，它们就会让你无法正常工作和生活。

[6]

时间从哪里来?
一昼夜只有 24 小时

这句话是我从克拉斯诺亚尔斯克的一位女教师的来信中摘抄的。是的,没有时间是教育工作的一大灾难,它损害的不仅有学校的工作,还有教师的家庭生活。就像所有人一样,教师也需要时间与家人共处,需要教育自己的孩子。有一些非常精确的资料表明,许多中学毕业生害怕上师范院校就是因为从事这个职业的人都没有自由时间,尽管他们有很长的假期。

还有一些有意思的统计数据:有人向 500 位有子女上大学的教师提了这样一个问题:"你的孩子在哪所学校上学?学什么专业?"只有 14 位回答:"在师范学院"或者"在综合大学,打算当老师"。接着又问了一个问题:"为什么你的孩子不想当老师?"486 位教师回答:"因为他看到了教师的工作有多辛苦,没有片刻的空闲时间。"

那么,教师的工作能否有一些空闲时间?往往不得不以这样的方式来提出这个迫切而又难以解决的问题。实际上,除了每天在学校上三四个小时的班以外,语文老师、数学老师还必须备课、批改作业,每天至少要花五六个小时,而且课外工作每天也至少要两小时。

怎么解决时间问题？这也是校园生活的一个重要问题，就像学生的智力发展问题一样，这也取决于其在学校里的一切活动安排。

最主要的是教育工作的方法和特点。一位有33年教龄的历史老师上了一堂名为"苏联青年的道德理想"的公开课。区培训班的学员、区教育处监察员都来听课了。课也讲得非常好，原本打算在上课过程中做笔记，便于课后再做评价的教师们和监察员，都忘记了做记录。他们屏息坐着，就像学生一样，全神贯注地听着。

下课后邻校的一位教师说："是的，您为自己的学生奉献了真心。您的每一句话都满含深意。请问，您花了多长时间备课？可能不止一个小时吧？"

"我一生都在准备这节课，"这位教师回答道，"实际上我的每一节课，都是用一生来准备的。但直接准备这个课题，或者说课前准备大概只用了15分钟。"

这个回答打开了一扇通往教育技巧奥秘的窗。我知道仅在我们区，跟这位历史老师一样的教育者就有30位左右。他们从不抱怨没有空闲时间，他们每个人都说自己是用一生来准备每一节课。

这个准备是什么？就是阅读，每天不间断地阅读，一生都与书为伴。潺潺的小溪流动，从不停歇，注入思想的河流。阅读并不是为了第二天的课，而是出于本能的需求，出于其对知识的渴望。如果你想有更多的空闲时间，而不想只是坐在教科书前面单调无聊地备课，那就请读一些科学文献。教科书里的科学基础知识，应该只是你所教的那门学科的入门常识。要让教科书成为你教给学生的科学知识海洋里的一滴水，到那时，备课就不需要花几个小时了。

优秀教师教育技巧的完善，正是因为他不断地通过阅读来补充自己的知识海洋。如果一个教师在刚开始教学时拥有的知识和他应该教给学生的最低限度的知识的比例是10∶1，那么到有15~20年教龄的时候，这个比例就应该是20∶1，30∶1，50∶1，而这一切都源自阅读。随着时间的发展，教科书这滴水，在教师知识的海洋里应该变得越来越小。这里说的不仅仅是教师理论知识数量的增长，而是要量变引起质变：就像是强烈光照下的一小束光，教科书的背景越宽广，作为教育技巧基础的专业素质的作用就越明显，在课堂上讲解教材时（叙述、讲演）也能够合理分配自己的注意力。比如说，教师在讲三角函数，但他的主要思想不是讲函数，而是将注意力放在学生身上：他在观察，每个学生是怎么学习的，个别学生在理解、思考和记忆的过程中遇到哪些困难。他不只是讲述知识，更多的是在教学过程中培养学生的智力。

教师的时间问题与教育过程中的许多因素和方面紧密相关。教育工作和创造的时间就像注入河流的小溪，怎样才能让这些小溪永远鲜活，潺潺流动，我想就这个问题给一些建议。

[7]

教师的时间和
教学各阶段的相互依存

这条建议主要针对小学教师。尊敬的小学教师：初中和高中教师们的时间预算都取决于你的工作情况。如果仔细观察中小学第二（四至八年级）、第三（九、十年级）阶段教学过程的话，可以得出这样一个结论：在这里无止尽的徒劳"拖尾"无情吞噬了教师的大量时间。教师刚讲新知识，就发现有一部分学生没有办法掌握它，于是不得不更多地思考该怎样消除部分学生的落后（有时候这"一部分"很大，教师几乎需要给全班补课），而没有那么多时间思考如何推动他们在知识的道路上继续前进。这就消耗了教师的许多时间，包括在学校的时间和在家里的时间。

消除许多学生的落后现象这一项似乎已经无法避免的工作，就增加了教学的负担，为什么会出现这种情况呢？

在这里，我想对小学教师提一些建议：

亲爱的同行们，请记住，所有初中和高中教师的时间预算都取决于你，你是教育教学中创造精神的缔造者。小学许多任务中的重中之重是教会学生学习。你主要操心的一点是，需要在学生要掌握的理论知识分量和实践技能技巧之间，确立正确的相互关系。

请记住，一些学生在初中和高中落后，主要是不会学习、不会掌握知识的结果。你当然应该关心，要让学生的综合能力发展达到一定的高度，首先要教会学生熟练地读写。不能流畅、有意识、有感情地阅读理解，流利无误地写作，那么其初中和高中的顺利学习就无从谈起，而在这种情况下，教师就不得不无止境地"追赶"学生的落后现象。请在小学阶段就教会所有学生这样阅读：在阅读的同时思考，在思考的同时阅读。阅读的能力应该达到自动化的程度，要让视觉和意识的感知能力大大超过大声朗读的能力。这个超过的程度越大，其在阅读时思考的能力就越强，而这是学习优秀和智力综合发展的一个非常重要的条件。我一直坚信，初中和高中学习优秀，首先取决于有意识阅读——同时阅读和思考的能力。所以小学教师应该仔细思考研究，每个学生的这种能力应该怎样发展。30年的经验使我相信，学生的智力发展取决于良好的阅读能力。所以，能够同时阅读和思考的同学，处理任何问题都比那些不能掌握这种一眼看上去很简单的、流利阅读的能力的学生更快、更顺利。因为他的脑力劳动中没有死记硬背。对他而言，读教科书或其他书籍，与那些不会同时阅读和思考的学生完全不同。读完之后，他能清晰了解文章整体和各个组成部分，以及它们之间的相互依赖性和制约性。

能够同时阅读和思考的学生其学习也不会落后，而如果其学业不落后，教师的工作就会轻松得多。实践证明，如果阅读是学生打开知识世界最重要的一扇窗，那就不需要花很多时间补课。教师就可能与个别同学单独谈话，这些谈话并不是长时间的上课，而是针对如何独立掌握知识、预防学习变差和落后的指导和建议。

如果学生不知道,他是在什么方面落后,需要什么样的帮助,那教师就应该主动与他进行单独谈话。

初高中的学习成绩同样也取决于学生在小学阶段流利且有意识阅读的能力,以及后期如何继续发展这项能力。阅读的同时,书写也是孩子掌握知识的另一项工具,学习情况和合理分配时间,都取决于这项工具所处的状态。我建议小学教师要制定目标,让孩子在四年级结束时就能掌握流利、半自动化的书写能力,只有在这种情况下他的学习才能顺利,也不需要费心去消除落后。应该努力做到,让学生写作的同时思考,而不是让写字母、音节和单词来占据他的注意力。给自己定一个更具体的目标:你要给学生讲些什么,让他们一边听讲一边思考,同时还要简明扼要地写出来,去表达自己的思想。在三年级的时候就应该教会学生这种能力。如果你能够实现这个目标,那我向你保证:你的学生永远不会学习差、落后,他们在发掘知识的同时,也会珍惜中、高年级教师的时间,顾惜他们的身体健康。

[8]

基础知识在
学生记忆中的储存

三十年的教学工作,揭示了一个在我看来很重要的秘密——独特的教育规律:初中和高中学生成绩差、落后,主要是因为在小学学习过程中,学生没有牢固记忆那些可以称为知识"地基"的基础知识,无法做到记忆终生。可以设想一下,一栋构思精巧的建筑,地基却是打得不牢固的、泥浆下沉、砖头掉落。人们每天都忙于弥补这些疏漏,而且总是处于建筑倒塌的威胁之下。许多四至十年级的语文和数学教师总是处于这种状态中:他们在建楼,然而地基却不稳固。

小学教师们!你们最重要的任务就是构建牢固的知识地基。牢固的程度要达到让在你之后的教师完全不需要考虑地基。如果你要开始一年级的教学工作,就请拿四年级的教学大纲来看看,尤其是语文和数学课,还有五年级的数学教学大纲。也请阅读一些四年级的历史、自然、地理课教材,还有这些课程的教学大纲。请把这些东西放在一起比较。想一想,三年级的学生需要知道些什么,才能在之后的四、五年级学习顺利。

首先请重视学生基本的读写能力。语言中有2000～2500个正字,它们就是知识和读写能力的框架。经验表明,如果学生在小学就牢牢记住了这些正字,那么他就会成为一个具备读写能力的人。但其意义并不只在于此,小学时获得的读写能力,是初中和高中掌握知识的工具。

教小学生的时候,我总是会在面前放一个重要词汇表,这好像是一种特殊的基础读写能力教学大纲。我会这样分配2500个单词:每个工作日学三个单词。让孩子在本子上写下来,并让他们记住。这项工作每天只占几分钟。童年时期的记性非常灵活、敏锐,如果善于管理它,且不让它负担过重,它就会成为你的得力助手。学生在童年时期记住的东西,永远也不会忘。在这种情况下,"记忆管理技术"可以这样进行:工作日刚开始(第一节课前),我会在黑板上写下今天要学的三个单词,比如"草原""温暖""沙沙响"。孩子们走进教室后,迅速把这几个单词写到他们的重要词汇本中,这个词汇本会陪伴他们整整三年。同时还会对这些词进行思考,并在旁边写几个同根词。这项工作持续三四分钟。学生们也逐渐养成了习惯。

接下来,作业就有一些游戏的性质,鲜明体现了自我教育、自我检查的成分。"在回家路上,"我对孩子们说,"再回想一下我们今天学的三个单词,再想想它们是怎么写的。第二天早晨醒来后,立刻回忆一下这些单词,按照记忆在本子上写下来。"(这里说的是另一个本子,可以作为词汇本的副本)如果这个游戏从一年级就已经开始,如果教师相信这项工作会有效果,如果他爱学生,如果他的生命中没有讨厌学生做过某件事这样的时刻的话,那么没有一个学生会不喜欢这个游戏。

在每节课上做一些形式完全不同的练习,并让学生系统地重复使用已经记住的词。我认为,记住400个修辞短语也是一项非常重要的练习,在我看来,它们也是一种特殊的基础语言文化的框架。孩子们在小学时要记住一些修辞短语,记住这些由于一些日常语言实践的影响,使用时可能会出现一些典型错误的短语。

我需要再次强调:游戏在教学过程中意义非常重大。我有600个"童话"单词,也就是那些儿童童话中经常会反复出现的单词。在四年的小学学习过程中,我会和学生们画出几十幅童话式的图画,让他们给这些画题词,就用到了这600个单词。这是巩固最低限度词汇的很成功的一种形式。

至于数学,经过几年的小学学习,孩子们会记住一些运算,由于经常使用,它们就好像变成了习惯使用的数学公式,都非常熟悉,每次要进行脑力劳动时,都不用再花精力。这里不只是乘法表,更有最常用到的1000以内的加减乘除,还有一些典型的测量和换算。我的出发点是,到初中和高中,学生的大脑就不应该被塞满单调的运算,而要把尽量多的精力用到创造性劳动中。

当然,这个工作都是以有意识地理解教材为基础,但也要注意到,不是所有东西都需要解释。我所追求的是,要把随意注意、随意记忆与不随意注意、不随意记忆结合起来。

[9]

"双教学大纲"和
学生的思维发展

教师的时间不够主要是因为孩子们学习有困难。多年来,我一直都在思考,怎么才能减轻学生的学习压力。把实践能力作为掌握知识的基础,只是这个问题的开始。记忆和储存知识则是问题的延续。我建议每个教师在分析知识内容的时候,要清晰地划分出其中学生应该牢牢记住的东西。教学大纲中有一些知识,其掌握的牢固程度决定学生的思维发展、智力、掌握知识的能力,正确区分这些知识"点",也是教师的一个非常重要的能力,而这些知识"点"是反映课程特点的重要结论、总结、公式、规则、定理和规律。有经验的教师会让学生们准备一个专门的本子,来记录那些需要牢记的知识。

需要记住的材料越复杂,需要牢记的总结、结论和规则越多,则学习过程的"智力背景"就应该越宽广。换句话说,要牢牢记住公式、规则、结论和其他总结,学生就应该阅读、思考很多不要求牢记的材料。阅读应该与学习紧密相联。如果阅读是在事实、现象和对事物认识的基础上对那些需要牢记的总结进行深入思考,那它就有助于记忆。这种阅读可以称为创造学习和记忆材料所必需的"智力背景"阅读。学生出于对材料的兴趣，出于求知、思考和探索的愿望，阅读得越多，就越能轻松地记住那些必须牢记的材料。

考虑到这个非常重要的规律，我在自己的实践工作中，总是会坚持"双教学大纲"：第一个是必须要熟记的材料，第二个是课外阅读，以及其他的信息来源。物理是最难长时间牢记的学科之一，尤其是六至八年级的课程。这一阶段的学习大纲包含许多概念。我在教这门课的六年时间里，一直在努力让课外阅读与每一个需要重新掌握的新概念相结合。这个阶段学习的概念越复杂，学生读的书就应该越有趣，也越吸引人。在学习电流定律时，我做了一个专门的书架，以便于学生个人的课外阅读。其中有55本讲述自然现象的书籍，而这些自然现象的基础，是物质具有多种多样的电性能。

我使孩子们思维的积极性高涨。他们向我提了许多问题：是什么？怎么样？为什么？所有问题中，大约有80%都是从"为什么"这个词开始的。孩子们不懂的东西很多。他们对周围世界了解得越少，其求知的愿望越强烈，对知识的理解也越敏锐。孩子们真正"掌握了"我告诉他们的所有东西。刚开始讲到电流是自由电子的流动这个概念的时候，孩子们对于这个复杂的物理现象就有许多疑问。他们通过阅读和以前获得的知识，已经形成了一幅世界地图，而这些疑问的答案就像是用来填补世界地图的砖块。

我还教过3年高年级的生物。这门课包含大量难以理解、当然也很难记住，并难以在记忆中储存的理论概念。学生们刚开始学习"生命""生物""遗传性""新陈代谢""有机体"等科学概念的时候，我从一些科学和科普杂志、书籍和手册上，专门为他们挑选了一些阅读材料。"第二教学大纲"包括要求阅读一些手册、书籍和文章，通过阅读，可以激发学生对许多复杂的科学问题和一些新书的极大兴趣。学过生物之后，学生们会对自然界的许多现象产生兴趣，尤其是对新陈代谢这样形式多样的现象。疑问越多，学生们对知识的了解就越深刻，而他们的成绩也不会低于"四分"。

我建议所有的教师：为记忆、熟记并在记忆中储存大纲规定的教材创造一个智力背景。学生只有在思考的时候，才能牢牢掌握知识。请思考一下，怎么把现在正在学习的或即将学习的东西变成学生乐于思考、分析和观察的对象。

[10]

与"学困生"打交道

应该没有一个教师会不赞同,我们教育工作中"最难啃的硬骨头"就是与"学习困难"的学生打交道。有一些学生理解和掌握教材的时间是普通学生的3~5倍,他们在第二天就会忘记前一天所学的知识,为了防止他们遗忘,需要在学习之后两三个星期就进行巩固练习,而不是过三四个月再练。

三十多年的从教经历使我坚信,对这些学生,上文提过的"第二教学大纲"起到了非常重要的作用。对他们而言,学习仅仅局限于那些必须背诵的教材是非常有害的,这会把他们弄糊涂,养成死记硬背的习惯。我尝试过许多方法去减轻这些学生的脑力劳动,并得出了一个结论:最有效的方法是扩大其阅读面。是的,这些学生必须尽可能地多阅读。在教三至四年级和五至八年级学生的时候,我一直都在努力为每一个"学困生"挑选适合其阅读的书籍和文章,以最鲜明、有趣、吸引人的方式来揭示概念、总结和科学定义的含义。应该让这些学生尽可能多地提出一些有关周围世界物质和现象的疑问,他们应该带着这些疑问来问我,而这是对他们进行智力教育非常重要的一个条件。

在"学困生"阅读的书籍里,和他们在周围世界中碰到的东西中,都应该时不时地发现一些让他们感到惊奇和赞叹的东西。我在对"学困生"进行教育时,一直都坚持了这个要求,这也是我对所有教师的建议。大脑皮层神经细胞的萎缩、惰性和衰弱,都可以用惊奇和赞叹来医治,就像肌肉萎缩可以通过体育锻炼来医治。很难说明,当孩子们感到惊奇、赞叹的时候,他的脑子里在发生什么变化。但千百次的观察可以得出一个结论:当人感到惊奇、赞叹时,会有某种强大的刺激因素来唤醒大脑,迫使它加强工作。

我永远记得一个叫费佳的小男孩。我教了他五年——从三年级到七年级。他的障碍是算术题和乘法表。我相信,这个孩子只是还没有记住算术题的条件,他的意识中还没有形成对构成条件依据的事物和现象的认识:当他的思想刚要转向下一个条件的时候,却又忘记了上一个条件。虽然总数并不多,但其他班也有一些和费佳相似的孩子。我为这些孩子专门准备了一套习题集,里边有将近二百道题,主要都是从民间搜集来的。这里面的每道习题都是一个吸引人的小故事,其中大部分都不要求做算术,解答这样的问题主要是需要思考。这里列举我"针对思想不集中、不认真的学生的习题集"中的两道。

1.有三个牧人,因为夏天炎热而疲惫不堪,躺在树下休息,然后就睡着了。他们的助手——调皮的小牧人——用橡树枝烧的"炭黑球"把他们的额头都涂黑了。三个人醒来之后开始哈哈大笑。但每个人都认为,是另外两个人在互相嘲笑对方。突然一个牧人不再笑了,他猜到自己的额头也被涂黑了。他是怎么想到的?

2. 古时候，在辽阔的乌克兰草原上有两个邻近的村庄——"真话村"和"假话村"。"真话村"的人总是说真话，"假话村"的居民总是说假话。如果你们中有一个人突然穿越到古代，穿越到这两个村庄中的一个，你只能向碰到的第一个当地居民提一个问题，弄清楚你穿越到哪个村庄。那你应该提什么样的问题？起初，我们只是简单地读题，就像读一些关于鸟兽、昆虫和植物的趣味小故事一样。不久之后，费佳明白了，故事就是题。他开始思考其中最简单的一个问题，并在我的帮助下解答出来了。解题就是这么简单，这让他非常震惊。"就是说，这些题里面的每一道都可以解出来？"费佳问道。他好几天都没有放下习题集，每解出一道题对他而言，都像一次巨大的胜利。他把每道解出来的题誊写到另一个专门的练习本上，还在文字旁边画了鸟等动物。

我专门为费佳补充了一些书籍，有将近100本书和小册子，一直从三年级读到七年级。然后又找了另一套书（将近二百本），除了费佳以外，两年时间里，还有其他三个学生也读了这套书。有些书和小册子与上课学习的内容有着直接联系，而另外一些则没有，但我认为读这些书对他们而言也是一种特殊的智力训练。

到五年级的时候，费佳的成绩就赶上来了：他可以像其他学生一样，解答同样的算术题。到六年级时，他突然表现出了对物理的兴趣。费佳成了少年设计师小组的一个积极成员。对创造性劳动的兴趣越大，他读的书就越多。之后，他在学习中又遇到了一些困难，尤其是历史和文学。但每一次困难，他都通过阅读克服了。

七年级之后，费佳考进了中等技术学校，成了一名优秀熟练的专家，一个机床调整技师。

我从来没有给这样的学生补过课，那种补课是为了让学生学会那些在课堂上学不会的知识。我只是教会学生阅读和思考，而阅读会使思维受到感应，并激发思考。

请记住，孩子学习越困难，他在学习过程中遇到的难以克服的障碍就越多，他需要阅读的也就越多。阅读教会他思考，而思考则会激发智力。书籍和由书籍所激发的鲜活思想，是预防死记硬背这种阻碍理智的大敌的最有力手段。学生思考得越多，他在周围世界中看到的不懂的东西就越多，对知识就越敏感，而你，作为教师的工作也就更轻松。

[11]

知识既是目的，
也是手段

　　我一直坚信，学生在学习过程中遇到困难的一个原因是，知识对于他们经常是积累起来的固定重物，"不能流通"，不会学以致用（首先是为了发掘新知识）。在教育教学工作中，"知道"这个概念对许多教师而言，意味着能回答提出的问题。这样的观点使教师对学生的脑力劳动和能力作出了片面的评价：能把知识储存在记忆里，并根据教师的要求立刻把它"拿出来"，这样的学生就有能力并掌握了知识。但这在实践中会造成什么后果？会导致知识脱离学生的精神生活，脱离他的个人兴趣。对学生而言，掌握知识就变成了一种繁重的、令人厌烦的活动，让他只想尽快摆脱。

　　首先，应该改变对"知识"和"知道"这两个概念本质的认识。"知道"意味着会运用知识。只有当它成为精神生活的一部分，占据人的思想，激发兴趣，才可以称之为知识。知识的积极性和生命力，是使其不断发展、深化的决定性条件。知识只有在发展和深化的时候，才是活的知识。只有在知识发展的情况下，规律才能起作用：学生掌握的知识越多，学习就越简单。但遗憾的是，在实践中情况恰恰相反,随着年级的升高,学生的学习反而越来越难。

从这些道理中,可以得出什么可行的建议?

请不要让学生把获得知识当成最终目的,而是作为一种手段,不要让知识变成一个固定、静止的"行李",而是要让它们存在于学生的脑力劳动中、集体的精神生活中、学生们的相互关系中、生动的精神财富不断交流的过程中,没有这个过程,就无法想象完美的智力、精神、情感和审美发展。

那在实践中要做些什么,该怎么做呢?

在小学学习过程中,从最早的学习阶段开始,词汇就是知识最重要的元素,准确地说,是那些孩子在上学之前不认识的、体现现实世界的生词。我觉得,孩子通过词汇来认识世界,是他在知识台阶上迈出的第一步,同时也是跨度最大的一步。让词汇活在孩子的意识中,让它成为孩子掌握知识的工具,这是多么重要。如果你不想让知识变成一个固定、静止的行李,那就请把词汇作为一个重要的创造工具。

在经验丰富的教师的实践工作中,这种教育学习的方向表现于:在学生的脑力劳动中,摆在第一位的,不是牢记别人的思想,而是让他本人进行生动的思考,通过词汇来认识周围世界的事物和现象,认识词汇本身最细腻的色彩。

初秋一个阳光明媚的日子,我和孩子们去了花园。柔和的阳光照耀着大地和一动不动的大树,苹果树、梨树、樱桃树色彩各异。我给孩子们讲述金秋,讲自然中的各种生物是如何为漫长寒冷的冬天做准备的,比如树木、落叶,在这里过冬的小鸟和昆虫。

我相信，孩子们在体验、感受词汇和词组丰富的思想和情感色彩，并建议他们讲讲自己的所见所感。我亲眼见到，当场就诞生了一些对于自然界的惊人、细腻而鲜明的思想："蓝天上有一群白天鹅慢慢消失……""啄木鸟在敲击树皮，而树发出清脆的声音……""路边开着一朵孤独的甘菊……""鹳站在鸟巢上，望向很远很远的地方……""一只蝴蝶飞到了菊花上晒太阳……"孩子们不是转述我的话，而是说出了他们自己的想法。思想生动、丰富，孩子们正在培养思考能力，也体验到任何东西都无法与之媲美的思考的乐趣和对知识的享受。他们感觉到自己是个思想家。

你是否观察到（或从其他教师那里听到），孩子有时候会对老师的话漠不关心、无动于衷？你在跟他讲一些有趣的事情，可他只是坐着，目光无神，你的话根本没有进入他的心里。你完全有理由担心：这种对语言的冷淡和不解，是学习的一大灾难；如果这个灾难深深扎根，那么人就会疏远学习。

这个灾难是怎么产生的，它的根在哪儿？

如果语言没有作为创造手段活在孩子的心里，如果他只是背诵别人的思想，而不创造自己的思想，也不用话语表达出来，那他就会对语言冷淡、漠不关心、完全不理解。我们要提防这种冷漠，注意孩子黯淡的眼神！请教会他热情、积极地对待语言！

[12]

知识的发掘

很多人经常提到学生脑力劳动的积极性问题,但积极性也可能各有不同。学生能够熟记读到的东西或老师讲过的知识,回答问题很流利,这也是一种积极性,但它未必会促进其智力的发展。教师应该追求学生思维的积极性,要让知识在运用中不断发展。

教学中要让新的知识通过已经获得的知识被"发掘"出来,我认为,高超的教学技巧就在于此。我在听课和分析课文的时候,正是根据学生脑力劳动的这一特点,来为教师的教育技巧下结论。

那么,怎么才能让学习成为一种思考活动,从而发掘知识?在这里什么才是最重要的?

发掘知识,意味着发现真理,解答疑问。要让你的学生接触、感觉不懂的地方,要让他们产生疑问。如果你能做到这一点,就已经成功一半了。

但要做到这点并不容易。备课的时候应该从这样的角度来分析教材,找出第一眼察觉不到的那些因果联系,或能够使人产生疑问的点。而疑问能激发求知欲。

比如,现在我面前是"光合作用"这一课的教材,要给学生讲植物绿叶上发生的变化。可以用合乎科学的可靠性、理论和教学的连贯性来讲，但这样并不能完成任务，也不能提高学生一定的智力积极性。我会深入思考面前的教材：因果联系的点在哪里？啊，就是这儿，最重要的点在于，无机物变成有机物。这个画面惊人又神秘：植物从土壤和空气中吸收无机物，在自己的复杂机体中，将它们变成有机物。这个有机物产生的过程是什么？植物机体在阳光的作用下把矿物肥料的无机物质变成鲜红的西红柿果肉，变成芳香的玫瑰花，在这个难以理解的复杂实验中发生了什么？

讲课的时候，我尽量去引导学生产生疑问，让每个学生都因此而激动不已：这是怎么回事？这一切都发生在我的眼前，而我却没有思考过？

怎么引导学生产生疑问？

这就必须知道：哪些应该讲，哪些则不用全部讲完。没有讲完的那部分就像是学生思维的"引线"。这里没有任何可以适用于所有情况的方案，一切都取决于教材的具体内容和学生已有的实际知识。相同的教材，应该在一个班里有一些东西没有讲完，而在另一个班里则是其他东西。

比如说，现在学生的意识中已经产生疑问了。

那么接下来，我就要让学生在他们从以前的生物课上、劳动过程中和通过阅读掌握的知识储备中抽取出那些可以解答这个疑问的知识。抽取已有的知识来解答疑问，这就是知识的发掘。这里不一定是把学生们一个接一个地叫起来，听他们说些什么，然后在各种答案中拼凑出一个共同的答案。这种方法，只能看到表面的积极性，但并不是每个学生都有真正的思维积极性。我需要的是他们集中所有的精力进行思考和脑力劳动。所以我经常会在引导学生产生疑问的时候，自己先讲解教材，而不是把学生叫起来回答一些零散的"小"问题。

为了让学生通过思考发掘知识，教师应该充分了解学生的知识。一个人对学到的知识记得很好，而另一个人则会遗忘一些东西。此时我就应该充当一个脑力劳动的指导者，要让每个学生在听我讲课的时候，按照自己的节奏，从意识仓库中抽取出其中的一些知识，但如果意识仓库中的某个地方出现空白，如果某个学生的思路断了，我就需要补充解释，来填补这个空白，消除思想的脱节。但这也需要极高的艺术和技巧。我很早以前就已经开始寻找这种重复讲解的形式，为了让学得最好的学生能在这里找到新的东西。对于那些没有任何空白和知识断层的地方，我就会讲解得比较少。这里没有那种故意做出来的、表面的积极性，学生们虽然沉默着，没有回答问题，也没有互相补充，但这就是知识的发掘。我想把这种发掘形式称为学生们对自己思想的回顾，对自己知识宝库的"研究"。

[13]

怎样引导学生从事实走向抽象真理?

你肯定碰到过这种现象:学生已经背会(熟记)了规则、定理、公式和结论,但却不会运用自己的知识,甚至完全不明白背下来的东西实质何在。这种极端情况尤其出现在语法、算术、代数、几何、物理、化学等学科的学习过程中,这些学科的内容都是系统的归纳总结,其知识主要表现为在实践工作中运用这些归纳总结的能力。

在这种情况下,人们通常会说:学生没有理解,就是死记硬背的。但是为什么他会死记硬背呢?要防止死记硬背这个坏现象需要做些什么呢?

记忆(熟记)应该以理解为基础。请你引导学生通过思考(意识)并理解大量事例、事物、物体和现象来记忆。不要去记那些没有理解,也没有进行思考的内容。从领会事例、事物和现象到深刻理解抽象真理(规则、公式、定理和结论)的道路要经过实践工作,而实践工作就是掌握知识。

经验丰富的教师会教给学生,记忆要经过一个深入思索并领会事例、物体和现象的过程。比如,学生现在学的是俄语中硬音符号的书写规则。教师通过分析大量事例,分解含有硬音符号的单词，解释这些词的写法，来引导学生记忆规则并有意识地运用。实际上，就是用更多的新事例来让学生理解这一规则。学生们逐渐相信，他们能够记住概括性的真理。这一真理可以运用到许多单词上，这就是规则。经过多次思考之后，规则就被熟记。

经验丰富的教师认为，记忆规则和结论不需要进行专门的熟记练习：思考事例，同时也是对归纳总结的逐步记忆。思考和熟记的统一越明显，自觉性的知识就越多，学生在实践中运用知识的能力也越强。总体来说，在实践中运用知识的能力取决于学生是以何种方式记住知识的。如果这些知识不是通过理解、分析事例和现象来记忆，那学生就不会运用。

这是教育过程中一条非常重要的规律。多年的经验使我得出一个结论：如果学生在小学阶段就已经通过理解事例和现象来掌握抽象真理，那他就获得了一个非常重要的脑力劳动特点，即能够用思维理解许多相关的事物、物体、事例、情况、现象和事件，换句话说，就是他能够对因果、功能、时间等各种联系进行思考。许多事实使我相信，思考算术题条件的能力（尤其是在四五年级），正是取决于学生对抽象总结的掌握程度。不通过足够的事例理解，只是死记硬背抽象总结的那些学生，不会思考习题，不会用思维理解各个数量之间的关系。相反，如果学生在脑力劳动中通过对事例的深入思考来记住抽象真理，如果他不是通过死记硬背记住知识，那他在算术题中看到的就不是杂乱的数字组合，而是数量之间的关系。他在读题目条件进行思考的时候，先不管数字，不进行具体的算术运算，而是先思考一个整体的解题步骤。

通过对许多事例和孩子经历的了解，我相信，学生在算术题上落后（之后是代数）是脑力劳动中难以理解的缺点引起的后果。人们经常谈到学科之间的联系。每个教师都明白，应该找到自己所教学科与其他学科之间的共同点。但跨学科联系并不止于此，与其说最深刻的联系是实际教材内容上的联系，不如说是脑力劳动性质上的联系，我对此深信不疑。如果学生脑力劳动建立在科学的基础上，那数学会帮助学生掌握历史，而历史则会促进学生数学能力的发展。

众所周知，许多小学教师，尤其是语言、文学教师的一大障碍就是要为学生有意识地掌握语法规则而斗争。大部分学生读写能力差，是学校的一大苦恼。我知道有这样一个事实：学生在刚开始学习俄语时，不能牢牢掌握раз-、без-和рас-、бес-这些前置词的书写。学生在这一书写规则上犯了很多错误。教师想要纠正这些错误，会经常地给学生布置一些运用这类规则的练习。他是这么教的：先好好复习规则，然后做练习。这项工作似乎应该产生积极效果，但实际上却没有：学生到了十年级还写不对，作文考试中写的是"разцветает"和"расбежался"。

这是怎么回事？这种奇怪现象的原因是什么？多年的经验使我得出这样的结论：会不会运用知识与在掌握知识的过程中有没有思考事例的关系，在学习语法时体现得最为明显。第一次学习抽象真理、归纳总结（语法规则）在这里具有决定性意义。不要让孩子在刚开始学习时就犯很多错，要让他记住规则，并准确表达出来，但这个任务并不像看上去那么简单。

所以，这里应该专门谈谈关于知识点的第一次学习的问题。

第一次学习新知识点

学生落后、成绩不好的一个原因是,第一次学习新知识点的时候没有学好。关于"第一次学习新知识点",这里说的是什么意思,这个术语合理吗?我认为是合理的。因为知识是不断发展的,对知识点的学习要持续很长时间,知识的每一次运用,同时也是它的发展和深化。而第一次学习是从不知到知道,从不懂到理解事例、现象的实质迈出的重要的第一步。

比如,学生们在很多课上都会用乘法简便运算公式。经验表明,很多事情取决于学生在学习这个知识点的第一节课上对公式的理解程度。首先就是,是否时刻准备好将其作为发掘新知识的工具,换句话说,就是每一次学习下一个新概念、定理的时候,是否顺利都会取决于此。这也是一条重要规律:学生的意识中不明白、混乱的地方和肤浅的理解越少,他落后的可能性就越小,他的思想对第一次学习新知识点准备得就越充分,他在课堂上的脑力劳动效果就越好。

第一次学习新知识点的课应该有特点,这里的意思是,要特别明确,学生独立脑力劳动的效果在这里具有特别意义。在第一次学习新知识点的时候，你就要看到每个学生脑力劳动的成果。在第一次学习知识点时，看到"学习困难"的学生的独立工作尤为重要，这里说的是那些思考慢、领悟慢的学生，要让他们了解知识点的实质，必须要有相对多的事例和时间（有时候要给他们与普通学生不一样的事例进行思考）。

经验丰富的教师总是要在第一次学习某个知识点的课堂上看学生们独立完成作业的情况如何。在这种课堂上，独立完成作业是必须的，通过独立完成作业，学生能够思考事例，并掌握归纳性的真理（这里既包括自然学科课程，也包括语法课）。

思考的过程也包括运用知识的因素，这一点非常重要。这里也应该关注"困难"学生。要走到他们每个人跟前，看到每个人的困难，给他们每个人准备专门的作业。有时候在课上就能看出来，需要给某个学生布置专门的家庭作业，有经验的教师通常"当堂"就给他布置作业。"困难"学生脑力劳动的效率主要取决于他在第一次学习某个知识点的课堂上有规律、系统性工作的程度。不要让他只是听其他同学的正确答案或抄板书，一定要强迫他在每堂课上独立思考，耐心、委婉地引导他，让他在每堂课上都能取得哪怕是一点点的脑力劳动成果。

我在教语法的时候，总是要做到让学生在学习某个知识点的第一堂课和课后，都不在写作练习中犯错。可能有些荒谬，但这却是真理：当学生在课堂上不再犯错，他就能够正确书写了。而如果他们在课堂上都不犯错，那么家庭作业中也不会有错（或者错误很少）。语文教师工作困难的一个主要原因是，学生在课堂写作练习时就已经犯错了；而教师的错误在于，他没有给学生提出不犯错的目标。

那么，实践中要如何使书写无误，从而打下坚实的知识基础呢？这取决于许多因素。可能，最主要的是学生阅读的流利性。要想书写准确无误，学生就要会流利地阅读。当然也有其他因素，比如课程结构、上课的方式方法。语法课备课的时候，我总是要预先估计一下，学生可能会在哪个地方、哪个词上犯错，具体是谁会犯错，然后提前进行解说，不留下任何一个"可疑"的词。

我的建议是：不要让学生在第一次学习知识点的时候，仅仅表面肤浅地理解事例、现象和规律，不要在第一次学习语法规则的时候就犯错，不要在第一次学习数学规律的时候就解错例题和习题，等等。

[15]

思考新知识点是上课的一个阶段

可能，每个教师都会遇到这样的现象：昨天上课的时候，所有人对规则（定义、定理、公式）理解得都很好，回答问题、举例子都非常好；今天再看看，全班有一半人对学过的知识已经有些模糊了，有的人甚至已经忘了这个知识点。而且，很多学生在做家庭作业的时候，也遇到了很大困难，但上课的时候都没有察觉到这些困难。

"理解"还不能表示"已知"，理解还不是掌握知识。要获得牢固的知识，就必须"思考"。

那"思考"到底是什么意思？学生会对自己接受的信息进行思考，检查自己是否正确理解了知识点，并尝试在实践中运用这些知识。

我举一个例子。学生们第一次在几何课上接触到三角函数，教师给出了正弦和余弦这两个函数关系的定义。知识点并不难，似乎马上就能理解，但理解并不意味着牢固掌握。讲解完之后教师要留出时间给学生来思考新的知识点。学生们打开草稿本，画直角三角形，记下教师讲的所有内容，复习正弦和余弦的定义，自己举例子来表示函数关系。知识的复习及其初步运用似乎在这里相结合。通过自测，许多学生会发现，自己无法再现讲解的过程，不能进行复习。学生意识到自己忘记了讲解中的某个环节，就会去翻教科书，但在这之前，他还是会先努力回忆一遍。

这种让最"薄弱"、学习困难的学生对新知识点进行专门思考的阶段尤其重要。经验丰富的教师很注重让学习困难的学生把注意力集中到一些知识"点"上，这些"点"实际上就是因果联系，也就是知识的基础。多年经验表明，学习困难的学生知识不够牢固的原因在于，他们看不出来，也不能理解各个事例、现象、定理和规律的衔接"点"，而正是在这些"点"上产生了因果、功能、时间等联系。所以，应当引导学习困难的学生去注意这些"点"。

比如，教师在给学生讲解俄语副动词短语。这里，在已有动词做主要谓语的情况下，副动词似乎充当了第二谓语、次要谓语，这就是一个难以理解的"点"。我会先给学生思考的时间，引导学习困难的学生把注意力集中在用副动词短语造句的时候，要设想同一个主体完成的两个行为，其中一个是主导的主要行为，另外一个是从属的次要行为。学生在造句的时候，会思考一些现实的行为。

无论课堂上学习的知识点理论性多么强，总还是可以进行一些实践性的工作，以便更好掌握知识。历史和文学课上对新知识的思考更多的是在刚刚讲解过的知识点中寻找因果和意义上的联系。比如说，教师讲了1861年俄国农奴制改革、解放农奴的历史。为了思考新知识（5～7分钟），可以提出这样几个问题：

如果沙皇政府没有解放农奴，那么俄国的农业发展道路会是什么样？1861年之前，俄国农业和工业中的资本主义发展之间有什么联系？这种联系在农奴解放之后又是如何表现的？1861年之后，又是什么在继续阻碍俄国的资本主义发展？1861年之后，封建残余仍然存在于俄国农业中的原因是什么？把这些问题写在一张大纸上，讲完课之后，就立刻挂到黑板上。我坚定地认为，之后就会开始课堂上最紧张、最有趣的一个阶段。学生们会回忆起前几个章节中学过的内容，而教科书会被"翻烂"（顺便说一下，在文科课上，教科书主要用于思考新知识）。在我看来，学习过程中最有必要、最有益的，就是不用通过通读全文来复习以前学过的知识。这种复习最有效果，因为就其实质而言，它本身就是一种思考。

所以，不要害怕在每节课上尽量留出时间来掌握新知识！这会让你得到百倍补偿。思考知识的时候脑力劳动效率越高，学生在做家庭作业的时候花费的时间就越少，下一节课上检查家庭作业的时间就越少，留给讲解新知识的时间就越多。当你明白了这种依存关系的本质，就能突破困境：学习新知识的时间不够，是因为很多时间花在了检查家庭作业上，而检查家庭作业花很多时间，则是因为对知识的掌握不够充分。

[16]

如何让检查家庭作业
成为有效的脑力劳动？

检查家庭作业不顺利这个问题困扰了我很多年：我的很多时间都白白浪费在这上边。我们每个人都很熟悉这样的场景：刚提问一个学生，其他人就开始做自己的事情了，无论如何，只有那个等待被提问的学生才会思考答案。我一直在思考：怎么在检查作业的时候让所有学生都思考所提出的问题，让教师能够检查完全班人的作业？

一个草稿本就可以起到帮助作用。例如几何课上，全班都在准备检查家庭作业。教师给全班同学布置两道作业：求出圆面积的计算公式，出一道计算圆面积的题，然后解答；简要描述全等三角形的特点。所有学生都把问题记到草稿本上。草稿本在这里取代了黑板，不会叫某个人站黑板前做题。教师仔细观察每个学生做题的过程。如果教师要确认某个学生对他写下来的公式是否理解深刻，就让学生来讲解他做的题，是怎么做的，为什么这么做，等等。这个时候不需要把学生叫起来，每个学生做题的时候都是像被叫到黑板前一样。教师可以在学生做题的过程中随时打断全班或部分学生。

这种工作形式的优势主要在于，不用大声重复学生们已经知道的内容，知识就得到了检测。教师可以以一种简单的方式，去了解学生对知识的掌握情况。同时，每个人都是完全独立工作的。这里还有两个重要因素：首先，把检查知识作为知识的积极应用；其次，教师可以密切关注那些困难学生的工作情况，考虑到他们个人的精力和潜能。

我们学校三至十年级的所有教师在检查家庭作业的时候，都会用到草稿本。没有草稿本，我们就觉得没有办法检查作业。经验表明，这样的检查养成了紧凑、简明的四维表达，预防了死记硬背。想要死记硬背的学生，永远也不会言简意赅地回答问题，说不出最主要的内容。而我们检查作业的方法使学生养成了在阅读、背诵的同时进行思考的习惯。

如果在新事例的基础上对归纳性知识（规则、公式、定理、结论）进行思考的话，那在检查作业的过程中，脑力劳动的效率就会极大地提高。通常，我们在小学阶段不会在刚开始上课的时候花费专门时间来检查作业。检查作业要与知识的深化、发展和应用密切结合。比如说，教师要检查学生对这些定义的掌握情况：句子的主要成分和次要成分、主语和谓语、主要成分和次要成分的语法关系，就让学生打开草稿本，给他们布置实践性质的作业：造6个句子，其中要用到"道路"这个单词的第一格和所有间接格形式，确定主要成分和次要成分之间的语法关系。对于那些做得快的学生，再给他布置一项作业：造3个句子，并分别用到一个、两个、三个同等成分的谓语。学生们在完成这项实践工作的时候，既运用了知识，又加深了对知识的掌握。

不要把给学生打分作为检查作业的唯一目的。尽量把对知识的评定和其他目的相结合，首先就是知识的新思考、发展和加深理解。也不要过于极端，对学生的每个回答、每次书面作业都评分，这样只会导致消极后果。至于为什么会这样，就需要专门进行解释。

[17]

评分应该有分量

不应该把知识的评定作为教育过程中某个孤立的东西。只有当教师与学生是相互信任、保持善意的关系时，评分才能成为积极脑力劳动的刺激因素。如果你愿意的话，评分也会成为一个最细腻的教育工具。根据学生对待教师给他的评分的态度，可以准确无误地判断他对教师的态度，他有多信任和尊重教师。关于知识的评定，我想提几点建议。

评分可以少，但每个分数都应该有分量、有意义。第一，在我漫长的教育生涯中，我教授过中学教学计划的几乎所有课程（除了绘图）。我从不对学生在一节课上回答问题的情况打分（甚至是回答两三个或者更多问题）。评分应该包括学生在某个时期的学习情况，涵盖几种学习形式——回答问题（可能是好几次回答）、对同学回答的补充、书面作业（少量）、课外阅读、实践性的作业等。我会分析学生在一个特定时期里的学习情况，而他也同样能感受到这一点。到一定时间了，我就会告诉他："现在我要给你打分了。"然后又开始下一个分析学生学习情况的时期，他就会知道，没有任何事情能逃过我的眼睛。一些读者可能会产生这样一个问题：难道你能把这一切都记住吗？可能有人很难记住关于学生脑力劳动的所有事情，但我始终认为这是最重要的。难道忘了值得注意的东西，还能同时进行教育和教学吗？

第二，如果学生因为这样或那样的情况不能掌握知识，我也从不会给出不及格的分数。没有什么比认为学生前途无望、一无所长更能使他痛苦的了。灰心丧气、抑郁不欢这样的情绪，会严重影响学生的全部脑力劳动，使他的大脑变得麻木。只有乐观才是生气勃勃的小溪，才能滋养思想的河流。郁郁不乐、苦闷沮丧只会导致管理情感冲动和思想情感色彩的皮层下中枢不再刺激理智去劳动，而且还会束缚理智。我一直都力求让学生相信自己的力量。如果学生有求知欲，但却不会学习，就应该帮助他，哪怕只是向前走一步，而这一步将成为思想的情感刺激、认知乐趣的源泉。

永远不要急于打出不及格分数。请记住，成功的喜悦是促使孩子变得更好的强大情感力量。请注意，永远不要让孩子内心的这种力量消失。如果没有这种力量，任何教育技巧都无济于事。

第三，如果你看到学生对知识还很模糊，对所学事物和现象的认识有不明确的地方，那就完全不要给任何的评分。我教的每个班上都有这样一个学生，我会详细研究他的精神生活，从他的眼睛中，我就能看出他是不是能理解我提问的问题。如果这个学生的眼睛告诉我，他还没有准备好回答，那我就不会评定他对知识的掌握情况，首先应该让学生学会知识。

第四，应该避免提问那些需要非常准确重复教师讲过或者从书里背下来的内容。教育过程中有一个非常有趣的事，我称之为

"知识的转化"。这里指的是思想逐步深入到知识,当学生每次回看以前学过的知识时,都会在一些事例、现象和规律中发现新的东西,并研究分析这些事例、现象和规律的新方面、属性和特点。知识的转化应该成为复习的基础,就此我想要单独给出一个建议。

[18]

学习之母不应该是继母

民间教育学认为,复习是学习之母。但经常会有善良的母亲变成恶毒继母的事情。当学生被迫在一天或几天时间内做完那些曾经在几周、几个月内做的事情,比如复习在十节、二十节甚至更多节的课上学过的知识,就会出现这种情况。大量的事例和结论压到学生的肩上,他的脑子里完全是一锅粥。而复习一门学科知识的同时,还要学习其他科目!无法进行正常的脑力劳动,学生的精力被消耗殆尽。

如何从教育学的角度来正确地组织复习?我建议,首先要考虑到学科和具体知识的特点。比如,在九年级的时候,复习几节物理课和几节历史课就是完全不同的事情。

经验丰富的教师在让学生复习物理、代数、几何、化学这些课程的规则、定理、公式和结论时,会以实践任务为主——做练习、解题、画图、制表等。此时教师尤其注意的是,学生要完成一个实践任务,就需要知道两个或者更多的知识。在完成此类任务时,对于智力发展非常重要的一点,是知识的转化过程——定理在相互联系和依存的关系中被重新理解。学生从一种原来不知道的新角度去看这些事例、物体和现象。比如，数学老师会给一些习题来复习，学生在解答这些习题的时候，脑海中要复习几何图形的体积和三角函数。多年的经验表明，如果一个理论概念与另外一个概念相接触、相联系、"紧密结合"的话，就像是知识转化过程中的一大飞跃：两个概念被理解得更深刻，学生就会在理论概念中看出他以前没有看到的东西，明白了其中之一，也会更加明白另外一个。

对于代数、几何、物理这类课程，建议采用我们学校优秀教师实践工作中称为"综合复习"的复习方式。它有很多种变体。比如说，让每个学生做一个几何图形模型，借此来复习许多重要公式；或者学生根据教师的指定来做几何图形的示意图，用它们来直观展示一些定理。

历史、文学等人文学科的复习特点则不同。复习在七八节课上学习的知识点，意味着要阅读四五十页。当然，这里不能用初学知识点的时候用的方法来复习。复习大篇幅教材的时候，应该离教材远一些，让主要内容更清楚一些，而次要部分则不用过于明显。如果学生在复习的时候把所有内容都重新读一遍，那他的负担就会过重，而更主要的是，他注意不到教材的中心思想，那中心思想的教育作用就会被削弱。

应该教会学生离教材远一些，抓住主要内容，不要注重细节。可以找出几节课来复习历史、文学的某些章节，向学生展示，如何不用通读全文来复习。与课堂上（以及课后）复习的教材"相关"的知识面越广，学生对教材的掌握越深刻。

请教会自己的学生，尤其是高年级学生放弃次要的东西，把注意力集中到主要内容上。这种能力是形成世界观的基础之一。

还有一种复习方法。我在教数学、物理、化学和生物的时候，一直坚持一个我认为很重要的要求：在每一科的作业本上专门留出一块地方，用红笔记下那些需要永远记住的内容。学生在看作业本的时候（数学和物理一周一次，化学两周一次，生物三周一次），就能复习这些规则、公式和定理。

怎么检查作业本？

"检查作业本占了我所有空闲时间"。这句话出自一位女教师的来信。大概有成千上万的教师都会在这封信下边签名表示赞同。当要检查一摞作业本的时候，没有一个教师的心不在颤动，因为这项工作不仅需要好几个小时，而且它还是一项单调乏味的劳动，没有任何创造性可言。

教师和人民教育工作者都迫切希望，最大限度缩短检查作业本的时间，但并没有任何成效。为什么呢？这是因为学生的作业本上有许多错误。检查作业本的问题是众多学校问题中的一个，而它的解决则取决于许多条件和前提。这里不可能只有某一个建议："这样做就行了。"但如果在整个学校、全体教师的工作中都遵守特定的条件，那还是可以使检查作业的时间缩短三分之二的。

学校里首先应该有高度的言语素养，要有对词汇高度敏感的气氛：如果有的词说错或者写错，那么不只是教师，学生也会觉得不协调，就像拥有高度音乐听力的人对于走调的感觉一样。建议小学教师：培养学生对词汇感情色彩的敏感，要让学生像对待音乐那样对待词汇！形象地说，学生应该成为"词汇音乐家"，珍惜词汇的正确、纯洁和美好。带孩子们到大自然中去，把人们的劳动作为一种创造活动展示在他们面前，并且让这一切都通过词汇、通过色彩细腻的言语反映出来。

我们有专门针对这些词语的课，比如"朝霞""夜晚""草原""田野""河流""水声潺潺""闪烁""轰鸣"……我和孩子们一起用每个词语写作文。词汇深入孩子们的精神生活中，他们学习用词汇来表达最微妙的感觉，传达他们对周围世界的印象。这并不轻松，甚至是最复杂的校园学科。而这个学科的基础在小学时就要具备，如果缺少了，就永远也补不上。

引导自己的学生从书本和思考走向活动，从活动走向思想和词汇。活动应该变成学生的个人思想，而个人思想应该在词汇中得到表达。实际上，可以这样做：尽量让学生的个人活动成为他思考和判断的对象。让你的学生讲述、讨论、汇报他亲手做过的事情、他所观察到的东西。如果一些词与学生自己的所作所为、所见所感无关，那他就会用词混乱。应该布置这样的任务，让已有知识"进入流通"，而这意味着，要让词汇成为创造的工具。

为什么学生会犯很多错，会书写得文理不通？我认为，根源在于能力和知识的比例失调。在大多数课程的学习体系中，能力都落后于知识，尤其是语法、文学阅读、数学这样的学科。当为知识"服务"的能力低下、"衰弱"的时候，知识就会成为繁重的、力所不及的负担。

减轻检查作业本的负担涉及一系列教学根本问题，但这种减压有一些前提条件。第一，要在语法课上留出时间来记录和记忆那些可能会有语法错误的词语;第二,做家庭作业之前要进行详细、周密的准备,避免错误;第三,可以说,有经验的语言、文学、数学、物理老师都有自己检查作业本的方法。经验表明,最合理的方法是定期抽查:教师每隔一段时间收几个学生的练习本进行检查。只有测验时才要检查所有人的作业。

[20]

课程学习中
学生积极活动的内容

开始与学生打交道的时候,有经验的教师会对学生在课程学习的整个阶段(小学时则是整个小学学习阶段)的积极活动内容做好安排。其目的不只是培养学生生活、劳动中所必需的实践能力,更是通过学生在课程学习体系中的积极活动,发展其智力、思维和语言。我们已经讲过,学生的读写水平及词汇在其精神生活中的作用在很大程度上取决于其积极活动的性质。

如何组织学生的积极活动,推动其智力发展,促进他的思想和言语素养,提高他的读写水平?

积极活动就像是连通语言和思维的桥梁。我在准备小学课程时,会规划好所有学生的积极活动,当然,在其中要鲜明地体现事例、物体、现象和劳动过程的关系,并让学生进行思考。换句话说,我想要的是使学生在劳动过程中产生思想,而不仅仅是巩固在课堂上学到的知识。在学习某一课程时的活动不应该只是对知识的说明(当然这也很重要),更应该是发掘新定理、发现、规律的源泉。比如,每个学生在几年的学习时间中培育了一棵果树。在这个过程中,他还会有许多新的"发现",因为一些新思想而激动，并将其展示出来。词语成为他表达个人思想的手段和工具，成为他的常用词汇储备，推动他感情和思想的发展。

我一直相信，沉迷于一项有趣的劳动，并从中发现新的关系和联系的学生，他的思想不可能混乱，语言不可能迟钝。因为学生不只是在劳动，更是在思考、讨论因果关系，规划未来的工作。每过一年，我都更加相信，清楚表达思想的积极活动，可以发展语言，从而提高学生的综合素养。应该说，只有在刚上学时就开始合理组织的劳动才能在脑力发展中起到应有的作用。

我们的每位初中和高中教师在准备上课的时候，都应该规划学生的积极活动，通过学习概念和规律来丰富、发展学生的智力。我一直坚信，没有人与自然的相互作用，就难以想象智力的发展，就像音乐没有旋律，语言没有词汇，科学没有书籍。在生物、物理、化学、数学等科目的学习体系中，劳动与思考、活动与词汇的统一是学校作为思想中心的基础。有经验的教师在准备教这些课程时，都会思考以什么方式，通过什么劳动来揭示那些课程学习体系中思维基础的关系。比如，物理教学体系中一些现象和概念的基本关系和相互联系，比如物质、能量、运动、能量转换、状态改变、现象的相互作用。物理老师会寻找机会组织劳动，让这些概念在具体的关系中得以体现。比如，让一个学生做仪器的原理模型，用它演示机械能转换成电能，电能转换为热能。另一个学生做另一个模型，演示机械作用引起物质的状态变化。这项劳动并不是对知识的简单说明，而可以说是"知识的活用"。

我建议教师们：如果你想让学生们成为会思考的人，让学生能够通过清晰的说明、严谨的阐述、有逻辑和连贯性的思想，就请你引导他们去进行充满思想内容的劳动，在劳动中掌握知识体系的关系和联系。请记住，劳动不仅仅是实践能力和技巧，首先应该是智力发展，是思维和言语的素养。

[21]

教会学生观察和发现

应该说,在一些学校里,观察并没有被看作一种积极的智力活动、脑力发展的途径,而被看作说明某些主题、章节的手段。

教育工作的文明在很大程度上取决于,在学生的智力发展中,观察占据什么地位。知识不仅来源于观察,而且活跃在观察中,可以说,知识借助观察"进入了流通",作为工具在劳动中使用。如果说复习是学习之母,那么观察就是理解和记忆知识之母。善于观察的学生永远不会学习不好或者是读写能力差。教师能够帮助学生利用以前的知识储备进行新的观察,就可以达到学生知识越"久远",记忆越牢固的目的。

小学阶段学会观察对于学生非常重要,就像阳光、空气和水分对于植物必不可少。在这里,观察是智慧最重要的能源。学生思考和记忆得越多,他在周围世界和劳动中看到的关系和联系也越多。

我在教小学生的时候,教他们回答"问什么"的问题时,要能在平常的事情中看到不平常的东西,寻找和发现因果关系。

2月,严寒的冬季。在阳光明媚的一天,我们去了一个寂静的、铺满雪的花园。"孩子们，仔细看你们周围的一切，看到春天快来临的标志了吗？就算是你们中间最不细心的孩子也能发现两三个标志，而边看边思考的学生能看到二十个标志，善于倾听大自然音乐的学生能听到大地复苏的旋律。去观察、去倾听、去思考。"我这样跟学生们说。我看到，孩子们在仔细观察被雪覆盖的树枝、树皮，倾听各种声音。每一个小发现都让他们异常开心，每个人都想找到一些新的东西。一周之后我们再次去了那个花园，之后每隔一周就去一次，每一次孩子们探寻的目光中都能发现一些新的东西。一些在低年级就学会观察的学生能清晰地区分理解和不理解的知识，而更宝贵的是，他很积极地对待词汇。教师能从那些已经学会观察和发现的学生那里听到一些聪明、出乎意料的"哲理性"问题。

请你教会学生观察和发现周围世界的各种现象。在大自然发生急剧、快速变化的时候带孩子们去大自然，去看生命复苏、生物内在生命力的更新、生命中强大飞跃的精力积蓄。

学龄初期的观察是智力发展必不可少的条件。

[22]

如何用阅读扩充知识？

在学龄中期和晚期阅读科普读物和科学文献与学龄初期的观察起着相同的作用。会观察和发现的学生也容易培养其对科学文献的敏感度。如果不经常阅读科学读物和科普文献，就谈不上对知识的兴趣。如果学生走不出教科书的限制，对知识的强烈兴趣就无从谈起。

科学正以空前的速度向前发展，但不断地在中学教学大纲中加入所有新概念和规律是不可能的。所以在现代的学校里，阅读科学文献就是学习过程中一个非常重要的组成部分。

要学会激发学生对阅读科学文献的兴趣。为此，需要在讲解大纲规定教材的同时，利用一些课外知识的火花，来照亮某些问题。有经验的生物、物理、化学、数学教师，在上课的时候只是稍微打开通向未知科学世界的窗口，留下一些知识不全讲完。学生看到了超出大纲必修教材的可能性，在无边无际的知识海洋里遨游的前景会使他激动，这就激发了青少年阅读的兴趣和求知的渴望。

教师应该在学校图书馆或个人藏书里有一些根据大纲教材

扩充知识的书。已经出版和正在出版的这类书很多。阅读有关现代科学前沿的科学著作和科普文献显得尤其重要。阅读这些资料，可以使学生对在学校学习的基础知识的认识更加清晰。

大纲中有一些最难的章节，而这部分与其他章节的知识有关，通过阅读扩充这方面的知识意义尤其重大。有经验的教师会在学习这些章节之前、学习的过程中或者之后，就让学生阅读一些科普文献。有的学生在还没有学习量子理论的基本概念之前，就已经阅读过这方面的书，尽管也有很多不懂的地方，但这并没有什么可怕的。学生的疑问越多，他在学习新教材的过程中、在课堂上对知识的兴趣就越大。在课堂上学习新知识点之前就已经开始积累问题，这倒是一个非常有趣的教学法问题。

[23]

阅读是"学困生"智力培养的重要手段

有一些学生理解、领悟和记忆所学知识点很难,也很慢:一个知识还没有掌握,就已经开始学习下一个了;学会了一个,上一个又忘了。有些教师相信,最大限度缩小这些学生脑力劳动的范围(有时候教师会对一些学习不好的学生说:读教科书就可以了,不要再去读其他的东西),就可以减轻他们的学习压力。这个观点是完全错误的。学生的学习越难,他在脑力劳动中碰到的困难就越多,需要阅读的也越多,正如低敏胶片需要更长的曝光时间,"学困生"的头脑也需要更加明亮、长久的科学知识之光。在学习困难学生的脑力劳动中起决定性作用的是阅读、阅读、再阅读,而并非补课,也不是无止境的"督促"。

基洛夫州波格丹诺夫中学的优秀数学教师、乌克兰苏维埃社会主义共和国功勋教师伊·古·特卡琴科,他教的学生中就没有学习不好的。他创造性劳动的一大特点就是合理组织阅读,正是这里所说的发展智力的阅读。在他任教的五至十年级的每个班里都有个别学习困难的同学,如果没有这个奇妙图书馆的话,这些学生永远也不会成绩合格。这个图书馆里有上百本书,以鲜明、引人入胜的方式讲述世界上最有趣的科学——数学。学方程式之前，学生就已经阅读了几十页讲方程式的书，主要是一些吸引人的小故事，讲述方程式这个难题在民间智慧中是如何形成的。

阅读不止挽救了一些学生，使他不至于学习太差，同时也发展了他的才智。"困难"学生读得越多，他的思维就越清晰，智力也更活跃。

经过周密考虑、有预见性、有组织地让学习困难的学生专门阅读一些科普文献，是教师应该关心的一件大事。实际上，这就是在校园生活实践中被称为对落后学生因材施教的工作的要点。

[24]

不要让能力与
知识的比例失调

能力与知识比例失调表现在，有的学生不具备作为掌握知识的工具的能力，而他所有新的知识都是教师硬塞的：快点掌握，不要偷懒。这样的学生，就像一个没有牙齿的人，被迫囫囵吞枣，一开始他会感到身体不适，然后就生病，什么都吃不下……

我在前面已经说过，许多学生不能掌握知识，是因为不能流利、有意识地阅读，也不能边阅读边思考。这是一种最可悲的比例失调。流利、有意识地阅读，有感情地朗读或默读，并不只是基本的读写能力，而是在课堂上和独立读书时完善逻辑思维最重要的一个条件。

不会流利、有意识阅读的人不能顺利掌握知识。流利、有意识的阅读意味着同时用眼、用心把握句子的一部分或者完整的短句子，把自己的目光从书上移开，念出记下的东西,同时进行思考，不只是读到的东西，还有某些和所读资料相关的画面、形象、概念、事例和现象。

应该在小学就使阅读达到这样完善的程度，否则就谈不上任何自觉地掌握知识。不会流利阅读，而想掌握知识，只会使学生的智力变得迟钝，产生思维混乱、不连贯、不完整和肤浅。可能，你也碰到过一些五、六年级的学生，就像人们常说的，他们不会把两个单词联系起来。我曾把这类学生的话逐字逐句写下来，并进行分析：这就像是从上下文中抽取出来的互相之间没有任何联系、相互独立的一些词。学生不会用词来表达自己的某些想法，所以他的话就很模糊、不清晰。多年来，对这些事例的分析使我得出一个结论，智力上的"口齿不清"（我是这样称呼这个缺点的）是因为不会流利、有意识地阅读，不会边阅读边思考。很多单词没有被透彻理解，原因很简单，孩子没有读熟或是理解单词的发声，就不会把它和自己意识中的相关概念相联系。不会流利、有意识地阅读，学生就不会思考。没有思考的阅读也会使孩子的智力变得迟钝。

怎么才能让阅读流利、有意识，让孩子很快用眼睛和思想理解意义相关的一组词？这就要求必须进行系统练习。教小孩子的时候，我就是用这种方式来检查他们是否能流利、有意识地阅读。学生（第一次）读童话或故事，比如，一些讲原始人生活的故事。我在他们面前的黑板上挂了一张明亮、色彩鲜明的图，上面画的是原始人的生活：炉灶、做饭、捕鱼的场景，还有孩子们嬉戏和做衣服的场景。如果学生（这里说的是三年级学生）在大声朗读的时候，不能把目光从书上移开，以致于快读完的时候，还没来得及看图，记住那些故事中没有提到的细节，这就意味着他不会阅读。阅读的时候没有一瞬间能把目光从书上移开，这就不是阅读。在阅读过程中，什么都没有理解的学生，实际上就不会同时阅读和思考，而这也不能称为有意识的阅读。

学生在某个阶段应该要学会流利地书写，要会同时书写和思考。如果没有这个能力，就会出现另一个比例失调。要掌握这样的书写速度，必须进行大量的练习。要使书写的过程达到自动的程度，学生完全不用思考怎么把字母放到单词里，写哪个字母这样的问题。写的内容应该是学生注意的中心。通过足够多的练习，可以在学习的第四年达到这个目标。但自动书写也受阅读的影响，阅读不好的学生通常书写也不好。

培养流利、有意识书写的练习可以按照如下方法进行（在学生阅读很好的情况下）：教师给孩子们讲某个自然现象、事件、劳动过程，在讲述中要清晰地区分出一些有逻辑联系的部分，而每个部分中又有重点，还有一些与此相关的细节和详情。在讲解过程中，学生按照教师讲述的顺序记下要点。不会在听的同时简要记录讲述（讲演、解释）的内容，掌握知识就无从谈起。很多情况下，学生落后的原因就是缺乏这项基本但同时也非常复杂的能力。

这种能力的作用不仅限于实践运用，它还是智力发展的必要条件。没有同时听、写和思考的能力（就像不会同时阅读和思考），知识也不会得到发展。

选择、整理和分析事例的能力，也是很大程度上决定掌握知识是否顺利的一种重要能力。一些有经验的教自然科学课程、语法课的教师都力求在自己的讲述（解释、讲演）中引用的事例不限制学生的思维，不能出现知识和能力之间的比例失调。比例失调会导致知识在学生脑海中成为一个静止的重物，得不到发展，因为知识没有转化，没有用新知识来丰富，也没有用来解释新事例。这可以称为知识僵化。在这种情况下，会出现一些一眼看上去觉得奇怪的现象。比如，学生记住了物质的四种状态的概念，但在生活中注意不到许多事例，不能用这个概念从一个以前没有的新角度去解释。所以在检查知识的时候，当学生碰到物质从固态转变为气态的事例，他就会对这些在生活中处处可见的事例感到迷惑，不会理解和解释它们的实质。

为了在生活实践中有意识地使用归纳性知识，你必须让学生独立搜集大量的事例，消化它们，并进行整理、对比和分析。而搜集和分析事例本身就是一种知识的能动状态，是从课堂上获得的知识体系中有意识地选择需要的规律、特性和定义。使知识进入这种状态是多么重要！多年的教育工作经验使我相信，搜集和分析事例是一种特殊的能力，借助这种能力，知识可以不断发展，而这种发展也有自己的特性：学生不仅分析他周围的东西，也分析自己的思想。搜集和分析事例的时候，学生就走上了自我发展的智育道路。

某一课程体系中事例所具有的特点，在我看来，是一个非常重要的教学法问题，同时也是一个普遍的教育问题。形象地说，事例是支持思想翱翔的空气，请从这个角度来分析教学大纲。请思考一下，上课时要选择哪些事例，要让学生自己搜集和分析哪些事例。请你制订搜集事例过程的教学指示，教会学生思考事例。

[25]

兴趣的奥秘何在？

每个教师都梦想着让学生对自己的课感兴趣。怎么让讲课有趣？所有课都能讲得有趣吗？兴趣的源泉何在？

课讲得有趣，意味着学生带着一种兴奋的情绪学习和思考，对面前展示的真理感到惊奇甚至震惊；学生在学习中意识和感觉到自己的智慧，体验到创造的欢乐，为人的智慧和意志的伟大而感到骄傲。

认识本身就是最令人赞叹、惊讶的神奇过程，并会激发生动鲜活、经久不息的兴趣。事物的本质、它们之间的相互关系、运动和变化、人类思想以及人所创造的一切都是兴趣的不竭源泉。但在一些情况下，这个源泉就像潺潺的小溪，在我们的眼前流淌——只要走近它，去观察，那你的眼前就会打开一幅惊人的自然秘密图画；而在另一些情况下，兴趣的源泉隐藏在深处，需要去发掘。经常会有这样的情况，接近事物本质及其因果关系的"道路""途径"本身就是兴趣的主要源泉。

如果你只是希望通过一些表面的刺激来激发学生对学习和上课的兴趣的话，那你永远也培养不出学生对脑力劳动的真正热爱。请让学生自己发现兴趣的源泉，让他们在发现的过程中感受自己的劳动和成就，这本身就是最重要的兴趣源泉。没有积极的脑力劳动，无论是兴趣，还是学生的注意力都无从谈起。

知识兴趣的第一个源泉、第一次萌芽，体现在教师在课堂上讲解教材和分析事例的方法中。学生意识中对真理的认识源自对事例和现象衔接点的认识、对联系这些事例和现象的纽带的认识。我在备课的时候总是要思考这些衔接点和纽带，因为只有抓住这些思想的契合点，才能在认识周围世界真理和规律中揭示一些意外的新东西。比如说，下一节课要学习植物的根系，及其在生命过程中的作用。学生们已经见过植物根部很多次了，似乎这个知识点里不一定会有让他们感兴趣的东西。但兴趣并不在于那些一眼就能发现的地方，而是隐匿在某个深处。我告诉孩子们，细细的根部茸毛如何在土壤中吸取植物必需的营养。把孩子们的注意力吸引到这些知识的一个衔接点上：生命在土壤中从没有停止过，无论冬夏，从没有消失过；无数的微生物似乎在为许多的根部茸毛服务，而没有这种复杂的生命过程，树木就不可能成长。"仔细看，孩子们，"我说，"看土壤中这个复杂的生命，想想它是如何依赖周围环境中的物质的。你们就能发现生物和非生物之间的联系。"非生物怎样变成生物的建筑材料，这就是知识的衔接点，把这个点讲清楚，把孩子们的注意力集中到这个点上，我就在他们面前揭示了新的东西，激发了他们对自然奥秘的惊奇。他们的这种惊奇感越多，就越迫切地想要知道、思考和理解。

通过知识的运用，让学生体验到理智高于事例和现象的感觉，这也是兴趣的源泉。在人的心灵深处，都有一种根深蒂固的需求，就是希望自己是一个发现者、研究者和探索者，而这种需求在孩子的精神世界中尤其强烈。但是如果这种需求没有给养——与事例和现象的生动交流、认知的愉悦，这种需求就会萎缩，而与此同时，对知识的兴趣也会熄灭。我认为一个非常重要的教育任务是，要不断支持、巩固学生想要变成发现者的愿望，用专门的方法来助其实现这一愿望。孩子们在课堂上对土壤中一些无法直接观察到的隐秘过程产生了兴趣，下课后我们就去了田野，特地去看一看土壤剖面。孩子们惊讶地看着小小的乔本科植物长达两米的根。对于他们而言，这就是真正的发现。但实际上，他们才刚刚踏上发现和探索的道路。我指给孩子们看草地上和荒地上几种植物的根。我们去掉了茎，把这些根种下去，其中很多看起来已经干枯了，但它们却活过来了，长出了幼芽，变成了绿草。还有一棵葡萄树根也活过来了，长出了幼芽。

这使孩子们很受鼓舞，他们的思想活跃起来，开始刨根问底。他们体验到了一种无与伦比的人类的自豪感：我们控制着事物的发展，知识在我们手中变成力量。感受知识的力量，能使人变得高尚，很难再找到比这更强烈的对求知兴趣的刺激。不要让掌握知识的过程使学生疲惫不堪，不要让他们感到厌倦和变得冷漠，而是整个身心都充满欢乐，这是多么重要啊！当然，当学生自己研究、发现什么的时候，当他掌握了某个具体的事物的发展的时候，这种驾驭知识的感觉最为强烈。但纯粹的思想活动——运用智慧归纳和整理的活动也是一种快乐。

如果一个学生读过很多东西，那在课堂上学习的任何新概念和现象都会进入他从书本中汲取的知识体系，到那个时候，课堂上获得的科学知识就具有特别的吸引力：学生会意识到，它们是帮助阐明那些"脑中已有"的知识所必不可少的。

[26]

请努力争取
学生的思想和心灵

如果学校里有一位优秀的数学教师,那数学就会成为学生最喜欢、最感兴趣的科目,且许多学生身上非凡的数学才能就会被发现。如果学校里来了一位天才的生物教师,那你看着,在两年之后,生物就会成为学生最喜欢的科目,会出现数十个有天赋的少年生物学家,他们热爱植物,热爱在学校园地里进行的实验和研究。

在一些学校里,授课就像是教师为争取学生的思想、心灵所进行的友好竞赛,那这个学校里的智力生活就会显得生机勃勃。这种竞赛是全体教师的创造性劳动的全部。它表现在每个教师都在努力激发学生对自己所教课程的兴趣,使他们迷恋上自己的课。设想一下,一个刚上四年级的孩子,遇上的教师全都是才能卓越,至少也是热爱自己教授的每一门课程的人,他们善于点燃学生对自己所教授的、最有趣的科学的热爱的火苗。在这种情况下,每个孩子都能展示自己的天赋,并培养自己的爱好、能力、志向和志趣。

这里,我们就进入到了教育过程中最有趣的一个领域,在许多学校的实践工作中,这还是一块未被开发的处女地。我坚信,学习的教育性方面首先表现在:形象地说,就是在这样一个组织有效的科学基础乐队中,每个学生都能找到自己喜欢的乐器和旋律。没有对某个具体科目、具体科学知识领域的热爱,就谈不上智力上的充实和个人精神生活的丰富。

让学生觉得你教的科目最有趣,让尽可能多的青少年像追求幸福一样,梦想着在你带领他们进入的科学领域里有所创造,请把这作为一项引以为荣的事业。请努力争取自己学生的思想和心灵;请与自己的同事,即其他科目的教师进行比赛。比如说,你教八至十年级200个学生的物理课,那他们所有人都是你的学生。但你应该还有另外一个"我的学生"的概念。你应该有10个或更多"自己的学生"(也可以少一点,五六个人,这也没什么好计较的),都是一些青少年,他们将全心全意献身于物理,并把自己的生活与技术、科技思想方面的劳动坚定地联系在一起。除此之外,你还应该有另外十多个学生,通常来说,他们对物理的兴趣还只是刚刚"萌芽",其中有一些人未来会喜欢上你的课,而另一些人会在某个知识领域找到自己的"金矿"。在生活和学习过程中,没有任何比培养志趣更复杂的事情了。现在你教了200个学生,让他们每个人都牢固掌握物理的基础知识,这是你工作的一个方面。但是请不要忘记,在你的良心上还有教育创造的另一个方面,要关心学生对物理知识爱好的养成,让他们在青少年时期就把物理作为一门热爱的科学,而其在课堂上获得的只是这门科学的基础知识。在学校里,你还应该有一个自己的小学校——少年物理学家学校。

这些要怎么做？最重要的又是什么，要从哪儿入手？

当然，你肯定有一个物理研究室。你每天都在里边工作几个小时，或者是坐着看书，或者是在"草稿本"上尝试你即将进行的实验作业，或者是为某张图纸或某个仪器模型绞尽脑汁。我想跟你说，如果我是你，我会做些什么。我会邀请已经喜欢上物理的几个学生——瓦尼亚、科利亚、根卡、斯拉夫卡、彼得和萨沙来研究室。还有一些八年级学生，甚至是七年级学生也会过来，他们还没有最终爱上我的课，但我发现，当我讲到反粒子和光子火箭的时候，他们的眼睛在闪闪发光，而他们的手伸向了关于核物理的有趣的小册子。我的物理研究室里有一个角落，我把它称为"思想角"。在这里，墙上挂着罗丹的《思想者》的版画，还有一个小书柜，里边放着一些关于科技最新问题的书籍和册子。这些都是让青年学生超出教学大纲的限制、探索未知远方的火光。研究室里还有另外一个角落，叫作"难事角"。这里有一些模型图纸，它们是根据一些奇妙、独出心裁的设计创意而制成的；要把创意变成金属或者塑料，需要克服大量的智力上的困难；在这里，不能容忍思想上的懒惰，要求智力上的敢想敢干，这种精神是在"难事角"作为一个创造者，而非只是一个感到惊奇的旁观者的主要条件。在这里还有我的一个教育创造小实验室，一个用来备课的角落。我会在这里摆弄各种新教具。和我一起工作的，还有我的实验员们——几个帮助我备课的高年级学生。

就这样，我为所有喜欢物理，或者是暂时还没有完全喜欢上物理，但眼睛里充满热情和惊喜的学生打开了通往这些角落的大门。

我认为"思想角"有着特别重要的意义。在这里，科学知识的大篝火点燃了。在这里,少年们确认了一点:思想过程是一项艰巨并不轻松,且极其复杂的劳动,有时也很消耗体力,但却显示出一种不可比拟的乐趣——认知的乐趣,以及意识到自己能够驾驭知识的自豪感。学生们对科学知识的熟悉,始于"思想角"。在这里有一些书,提供给那些刚刚开始在科学知识的海洋里遨游的学生;还有一些书,提供给那些已经坚定选择科学技术研究、在实验室或者工业企业里操作复杂机床的劳动作为自己工作的毕业生。我非常关心,让那些当我在课堂上讲解的时候,头发蓬松、眼睛里闪着求知的光芒,总是有几十个带着"为什么"问题的孩子,一定要来"思想角"。我知道他们每一个人的梦想,并专门为每个人在书架上摆一些书。

有一些聪明、有天赋的少年儿童,只有在他们亲手开始创造性劳动的时候,他们对知识的兴趣才能够被激发出来。如果我看到,某个儿童或者少年的手喜欢触摸机械模型、各种仪器设备,那我一定要带他去"难事角"。

有一些学生,很长时间内都不会对任何事情产生特别的兴趣。如果教师在学校里没有努力争取学生的思想和心灵,那他们中有很多人对某些事的兴趣则永远也不会被发掘。学校里对学习、知识无动于衷,那些找不到任何使自己感兴趣的东西的青少年越多,教师就越不可能有自己的学生,他们就不会把迷恋知识的火花从自己的心里转移到学生的心里。在学生对待知识的态度上,最令人苦恼、最让人担忧的事情,就是这种无动于衷……学生在某一门课上的落后、成绩不好,这都不可怕,最可怕的就是麻木冷淡的态度。

请唤醒那些麻木冷淡、无动于衷的学生的意识。一个人对任何事都不感兴趣,这是完全不可能的。通往那种无动于衷的头脑最可靠的途径就是思想。思想也只有用思想才能够激发。至于学生对知识、脑力劳动的麻木冷淡、无动于衷,每个教师都应该试试自己所有的"智力工具"。这里讲的已经不是比赛,而是要挽救学生的头脑懒惰。我们全体教师都遵循这样一个规则:我们会在心理委员会会议上讨论那些对知识麻木冷淡、无动于衷的学生。我们会思考,在哪里可以找到人与自然、人与意识相互作用的领域,在这个领域里,"用知识鼓舞他的精神"。在这里最重要的是,要让人最终认识到,自己是知识的主宰者,体验到驾驭真理和规律的感觉。"用知识鼓舞人的精神"就意味着,使思想与人的自尊心相融合。通往这种精神状态的道路,就是知识的有效性和积极性。我们认为,唤醒冷漠,挽救头脑懒惰,就要让学生在某个方面体现出他自己的知识,在智力活动中表达自己和体现自己的个性。

我教过几年五至七年级的数学课。我有两个数学小组,一个小组里是那些有能力、有天赋的学生,而另一个小组里是那些对知识麻木冷淡、无动于衷的学生。

如果要讲如何唤醒后一组这些学生的意识,那一定是一个努力争取他们的思想和心灵的有趣故事。我想要使学生在小组里获得知识,改善在集体中的人际关系,树立个人的自尊。如果人没有感觉到自己是个思想者,那他就不可能真正地体验到自己作为一个人的自豪感。怎么才能达到思想与作为人的自豪感的融合?关于这一点,我必须专门给出一条建议。

经验丰富的教师会努力做到，对于自己学生喜欢的课程，他都比教学大纲所要求的知识多十倍、二十倍。体验到自己对喜欢的课程知识的驾驭，是综合智力发展有力的刺激因素之一。如果学生有喜欢的课程，那你就不要担心他没有在所有科目中都拿到五分。更应该担心的是，一个优秀的学生却没有自己喜欢的科目。多年经验使我相信，这样的学生不懂得脑力劳动的乐趣，没有自己的个性。

[27]

怎样把思想和自尊心相融合？

这也是教育工作中一个非常细致的问题。怎么才能做到，让学生因为自己的学习好而自豪？怎么才能让学生在自己取得的进步和知识中，感受到自信？

我坚信，要实现这一目标，就要让知识、智力的丰富成为个性的自我表达。应该从低年级就开始这方面的尝试。教低年级学生的时候，我一直力求实现这样的目标：每个学生都应该为集体的智力生活作出自己的贡献。个人的知识、思想和能力都应该像荣誉和尊严一样。如果老师只知道，一个学生学习怎么样，听课怎么样，回答问题怎么样，那这个目标无论如何也无法实现。我们是这样做的，从一年级开始，就做一个集体创作的画册，取名为"朝霞"。

我们习惯在春天和夏天的时候，早早起床，天刚亮的时候就去花园，去水池边，迎接日出。给每个人分一张纸（想多要的也可以给两三张），告诉他们："把你喜欢的自然界的事物画下来，并写下一句话，几个词也行，但要让这些词就像一首美妙的歌曲一样。"当然，每个孩子都想要画出、写出一些好的东西。每个人都把美丽的图画、优雅的词句看作他们自己的荣誉。直到现在，我还保留着这个画册。到了二年级，我们会在冬天的傍晚讲故事和童话。每个人都会讲点什么，或是他生活中经历的事，或是他的梦想，或是他虚构的故事。难以形容，孩子们是带着什么样的兴趣来对待这个创作活动的：对每个人而言，思考和讲述的能力都像是一种道德尊严。

年复一年，智力、精神财富的交流越来越加强了孩子们之间的关系。到了三、四年级，开始举办"读书晚会"：孩子们讲述自己读过的书的内容，大声地朗读书籍，朗诵诗歌和散文片段。而这是一种特殊的理智和技巧的竞赛。

从五年级开始，我的学生们就成为学前儿童和一、二年级学生积极的智力教育者。有12个五年级学生在指导诗歌创作小组，每个小组里有5到7个小孩，这些五年级学生教他们写自然风景小作文，给这些小朋友读自己写的作文或诗歌。这种做法树立了高年级学生的自尊心。

六、七年级的一些学生则成为一至三年级学生的少年数学家小组的组长。孩子们自己解题，还会自己出一些要"动脑筋"的题。在五至八年级的整个学习过程中，这些学生也是外语学习小组的组长：一、二年级的学生跟他们学习法语阅读和口语。

七至十年级的每个学生都要去"科技晚会"作介绍或报告。我们的每个少年都在努力把这些介绍和报告准备得更充分，并认为这是一件光荣的事。

所有这些工作形式都是为了让学生感受到，知识和智力生活是不可或缺的。教师这样教育学生，是为了让他们形成一种风气，认为无知、对读书麻木冷淡都是不道德的。

[28]

分享知识和参加社会生活

在农村地区,学校就是文化和知识的主要基地。我们认为,教师的一个非常重要的教育任务,就是要把知识的发展和加深纳入农村的社会生活。教育教学的一个最本质特点就是,培养学生参加教育工作。我们学校教高年级的教师,会让自己的学生参与那些对社会有益的活动中。村里有近2000户人家,把这些人分到180个文化基地。文化基地中心是某个集体农庄庄员的农舍,这里经常会聚集一些集体农庄庄员和工人,也会有三四个高年级学生到这里来,举办列宁作品读书会、自然科学知识晚会和文学晚会。

这些共青团员学生并不是简单地把自己的知识带给人们,他们更像是在长辈面前作报告。少年和姑娘们不仅仅是讲述自己的知识,更是经常性坚定地与反科学言论作斗争。碰到一些周围世界事物和现象的假象时,有时候会有迷信和无知的现象,共青团员们不是简单地否定说:"不对,不是这样的。"我们教自己的学生,要用科学之光来劝说人,消除宗教和反科学偏见,不要向任何违反真理的事情妥协。但要记住,反科学观点和言论都深深扎根在一些人的意识里，要想消除它们，必须掌握很多知识和技能，并且要坚定不移。在绝大多数情况下，我们的学生都能胜任自己作为教育者的艰难使命，在工作中的失败也增强了他们认识科学的决心，激励了他们对知识的渴望。

在向别人传授知识的过程中，学生们自己也弄明白了很多事情，也会产生许多疑问，并努力解释清楚一些细微的思想弯曲和转变，弄明白隐蔽的因果联系。对于知识的运用和发展，没有比在社会教育工作中运用知识更积极的形式了。年轻人在确立、维护和捍卫真理的同时，自己也会相信真理，继而产生继续发展和加深知识的需求。怎么才能让学生愿意学习呢？如果知识存在于学生的意识中，只是保留一种"自己的价值"，却没有获得任何道德色彩，不会作为个人乐趣、荣誉、财富、尊严而存在的话，那这个目标就永远也无法实现。

[29]

怎样按季节安排学生的劳动？

这是关乎学生的身体发育、保持健康和全面发展的一个重要问题。一年有不同的季节，在每个季节，人的身体活力是不一样的。比如说，众所周知，春天的时候，身体的防御力减弱，而在秋天则会加强。在学校里，考虑到这些周期性的波动尤其重要，因为我们是在与不断成长、发展的身体打交道，与成长中的大脑打交道，而外部环境会对大脑的形成产生非常大的影响。春天的学习和脑力劳动，尤其是对于低年级学生，都应该与秋天完全不同。

对于低年级，我建议这样分配学生在一年中的脑力劳动，在快到第三个学季中期的时候（二月末），基本上完成语法和算术重要理论概括知识的学习。春天时，最后一个学季的脑力劳动应该主要包括一些能够发展、加深和归纳整理早前已经获得的知识的工作形式。我还想建议，在春天的时候加强一些能力的培养，为下一学年继续顺利学习做好保障。春天似乎应该专门用于最高强度的观察。应该在春天，为下一学年前两个学季要学习的理论概括知识积累事例。之所以会产生前文所说的能力与知识的比例失调，就是因为，春天和秋天一样，学习复杂的理论概念。

对于中年级和高年级，同样也应该利用一切机会，最大程度地减轻春天的脑力劳动。必须要考虑到，由于维生素储备耗尽，尤其是在青少年的身体中，春天的时候视力最弱，且最有可能产生眼部疾病，而眼睛在脑力劳动中起到非常重要的作用。不能像许多学校的实际工作经常做的一样，把诸如阅读大篇幅的文学作品、让学生重读很多页历史和文学课本进行复习等这样的事情推迟到最后一个学季。尤其不可取的是机械地进行复习，与初学知识点的时候没有任何不同。形象地说，春天应该让学生采取新的学习方法。请在第四学季备课的时候，让已有的知识变得积极、活跃，并使其成为教学方法的重点。为此，不需要让学生长时间地坐着看书，应根据教师提出的问题总结各章节的知识点。要在归纳教学大纲中许多问题的总结课上，积极地运用知识。考虑到高年级学生的疲劳程度，教师应该采取一些措施，来减轻学生的复习压力。

我在教八、九年级的许多年里，一直是在夏天给学生布置这样的任务：阅读下一学年将要学习的文学作品。这极大地减轻了学生脑力劳动的负担，让第四学季不至于高度紧张。

你可能要问这样一个问题：在实践中怎么才能做到，在第四学季，在一定程度上减轻脑力劳动的压力？因为在很多学校里，孩子们都因为大量的任务而"备受折磨"。如果前三个学季的脑力劳动强度更大一些，那会怎么样？

是的，这是我们教育事业中特别尖锐和困难的问题之一。但我敢说，普通中小学的教学大纲并没有使学生负担过重。亲爱的朋友，学生之所以会负担过重，是因为我们的实践工作、教学方法不合理。

如果教育工作的开展是以科学为基础，童年、少年、青年早期（尤其是童年）的所有可能性都被发掘和利用，那么在普通学校就可以学习两门外语，而非一门，而且早在小学，就已经可以让学生实现对语言的实际掌握。

那么，为了在实践工作中防止负担过重，应该做些什么？要回答这个问题并不容易，就像回答这样一些普遍性的问题：怎么才能避免让学习不好的学生、没有素质的学生、只是表面有教养的青少年学生退学？防止负担过重意味着：第一，从孩子3、4、5岁的时候，就要关心他的智力背景是否足够丰富，因为他在家庭中的智力发展正是基于此，因此，要不断提高父母的教育素养。第二，不要让能力和知识比例失调，要保证学生掌握知识和学习能力的过程，因为这是学生进行脑力劳动最重要的工具。第三，要在实践中贯彻教育心理学的一个重要原理，这同样也是普通教育学的一个重要原理：不存在抽象的学生，传授深刻的知识，就意味着能看到每个孩子的脑力劳动。第四，要关注知识的不断发展，要让知识"进入流通"，而不是像呆滞的重物一样停留在脑子里。第五，不要让学习变成对遗漏知识无止境的补习，也不要无休止地"拖尾"。总之，不造成负担过重，意味着要做到上面所说的一切。但是还有两个非常重要的条件，正如我们至今一直在谈论的许多问题一样，它们也与学校里所做的一些工作密切相关。关于这两个防止负担过重的问题，我想专门给出一些建议。

关于学生的智力生活

这是一个与学校的全部工作密切相关的问题。如果教师只是想着,让学生花更多时间坐着看教科书,把他们的注意力从其他事情上吸引过来,这就不可避免地会使学生出现负担过重的现象。

如果一个学生除了上课、教科书、家庭作业、分数以外,什么都不想,那他的命运也没什么值得羡慕的。不要让书呆子气把你的学生套牢。除了学校活动、学习和兴趣这些习以为常的事情以外,他还应该要有丰富多样的"智力生活"。这里说的就是学生的阅读,尤其是在少年阶段。

如果你被指定担任五年级的班主任,就请把培养学生的这种精神需求作为自己的一个主要任务。列一个你的学生应该在中学学习阶段全部读完的书单,并请设法把这些书摆放在班级图书室里。

我无法想象,如果一个少年、青年没有自己喜欢的书、喜欢的作家,何谈充分全面的发展。在培养人的个性的时候,我总是力求使我的每个学生在小学的时候就有自己的一个小图书室。到初中和高中,这个图书室的藏书量就已经相当可观,在里边能有100到150本书。正如音乐家如果手边没有自己喜欢的乐器就无法生活一样，一个善于思考的人不反复重读自己喜欢的书，也无法生活。

引导每个学生进入书的世界，并培养他们对书的喜爱，让书成为智力生活中的指路明星，这一切都取决于教师，取决于书在教师本人的精神生活中占据着什么地位。如果你的学生能感受到，你的思想在不断丰富，如果他能确定，你今天讲的不是在重复昨天讲过的，那阅读就会成为他的精神需求。

如果教师的智力生活停滞、贫乏的话，那他就会产生一个可以称为"不尊重思想"的特征，所有的这一切都会清晰地反映在教育工作中。我知道有这样的教师，他"讨厌一切"，就像他自己说的，他不愿意总是重复做同样的事情。学生们能感受到他话里僵化、停滞的思想。由于不尊重思想，他们也要为学生的不尊重教师买单。但最危险的是，学生也像教师一样不愿意思考。

个人的智力生活不能局限在一个封闭、狭小的圈子里。人在丰富集体智力生活的同时，也在利用集体的精神财富。我们在自己的学校里，力求建立很多智力生活蓬勃发展的集体。这首先是一些科学课程小组：科学数学、科学技术、科学化学、科学生物、科学文学、哲学。可能"科学"这个词有些夸大了，但毕竟它还是反映了一个现实：青少年学生走上了科学思维的道路。无论如何，不能把这些小组看成是课程的附属品，或是一种预防学习成绩差的方法，而是智力生活的策源地。在小组里洋溢着求知、钻研的精神。在科学课程小组活动中，学生们当然还是要讲述他们阅读的书（作介绍或报告），但在这里还有一个特点，就是赋予了思想真正的创造性：青少年学生们珍视自己向朋友们讲述的那些真理和规律，并把它们看作是通过自己努力获得的财富；而且与这些财富相联系的，是他们对于劳动、创造和未来的思想。

在科学课程小组的活动和晚会上，会有一些学习困难的小男孩、小女孩，对于他们，负担过重就是一个非常严重的危险。浓厚的智力兴趣氛围能激发他们去阅读，而对于他们，阅读就是最重要的学习补救的手段。

[31]

要克服负担过重的现象，
就必须有空闲时间

乍一看，这似乎是个悖论：只有学生不将所有时间都花在学习上，还留下很多的空闲时间，他才能学习好。但这并不是悖论，而是有教育过程的逻辑可循。学校每天安排的课程越多，学生用来思考一些与学习直接相关的事情的时间就越少，继而就越可能出现负担过重和学业落后的情况。

空闲时间的问题并不只关乎教学，更关乎智育和全面发展。空闲时间之于学生，就像空气之于健康一样重要：留出空闲时间，是为了让学生能够学习顺利，不会经常感到学业落后的威胁（大家都知道，总是会有这样的事：一个学生生几天病，就会在课业上落后一大截）。空闲时间是丰富学生智力生活的首要条件，也是让他的生活中不只有学习，让他的学习更有效率的必要条件。

学生的空闲时间来自课堂，而课堂的创造者是明智的、善于思考的教师。学生本身就是创造空闲时间的重要助手，知识处于什么状态——是积极、能动的状态，还是停滞的状态，这在很大程度上也都取决于学生自己。但创造空闲时间还有一个决定条件，那就是作息制度。

首先，根据多年经验，我想先说一下，在脑力劳动的制度中不能采取的做法。绝对不允许，让学生刚上完课，就连续好几个小时坐着看书、写作业。在高年级学生中，经常会出现这种情况，学生每天下午会有三四个小时，甚至是五六个小时，进行着像上课一样紧张的脑力劳动。每天花 10 到 12 个小时坐着读书、听讲、思考、记忆、回忆和再现，就为了回答教师的问题，而这是一项极为繁重又费力不讨好的劳动，最终会消耗人的体力和脑力，并使其对知识麻木冷淡、无动于衷，导致人只会学习，而没有"智力生活"。

经验表明，可以这样安排脑力劳动：让学生自由支配下午的时间，不用坐着看书、写作业。下午应该是学生的空闲时间。在这个时间，学生可以阅读、参加科学课程小组的活动、去大自然劳动、观察自然现象和人们的劳作。

换句话说，在下午应该进行一些知识扩展和转化的脑力活动。请注意，不是让学生无所事事，而是要发展知识。能否成功做到，在工作日的下午让学生自由支配时间——这正是充分的脑力发展和顺利学习所必需的，这取决于整个教育过程的素养。尤其重要的是，要在下午进行阅读，这里说的阅读，是出于兴趣和求知欲的阅读，而不是出于背诵和记忆的要求。

我尊敬的同仁，你可能会问：那孩子们什么时候写家庭作业？

早睡早起，在早上上学之前写家庭作业——这就是我们绝大多数学生作息制度的主要原则。多年来，我们一直在向家长们解释：科学证明，早睡早起是有必要的，而在起床后 8 到 10 个小时内进行紧张的脑力劳动，也是有益处的。新一代父母成长起来了，我们会在家长学校里给他们讲一些教育知识，而这些知识中最重要的就是孩子脑力劳动的素养和卫生。我们成功做到了，使得90%的儿童、少年和青年坚持这样的作息制度：低年级学生晚上9点睡觉，早上6点起床（9个小时睡眠），中、高年级学生晚上10点睡觉，早上5:30起床（7个半小时睡眠）。在这些简短的建议里，不可能对这种制度的合理性作出充分的科学论证。但应该说，一天结束之前（晚上12点以前）的睡眠时间越长，越有利于消除疲劳，起床就越容易，人就能更快投入脑力劳动。学生起床以后，到上学之前有两个到两个半小时的时间来准备上课，这就是我们这种制度的核心时刻，但这种作息制度也只是整个教育体系的一个组成部分。多年的经验使我们全体教师坚信，如果学习是在丰富多样的精神生活的广阔背景下进行，如果知识在多种多样的脑力活动中不断发展，如果掌握知识的过程是由一套完整的工具——求知能力来保证的，如果每个学生的个人力量、资质和才能可以在自己喜欢的课程中得以展现（以上这些都是密切相关的），那么高年级学生完成所有家庭作业的时间不需要超过两个到两个半小时（中年级和低年级的时间则更少）。

如果做不到这一点，就根本不可能借鉴我所说的经验。如果不具备上述条件，只是试图照搬这种做法——强迫学生早起，在上学之前做家庭作业，那将不会有任何的成效。（各个学校生活中的大量事实使我相信，很多时候，就算是最宝贵的经验，也不可能直接被搬用，因为它"被移植"到了不利于生长的环境中。譬如，如果学生不懂得应该怎样阅读，而教师也没发现这一点，就去教他们写作文，那将会一无所获。）

学生在完成家庭作业之后再去上学，在上学的路上就是休息，之后开始最紧张的脑力劳动——上课。应该尽量做到，在那些要求智力高度紧张的课程之间，安排另一种活动形式的课（体育课、绘画课、唱歌课、劳动课等），给学生们一个小时，如果可能的话，两个小时用于休息。

早晨两个到两个半小时的脑力劳动比下课后花四五个小时坐着看书、写作业的效率高得多。但事情并非只在于效率，还应该考虑到孩子的健康，考虑到另一个因素，我想称之为"脑力劳动昼夜制度的平衡"。要让一昼夜中有一部分进行充满紧张的脑力劳动的时间，另一部分则是不需要进行紧张脑力劳动的自由时间。把下午作为学生的空闲时间，组织一些符合童年有趣特点的脑力劳动。这些特点是什么？怎么能考虑到它们？关于这些下面提出下一条建议。

[32]

请教会学生利用空闲时间

时间的流逝对于孩子和大人完全不同,对于这一点,我们永远也不应该忘记。考虑不到这一童年特点的人,经常会在通往孩子内心的道路上碰壁。在树林里度过一个阳光明媚的夏日,这对于孩子就像是整整一年,而在少先队夏令营的一个月,对他们而言更像是一辈子。不要用严格的计划束缚孩子,请教会他们仔细、反复地观察。如果可以的话,给孩子们一个小时,让他们去做自己的事情。这是儿童的天性使然,做不到这一点,那么孩子的感知和思维就无从谈起。

请记住,孩子前进的每一步,都会出现一些新的、未知的东西,这些新事物吸引他,占据了他的身心,孩子不只顾不得思考,更感受不到时间的流逝。他的内心被这种平稳、缓慢,但又不可阻挡的童年的河流所占据,就会忘记,是的,完全忘记,他今天还要做家庭作业,而这一点也不足为奇。我亲爱的同行,当你问到作业情况,孩子却坦率地告诉你"我忘了写作业"的时候,请不要惊讶。他这么说的时候,不觉得自己有什么过错,反而觉得这是一件让自己觉得奇怪、无法理解又很惊讶的事情。上课的时候，当孩子入迷地看着教室墙上阳光投射下的树影，一点也听不进去你所讲的东西的时候，也请不要惊讶。是的，他确实没有听讲，因为他沉浸在童年的河流里，他对时间的感知也与你完全不同。请不要批评他，不要当着全班学生的面说他不认真、太好动，这完全不是你应该做的。请轻轻地走到他身边，握住他的手，把他从奇妙的童年独木舟上挪到全班学生乘坐的认知的汽艇上。更重要的是，请不要过于拘谨，自己也经常去坐坐孩子的童年小船，和他待几天，并用他的眼光看世界。请相信，如果你学会了这样做，那么在学校生活中就会避免许多由不理解引起的冲突：教师不理解，学生在做什么，他为什么会这么做，而学生也不理解，教师想要他怎么做。

我作为一个成年人，也会迷恋某些有趣的东西，且难以摆脱那些吸引我、使我得到满足的事情，但在下意识里，一直会有一个声音在提醒我：没有人能代替我完成工作。这个来自下意识的信号会帮助我们管理时间。但孩子没有这个管理能力，所以他会忘记时间。我们应该教会他如何利用空闲时间。

怎么教呢？硬性，在他因为一件事情入迷时，指出他忘记了功课吗？不许他接触那些吸引人的事情吗？

请不要这样做。不能摧毁儿童的天性。教孩子利用空闲时间，这意味着，要让使孩子感到惊奇的有趣事物，同时成为他智慧、感情和全面发展所必需的东西。换句话说，孩子的时间应该充满那些让他入迷的事情，而这些事情能够发展他的思想，丰富他的知识和能力，同时也不会破坏童年的魅力。给孩子们提供空闲时间，并不意味着让他想干什么就干什么，因为放任自流可能会养成无所事事和懈怠的习气。

教孩子利用空闲时间,可以不用口头讲解(小孩子还不懂这些讲解),而是通过组织活动、示范和集体劳动来教育。

[33]

请让每个学生都有自己的爱好

请思考一下,你的学生会如何利用空闲时间,会怎么利用(不是"度过",而是"利用")。要合理利用时间。

这里,要再次提到书。阅读应该是最重要的爱好发源地。而学校应该是书的王国。你可能在国内某个偏远的地方工作,你所在的村庄可能与文化中心相距数千公里,学校里可能缺很多东西,但如果在你们那里,书籍占有非常重要的地位,那你的教育素养就可以被提高,也可以取得与中心地区同样的教育成果。

请不要担心读书会使学生学不到知识。

一定要在一至三年级的每个班级设立独立的图书角,在里边摆放一些需要动脑筋,同时又使学生感兴趣的书。让每个学生都能不断利用自己人生中的第一个小图书室。我不主张让一至三年级学生,至少是一二年级学生从学校的大图书馆借书:因为没有人比教师更了解,自己的学生应该读什么书。应该让学生读某个阶段必需的且适合自己的书。这一点教师比任何人知道得更清楚。

请记住,任何一种爱好,如果没有触动人的思想、精神和心灵,那它就不会带来益处。我要强调一点,人的第一个爱好应该是读书，并且这种爱好应该终生坚持。无论你教的是什么课，文学或历史，物理或绘图，生物或数学，你都应该（只要你想成为学生的教育者）使读书成为自己学生的第一个爱好。

书也是一所学校，应该教会每个学生在书的世界里漫步。这就是为什么我会建议先设立班级图书角，然后逐渐学习利用学校图书馆。关于读书，无论如何都不能放任自流。请和自己的学生一起去学校图书馆，给他们介绍那里的书，建议他们可以借阅哪些书。请给图书管理员一个推荐阅读的书单（当然，书单里的书应该是图书馆现有的书籍）。

应该引导学生培养的第二个爱好，就是让他着迷于某一科目。一个人在上学期间拥有的最宝贵财富就是空闲的时间，只有具备这个条件，他才会产生对课程的热爱和智力上的积极性。而全体教师都应该仔细考虑，怎么才能在下午的空闲时间里，在学校燃烧起知识的熊熊火光，去吸引学生对不同科学领域进行深入研究。这里所说的就不只是前文提过的科学课程小组，还包括一些积极的活动，这些活动以理论知识作为创造和解决脑力、体力难题的主要刺激因素。

我们学校里有两个"难题屋"——一个是物理和技术方面的，另一个是生物和农业技术方面的，它们就是学生智力爱好的发源地。这里的所有工作都是由学生独立完成的。这两个屋子由高年级学生管理，对一年级到十年级的所有学生开放。学生们在这里会解决各种各样的技术和生物难题。比如说，让学生们设计一个实用的设备模型，要求设备中的一个工作部件能用另一个来代替，设备还能同时完成几种操作。在生物方面，可以布置这样一个任务：在两年时间内把一块不毛之地变成肥沃的土壤，并在上面种植庄稼，为有益微生物的生长创造条件。

许多事情都取决于学生如何利用其空闲时间，所以，请让自己的学生培养合理的爱好。

[34]

请用劳动爱好来教育学生

数十年的教学经验使我坚信,劳动对智力发展起着至关重要的作用。孩子的智慧就体现在他的手指尖上。

这个教育信念来自观察。我看到,那些双手灵巧、喜欢劳动的孩子,头脑聪明,求知欲强。这里说的不是随便什么类型的劳动,而首先是一些复杂、具有创造性的劳动,这种劳动能体现劳动者的思想和技巧。多年累积的经验也使我越来越相信,手和脑有着直接联系。双手掌握的技巧越高,那么儿童、少年和青年就越聪明,对事例、现象、因果联系和规律进行深入分析的能力就越强。

我努力思考这种依存关系的科学基础,读了一些学者的著作,同时也研究了教育教学过程中的各个方面和现象。我们想在实践中利用劳动,对那些学习困难的儿童和少年进行智力培育,就要吸引他们去参加那些需要掌握复杂实践能力和技能的活动。这种劳动的典型特点是,它的各个步骤和操作是相互依存的,要求高度的注意力、精神集中和善于思索。

手上的动作永远与思想相联系:思想检查、改正和完善劳动过程,手似乎是把细节和详情报告给思想,而劳动则发展了其理智，教会他逻辑连贯的思考，深入分析那些不能直接观察到的事例和现象之间的相互依存关系。

吸引思维缓慢、混乱的学生参加复杂、要动脑筋的劳动，对他们的劳动过程进行长期观察，这都有助于更好地认识思维的形成途径。我很清楚，如果一个人在学习中遇到困难，那最主要的原因就在于，他看不到事物之间的相互关系和联系，也就是说，一旦他离开了"事实"，就不会思考。当事物间的相互关系和联系以直观的形式，即劳动活动表现出来的时候，最容易被看到。

经验表明，为了学生的智力发展，应该选择下列劳动形式：

（1）设计和安装各种实用的设施、设备和机械模型。我们的每个学习困难的学生，都在学校的手工室里做过精巧的机械、设备、装置的模型。在这里，思想的起源、刺激因素就是对事物间相互关系和联系的思考。有一个少年模型设计小组，在两年时间里，设计出了一台通用的木材加工机床。在这个小组里有15名学生，其中有3个是学习困难的学生。刺激和发展智慧的劳动有一个最重要的特点，就是构思在不断发展。这些青少年的眼前一直都有对这个未来机床的构思。他们不断地尝试，看各个部件和零件在不同的设计方案中是如何相互作用的，通过多次尝试，构思的正确性和合理性就得到了检验。在这种条件下，可能出现什么情况？另一种条件下，又会是什么情况？对这些问题和类似问题的思考，促使学生回顾过往，面向未来，进行分析对比。

在我看来，在劳动过程中思考相互作用，是一种无可比拟的完美手段，有助于与因果、功能和时间相关的最重要思维领域的发展。思考相互作用的重要价值在于，思想一直都处于运动和探索之中，通过思考，人能够看到一些与概括性思想相关的直观表象。这就是从具体到普遍的过渡，没有这种过渡，就不可能有思维，而这也正是学习困难的学生所缺少的。

（2）选择能量和运动的传递、转换和转化方法。这里说的是机械、仪器、设备的模型设计、安装，在这些模型中，比如说，电能转换为机械能或热能，直线运动转换为旋转运动，或是相反等。在这里，思想就像是从抽象、概括瞬间转移到具体，转移到表象、形象和画面上。怎么把概括性的创意转化为现实、具体的运动？对这个问题的深入思考，激发了思维的力量，使人能够在已知中寻找设计解决方案。选择传递和转换方法，并且可以培养观察力和求知欲（这正好就是学习困难的学生所缺少的）：通过仔细观察整体事物的细节、局部和零件，在具体中寻找共性，学会把普遍思想从一个具体场景转换到另一个场景。所有这些都应该在手部的技艺中得到体现。我们要做到，使以发展理智为目标的劳动对象，是活动的、变化的，要让人既是构思的创造者，同时也是实现构思的工匠。要尽量多地进行实验、测试，让胳膊和手尽可能多地运动，这就是在劳动过程中智育的原则之一。

（3）选择材料加工的方法，选择加工的工具、机械和技术手段。我们力求使工具与手相结合，成为手的一部分。如果一个人没有学会用自己的手和思想对劳动对象施加最细致的作用，那就无从谈起对细腻的、创造性的头脑的培养。

在这种作用中，体现的是思想和手上动作的真正融合。当人借助手工或机械工具，去亲手加工某个东西的时候，会出现一个极为复杂的现象：每个瞬间，信号会多次从手上传到大脑，又从大脑传到手上；大脑教了手，同时手也教了和发展了大脑。此时，构思不只是得到了实现，更是在不断地变化、发展、巩固。这个时候，思路并没有中断。用手工工具，或是用最简单的机械工具来加工材料，是"治疗"那些学习困难的学生的最好药方，因为他们不会用思想来把握那些长时间的劳动过程。

（4）为生命过程（植物和动物）的正常发展创造必要的环境，并对其进行管理。学生应该在农业实验活动（植物栽培、动物养殖）中做一些这样的劳动。这是一种从具体表象过渡到概括，从结论和概括过渡到实践的最佳手段。这类劳动的教育特点在于，人可以用思想把握长期、多变条件下的劳动过程，同时也应该有意识地影响和改变这些条件。我坚信，农业劳动是掌握多种知识的劳动形式之一。在我们的少年农艺家、育种家、生物化学家和农业技术专家小组中，都有最"困难"的学生参加，他们在掌握知识的道路上似乎遇到了许多难以克服的障碍，而灵活的农业劳动则能教会他们思考。

有一个少年试验小组，在超过15年间，有许多学习困难的儿童和少年参加，他们在解决这样两个问题：环境条件对种子发芽和植物发育早期阶段生命力的影响；土壤和外部环境对产量的影响。

为了让双手发展理智，当然必须得要不断阅读：书籍培养的不只有聪明的头脑，还有灵巧的双手。

[35]

怎样才能让学生专注？

我和 27 个小孩一起去了草地，要向他们展示，不同植物是如何播种的。我要和孩子们去看的植物生长在草地的一个边远角落。为了让所有孩子来观察这些植物，我用几根细细的注意力的"丝线"，把这些男孩、女孩拴在我的身边，这是真正的形象的纽带。在这些植物中间，还有几十个各种各样、非常有趣的东西，当一个孩子的注意力集中到其中某个上面的时候，这根丝线就被扯断了，于是我给他所讲的和指给他要看的东西，他就再也不听、不看了，他的思想飘去了某个远方。比如，现在飞来了一只花蝴蝶，瓦尼亚、科利亚、妮娜和纳塔洛奇卡眨着好奇的小眼睛，认真盯着那只蝴蝶，那现在就有四根丝线断了。再比如，从脚底下蹦出一只小青蛙，又有几根丝线断了……

课堂上也经常会出现这样的情况。怎么才能把这群好奇、好动，随时准备追赶蝴蝶的孩子的注意力吸引到自己身边呢？你刚一开始讲那些枯燥、无趣的知识，孩子们脑子里就已经在想某些有趣、吸引人、令人激动的事情，怎么才能把他们的注意力吸引过来？

对注意力进行管理，是教育工作中最细腻，同时也很少被研究的一个领域。要管理注意力，必须非常了解孩子的心理，了解他们的年龄特点。在学校的多年工作经验使我坚信，只有创造、树立、维持孩子特定的"内心状态"——情绪高涨，精神振奋，让孩子体验到自己对真理的驾驭，产生智力上的自豪感，这样才可以掌握孩子的注意力。

这种状态应该通过整个智育体系来创造。这里说的情绪高涨的状态，如果只是想在课堂上通过某些专门的手段来创造，比如说，选择合适的直观手段，那是不可能的。这种状态取决于许多因素——思想素养和情感、学生的视野等。

掌握注意力，是教师对学生思想施加的一种细致、微妙的作用。比如说，我知道学生们要在一年时间内学习动物学，其中有很多一眼看上去觉得没意思的知识，如蠕虫的身体结构和生命活动。如果在学习这个知识点的时候，孩子们的意识中没有与此"相挂钩"的思想，那无论如何，教师也无法把握住他们的注意力。在这里，学生们的注意力取决于许多常识，这些常识可以帮助人把完全没意思的知识点理解为有趣的。这些常识包括：益虫（如蚯蚓）对土壤组成、植物生命活动的作用，自然现象的普遍平衡，一些现象对另外一些现象的潜在依存。

要让学生们专注学习蠕虫这个知识点，我需要培植他们的一种情感状态，为此我会给他们一些有关自然、土壤生命的有趣的书。我在讲解那些初看觉得无趣的知识点时，都是要针对学生们的思想的。我似乎是正在触动他们的思想，我所讲的东西引起了他们意识里的兴趣。而这个兴趣首先是要由内心的刺激和动机引发：在阅读过程中，学生在意识中留下的思想，似乎活过来了，在不断更新，并和我的思想靠拢——学生不只是简单地听讲，接受新知识，更是从自己的意识深处抽取了一些事例和现象，并对其进行思考。

无意的注意力应该与刻意的注意力相结合。当学生边听讲边思考时，这种结合就体现出来，而且只有当意识中已经有了"思维的引线"，也就是说，对于现在所讲的课程，学生已经有了一些基本的了解，才可以实现这一点。在理解教材的过程中，学生的思想越活跃，他的学习就会越容易。通过阅读培养的注意力，是减轻脑力劳动的最主要条件之一。只要在课堂上，学生无意的注意力与刻意的注意力相结合，他就不会感到精力消耗和疲劳。

如果教师不去想方设法为学生创造情绪高涨、精神振奋的内在状态，那么知识就只会引发冷漠的态度，而没有感情的脑力劳动只会带来疲劳。即使是最认真努力的学生，当其刻意把自己的努力集中到认识和记忆教材上，很快就会"脱离常轨"——丧失思考因果联系的能力。而且，他越努力，就越难控制思想。而那些除了教科书以外，什么都不读的学生，在课堂上对知识的掌握会非常肤浅，会把一切负担放到家庭作业上。家庭作业负担过重，他们就没有时间来阅读科学文献、刊物。这样就形成了一种"恶性循环"。

众所周知，学生对课程的兴趣和注意力可以通过一些直观手段来加强。但直观性作为一种教学原则，其意义更为广泛。如果只是把直观教具看作激发学生注意力的手段，那在教学中，尤其是在智育中，就会有采取简单化态度的威胁。

[36]

直观性是认知的道路，
也是照亮这条道路的光

　　培养注意力的唯一手段，是对思想施加影响，直观性促进注意力发展和加深的程度，与其促进思维过程的程度一样。物体的直观形象本身就可以长时间地吸引注意力，但使用直观性，并不是为了一整节课都紧抓学生的注意力，在课堂上运用直观性手段，是为了让学生在某个认知阶段摆脱形象，从思想上转移到概括性的真理和规律中。在实践中，当直观教具把孩子们的注意力束缚在某个细节上时，不但没有帮助，反而会阻碍他对抽象真理的思考，而这些真理正是教师想要教给学生的，在这时候就会出现一些意料之外的情况。有一次，我给孩子们带来了一个水轮机的实用模型。推动轮子转动的水流分成了好几股，形成一片水雾，在阳光的照射下，形成一道彩虹。我没看到彩虹，孩子们却看到了，他们所有的注意力都被这个偶然形成的、有趣的自然现象所吸引，并没有集中到我想要引导他们得出的概括性结论上。这堂课没有取得理想的效果。

　　应用直观手段，要求教师有高度的科学教育水平，具备儿童、少年、青年的心理学知识，了解其掌握知识的过程。

第一，应该记住，直观性是小学生脑力劳动的一般原则。康·德·乌申斯基曾写道，儿童是"用形式、颜色、声音和感觉来思维的"[4]。这一年龄规律要求，要在自然中让小孩的思维得到发展，要让他同时看到、听见、感受与思考。直观性，是一种发展注意力和思维的力量，它会为认知添加一种情感色彩。由于视觉、听觉、感受和思维会同时进行，在孩子的意识中则会形成心理学上所说的"情感记忆"；与记忆深处的每个表象和概念相联系的，不只有思想，还有感觉和体验。没有形成发达、丰富的情感记忆，就谈不上童年时期真正充分的脑力发展。我会建议每位小学教师：请到思维的源头，在自然界和劳动中教孩子们进行思考。请让每个进入孩子意识中的词语都具有鲜明的情感色彩。直观性原则应该不只贯穿在课堂上，更要体现在教育教学过程中的方方面面，并体现在整个认知中。

第二，在运用直观性的时候，应该考虑，怎么能从具体转向抽象，在上课的哪个阶段，直观性手段就不再是必需的了，学生们不需要把注意力放在直观性手段上。这是智育的一个重要方面：直观性手段只有在思想积极化的一定阶段才是必需的。

第三，应该从实物的直观手段逐渐过渡到绘画的直观手段，之后再过渡到那种用象征性图画来表示物体和现象的直观手段。在一二年级的时候，就应该逐渐让学生远离实物的直观手段，但这并不意味着，可以完全摆脱它。

有经验的教师会在一年级至十年级的整个学习过程中都采用直观性原则，但每一年都应该在更加复杂的工作方式方法中体现这一原则。即使到十年级，有经验的语文教师还会带自己的学生去树林，去河边，去春日里鲜花盛放的花园，可以说，在这些地方，词汇的情感色彩得到修饰，使青少年的情感记忆能够得到深化和发展。

　　向绘画直观手段的转变是一个长期的过程。它并不是要让教师带一幅猫的图画到课堂上，代替一只活的小猫。即使绘画直观手段准确传达了实物性直观手段的形式、颜色等特点，但它总归只是一种归纳概括。教师的任务在于，在运用绘画直观手段时，要逐步转向更为复杂的归纳概括。尤其重要的是，要教会学生理解象征性图画——草图、示意图等。它们对发展抽象思维具有极其重要的作用。对此，我想就如何使用教室黑板提一点建议。

　　教室里的黑板并不只是为了写字，更是为了让教师在讲解、说明和讲演过程中，能够在上面画草图、示意图和详解图。我在教历史、植物学、动物学、物理、地理、数学这些课的时候，几乎在所有课上（约80%的历史课，90%的植物学、动物学和地理课，100%的物理和数学课），都用到了黑板和各种彩色粉笔。在我看来，如果做不到这一点，就不可能展示抽象思维的发展过程。我认为，绘画不只是对表象和概念具体化的手段，更是一种从表象世界进入抽象思维世界的手段。

　　同时，绘画也是一种自我智力教育的手段。在二三年级的时候，我的学生总是会把算术练习本分成两栏：左边一栏是解题过程；右边一栏是对题目的直观图示。在解题之前，学生会先"把题画出来"。教会学生画题，可以保证从具体思维向抽象思维的过渡。

　　一开始，孩子们会画一些实物（苹果、篮子、树木、小鸟），然后就画一些象征性的图画,用小方块、小圆圈等来表示。而我特别关心的是,学习困难的学生画的题。如果不用这种教学法,未必能教会他们解题、思考题目条件。如果小孩学会了画题,那我就可以很有把握地说,他们一定会解题。有个别学生,好几个月都学不会画题目条件,这就意味着,他们不只不会抽象思考,更不会用形式、声音、色彩和感觉来进行思考,应该教给他们形象思维,之后再逐渐过渡到抽象思维。

如果你的小学里,有学生觉得数学很难学,那就请试试教他们画题。把孩子从鲜明的形象引导到对形象的象征性图画表示,再从图画转向对各种关系和联系的理解。

第四,请逐渐从绘画直观性转向词汇形象直观性。词汇形象是从用形式、声音、色彩和感受思维通往用概念思维的一个步骤。经验丰富的小学教师会用词汇来创造形象,而这些形象,既包括了一些无法进行展示的事物(比如北极地区的冰山、火山喷发等),还包括那些可以在自然界中或在我们身边的人类劳动中直接看到的事物。这些词汇形象对养成情感记忆、丰富心理学上的"内心言语"起着尤为重要的作用。

在这里,需要再一次提到对学习较困难的学生的工作。经验表明,在很大程度上,他们的脑力发展取决于,从形象思维向概念思维转变的持续时间和过程。有个别学习困难的学生,一直都处于一种"没有希望的"状态,教师也不知道应该怎么办,该怎么激发他们的思维。之所以会这样,主要是因为,他们没有经过长期的"形象思维"训练;教师只是催促他们要尽快过渡到抽象思维,而他们对此却完全没有做好准备。要知道,经常会有学习困难的学生，面对那些费很大劲背下来的规则，根本举不出例子，这也是形象思维和概念思维脱节的后果之一，同时也是教师操之过急的结果。

第五，直观手段应该要把学生的注意力集中到那些最主要、最本质的事情上来。

再重复一次：直观性要求教师具有极高的使用技巧，具备读懂学生心灵和思想的能力。

[37]

给刚参加教学工作的教师的建议

我还记得,我刚参加教学工作的头十年过得非常慢。后来就感觉时间飞快,现在感觉,一个学年才刚开始,一眨眼就结束了。我说这种个人感觉是为了提醒那些刚开始工作的教师一个重要的真理:无论青年时代工作有多么忙碌,也总是能找出时间来逐渐地、一步一步地积累我们的精神财富——教育智慧。请记住,不经意间,你就有20年的教龄了,你就要进入生命的第五个十年,到了总感觉时间不够用的时候,你就可能会忧伤地说:"哎,要是早知道,年轻的时候就努力一点,到老了工作就会轻松得多。毕竟我还要再工作差不多20年。"

我们年轻时要怎样开始工作,才不至于在年老的时候后悔?

有很多事情要做,首先,应该一点一点积累教师的智力财富和教育智慧。你面临着一条很长的生命道路,在这条路上,你会碰到一些意想不到的人。青少年们带着求知的头脑和目光来找你,寻求像"怎么生活?""幸福是什么?""真理在哪儿?"这些问题的答案。要回答这些问题,应该掌握人追求真理、追求伟大理想的辩证法，应该用心去感受和思考人类为美好未来而奋斗的最高目标——共产主义及其在生活中的体现。

为了成为一名真正的教师，应该终生掌握科学共产主义理论，并用马克思列宁主义世界观的精神教育自己。

请记住，要想学会用共产主义者的眼光来看待世界、看待人，就需要花上几年时间。在你的个人藏书中，必须得要有一些马克思、恩格斯、列宁关于社会、关于革命、关于教育的重要论著。培养自己的共产主义世界观，并不意味着要背诵马克思主义、列宁主义经典作品中的某些话。我想再强调一次，这首先意味着，要学会用共产主义者的眼光来看待世界、看待人。

年轻的朋友，我想跟你分享一下，我过去和现在是如何在马克思、恩格斯、列宁的论著中寻找实践工作中最复杂问题的答案的。我所看到的每个人，都是一个独一无二的人的世界。我认为自己最重要的教育任务是，要在这个世界中实现共产主义理想，并通过独特的、极具个性化的特点体现出来。每次，当我看到每个独一无二的人的命运发生最细微的转变的时候，我都会感受到，有必要重新思考马克思、恩格斯、列宁曾经为之生活和奋斗过的那种共产主义新人的标准和理想形象是怎样的。形象地说，如果没有一次次地在马克思列宁主义创始人关于人的智慧思想的海洋中专心探索，我就无法对某个具体的人的命运进行深入思考。他们的著作中包含着共产主义人类学的百科全书。他们的智慧思想帮助我们理解共产主义理想的发展逻辑，比如，人的全面发展的观念。马克思、恩格斯、列宁的著作帮助我弄清楚了各种错综复杂的条件，而志趣和才能的培养正是取决于此。无论你在图书馆中借到自己需要的任何一本书是多么容易，还是请你建立一个自己的藏书室。对我而言，我的个人藏书是一位英明的教师，我每天都会与它进行对话：真理在哪儿？怎么认识真理？怎么把人类创造、积累、发掘的道德财富从前辈的精神和心灵中转移到年轻一代的精神和心灵中？我的书，是我的生活教师，我每天都会问它很多问题：怎么生活？怎样才能成为我学生的楷模？怎么才能把理想的光芒照进他们的内心？

年轻的朋友，我建议你每个月买三本书：（1）关于你所教科目相关科学的书；（2）介绍可以作为青年人启蒙者和榜样的人的生活和奋斗的书；（3）关于人的心灵的书，尤其是与儿童、少年和青年的心灵相关的书籍（与心理学相关书籍）。

请把你的个人藏书室里的书分成这样三类。每一年都应该不断丰富你的科学知识。在你从教快满十年的时候，教科书对你而言，就应该像识字课本一样简单。只有在这种情况下，你才可以说，你终生都在准备一门优秀的课。只有每天不断补充科学知识，你才能在讲课的时候看到学生的脑力劳动：你的注意力中心不再是课程内容，而是你的学生的思维。这是每个教师的最高教育技巧，你应该不断向它靠近。

请像寻找宝石一样，寻找一些介绍杰出人物生活和奋斗的书籍，比如费利克斯·捷尔任斯基、谢尔盖·拉佐、伊万·巴布什金、雅科夫·斯维尔德洛夫、尤利乌斯·伏契克、尼克斯·贝洛恩尼斯。请把这些书放在你的个人藏书室中最崇高的地位上。请记住，你不只是一名教师，更是学生生活的教育者和道德的指路人。

请在自己的藏书室中补充一些心理学读物。教师应该要非常了解正在成长的人的心灵。当我听到或者读到"因材施教"这样的词时，它们总是在我的意识中和另一个概念——思考相联系。教育首先应该是鲜活的、求知的、探索的思想。没有思想，就不能有发明发现，哪怕只是一些乍看觉得微不足道的小发明发现，没有这些就没有教育创造。请记住，各种心理学规律中的每一条，都体现在成千上万个人的命运中。我坚信，师范院校毕业之后，只有在自己的整个教育生涯中都不断学习心理学并巩固自己的心理学知识，这个曾经的学生才会成为一个真正的教育能手。

在你的整个教育生涯中，你一直都是一位教育者，但如果没有美和艺术，就不可能有教育。

如果你会某种乐器，那你就有许多作为教师的优势，如果你有哪怕只是一点点的音乐天赋，你就会成为教育中的主宰者，因为音乐会拉近心与心的距离，能使学生内心深处最隐秘的角落都展现在教师的面前。如果你不会任何乐器，那你的手中、你的心里就应该有另外一种能对人的心灵施加作用的有力工具——文学作品。请建立并不断丰富自己的文学作品藏书室。请根据你教的学生年龄，每年买几十本书，它们可以帮助你找到通往学生内心的道路。请不要忘记，你的学生读到的、他求知的头脑和敏感的心灵所感知的文学作品，都可能成为一个小小的砝码，而有了这个砝码，教师就可以使道德的天平向他所需要的那个方向倾斜。在配备自己的藏书室时，你应该记住的最重要一点是：你让学生阅读的书，应该对其生活有教导意义。书里的主人公应该使你的学生迷恋、受鼓舞，要使他的心中坚信，人是伟大而有力的，而共产主义思想是真理和正义的最高理想。我每次在书店挑选作为自己教育藏书的图书时，都会思考，这一本书给我的哪个学生阅读最为合适。

请记住，教育首先是对一颗年轻的心的敏锐、周密、谨慎的接触。为了掌握接触内心的技巧，应该多读、多思考。你读过的每一本书，都应该作为一个精巧的新工具，成为你的一种教育技巧。

同样，教师也需要对美的敏锐感知。你应该爱美、创造美，维护自然界中的美和你的学生心灵的美。如果你喜欢种树、培育树，如果你喜欢去看自己亲手种下的、开满花的树上的蜂箱，去听虫子的嗡嗡声，那你就走上了最直接通往人内心的道路——在创造美的劳动中进行精神交流。

你在学校工作的每一年，都应该不断丰富自己的教育工作技巧的"实验室"。教师应该大量储备针对全班学生的习题和例题，同时，还要有针对个别学生的个性化题目。年复一年，应该不断搜集题目，同时按主题和大纲具体章节进行分类。我知道一些经验丰富的数学教师，他们在15年的工作中积累了大量的代数和几何题。在对学生的因材施教中，这些题目使用得非常频繁。

[38]

给准备教一年级的教师的建议

你在小学工作,现在教的是三年级,很快要教一年级学生。这是些五岁半到六岁的孩子,现在教育他们的是家庭和幼儿园。我们的学生中还有一些孩子,在上学之前唯一的教师是母亲和父亲。正是在这个阶段——入学前一两年,学龄前儿童受到怎样的教育,这会决定许多事情。你应该清楚地了解自己未来的每个学生。

了解孩子是什么意思?

首先是要了解他的健康状况。我在教一年级的一年半之前,就已经拿到了这些未来学生的名单。清楚了解孩子们的父母,我会推测,孩子可能会有什么遗传性的疾病。当然,这些推测都要经过医生的鉴定。我掌握了这些未来的学生重要身体系统状况的资料:神经系统、呼吸器官、心脏、消化器官、视力、听力。

如果不了解学生的身体状况,就不可能进行正确的教育。30年的学校工作经验使我坚信,要根据每个学生的身体健康状况,为其制订个性化的教育方案,还要采取一系列措施,爱惜和增强学生的健康。经验表明,教育应该有助于疾病的治疗,使孩子摆脱那些最常见于童年的疾病。对于有心血管系统障碍的孩子，应该采取特殊的教育方法，需要专门的"医疗"教育学措施。

我认为十分重要的就是，要了解家庭关系是否有利于预防疾患，如果孩子已经因为某种原因患上了疾病，那么其家庭关系是否有利于孩子身体的康复。孩子神经系统和心脏的健康状况，尤其受家庭的影响。那些在批评、责骂、凶狠、质疑、侮辱的环境中成长起来的孩子，是很难被教育的。他们在精神上深受折磨，很容易疲倦。对于有神经官能症的孩子，要予以特别的关心和经常性的注意。在对他们进行教育、教学的时候，要采用专门的"医疗"教育学方法，并预防有害的情绪激动，防止他们从一种情感状态突然转向另一种。

我建议未来的一年级教师，在给一年级上课的一年半前（如果可以的话，最好是两年前），把学生家长召集来，最好是父亲和母亲都来，和他们谈谈，什么样的家庭关系是有利于神经系统健康的，帮助孩子形成积极的道德心理素质。

家庭的智力氛围对孩子的发展意义重大。家庭的智力兴趣如何，大人们读些什么书，在想些什么，他们对孩子的思想有什么影响，在很大程度上，这些决定了孩子的全面发展和记忆力。请这样告诉学生家长："你们孩子的智慧取决于你们的智力兴趣，也取决于书在家庭的精神生活中占什么地位。"

我确信，至少应该用一年时间研究每个孩子的思维，只有这样，才能对一年级的教学做好充分的准备。

[39]

怎样在学龄前阶段研究孩子的思维?

人的思维有两种基本类型——逻辑分析思维(或数学思维)和艺术思维(或形象思维)。伟大的生理学家伊·彼·巴甫洛夫提出的这一分类,对于解决孩子智育的问题和培养个人爱好和能力,都具有重要意义。[5]

在九月里,找一个晴朗的日子,把你未来的一年级学生召集到一起,和他们一起去秋日的树林,那你立刻就会发现,这两种思维在孩子们身上的鲜明体现。树林,尤其是在初秋,总是会吸引孩子们的注意,他们在这里不可能对一切无动于衷,而让他们感到激动、赞叹和惊讶的地方,就有对周围世界的逻辑认识和情感认识,也就是用理智和心灵去认识。蔚蓝的天空,各色盛装的树木,林边和密林深处初秋的鲜艳色彩,所有这些都会吸引孩子们的注意力。但他们对周围世界的看法是不一样的。仔细观察,你就会看到两种感知方式,这也代表着两种思维类型。有些孩子着迷于自然界的和谐美。他们赞扬美、感叹美,并把各种事物看作一个整体。他们能看到日出,也能看到在树木的盛装下,秋日异常美丽的各种色彩,看到神秘的密林。但他们对这一切的感知,都像是各种乐器复杂声响中的和声，孩子们没有听某些个别的声音，他们不会从周围世界中把一些具体的细节区分出来。而当他们的注意力被某个物体或者现象吸引的时候，对于他们而言，整个和声就都集中到这个物体或现象上了。比如，一个孩子注意到了一丛野蔷薇，上边结满了琥珀色浆果，挂着银色的露珠，除了这丛野蔷薇以外，孩子什么都看不到，对于他而言，整个美的世界都存在于这一个自然界的创造中。

这是对周围世界的艺术（或形象）感知的最典型特征。这样感知世界的孩子，会兴致勃勃地描述他们看到的东西。他们的讲述中充满了各种鲜明的形象，他们会思考画面和形象——颜色、声音、动作。他们对于周围自然界的音乐，对于美都是非常敏感的。在他们的感知中，情感因素似乎是最重要的，他们更多地是用心来认识，而并非是用理智。请注意，这会对他们在学习过程中的脑力劳动留下印记。具有明显艺术思维的孩子，对文学学习兴趣很高，喜欢读书，热爱诗歌创作。但在数学学习方面，他们会经常碰到很大困难，学习效果会很差。

而对于另外一些孩子，似乎不存在美的和声。请想象一下，一个温暖的秋日，松林边的日落景象：火红的晚霞，宛如铜铸的树干，静静的池塘水面上，各色各样的色彩变换。但在这些学龄前儿童中，总是会有这样一个孩子，他似乎感受不到这种美。他会问：为什么太阳落山的时候会变成红色？晚上的时候它躲到哪里去了？为什么秋天的时候，有的树叶会变红，有的会变成橙黄色，而有的却是黄色？为什么到冬天，橡树叶还是绿色的？他的眼中首先看到的，不是世界的形象一面，而是其逻辑、因果联系的一面，这就是逻辑分析思维，或者可以说是数学思维。具有这种思维的学生，很容易发现因果联系和依存关系，在思想上会抓住具有某种联系的所有相关事物和现象。他们很容易抽象化，对学习数学和其他精密科学很感兴趣。他们对于抽象事物进行逻辑分析的兴趣，和鲜明形象对于那些具有艺术思维的孩子是一样的。

这两种思维类型是客观存在的，教师应该知道，每个孩子属于哪种类型。这在教育过程中，对于正确指导其脑力劳动极其重要。教学生思考，发展其思维，意味着要发展每个孩子的两种思维领域：形象思维领域和逻辑分析思维领域。不能只是侧重其中之一，同时也要巧妙引导每个学生的智力发展，在最大程度上符合他的天赋。

孩子们思维运转的速度也不一样，这可以被称为思想的速度。有些孩子思想很活跃。在孩子刚一想到，蜜蜂是如何采花粉的时候，教师就向他展示花朵的复杂结构，那他的思想就会很容易转移到另一个对象上。

再拿解代数题时候的思维举例，有的学生完全明白题目条件：花园里有篮子、苹果和其他的树。另一个学生的思维则完全不同，我把这称为"稳定的全神贯注"。如果思想集中在某个事物上，它就很难被转移到另一个事物上。在思考一件事情的时候，他就会忘记别的事。思考一公斤苹果价格的时候，他就会忘记每个篮子里有几公斤苹果，忘记有几个篮子。有时候，教师会误认为这种思维特点是不正常的。无论是具有形象思维的孩子，还是具有明显逻辑分析思维的孩子，他们的智力过程中都会有迟缓的状态。但如果教师不弄清楚是怎么回事，就会对孩子们的智力发展作出错误、草率的结论。而尤其使人痛心的是，这会对那些思维过程迟缓的孩子造成误会。这些孩子通常都非常聪明伶俐，但他们思维的迟缓却引起了教师的不满，孩子因此变得紧张不安，他的思想好像也麻木了，完全学不进去。

所有这些，都应该在开学之前就发现并了解清楚。在孩子上学之前，研究他们的思维特点会容易得多。我会建议即将教一年级的教师：在一年时间内组织20～30次去思想的发源地——自然界旅行。带孩子们去的环境中，既要有鲜明的形象，又要有现象之间的因果联系，让孩子们去欣赏美，对美的事物感到惊奇，同时也能进行思考和分析。

[40]

怎样发展孩子的思维和智力？

怎样发展学生的头脑，加强他的智力，在我看来，这是学校教育中最尖锐但同时又是研究最不够的问题之一。传授知识，只是智育的一个方面，不能与另一个方面——培养、发展智力分割开来。发展思维和智力，就是发展形象思维和逻辑思维的相关因素，对思想过程的活动性施加作用，消除思维迟缓现象。

多年的经验表明，专门的"思维课"是很有必要的。早在入学前，就应该经常安排这样的课。从一年级刚开始，就要把思维课作为智育的一部分。思维课是对周围世界的形象、图画、现象和物体的生动、直接感知，同时也是逻辑分析、知识获取、思维练习，寻找因果关系的学习。

如果你想让你的"头脑迟钝的学生"学会思考，就带他们去这样的思维起源地，这可以揭示"现象链"，一件事情的结果是另一件事情的起因。从思想上把握这个链条，努力记住一些事例、物体和他们的相互关系，思维过程迟缓的孩子就进行了一种无可替代的思维训练。这是因为，在这些现象链中，一个接一个地发现每个现象，就好像是在孩子的面前点燃思想的火花，它们会推动其思想过程更加活跃。当火花点燃之后，孩子就想要知道更多，也更想深入思考各种新现象。这个愿望、意图是加快思想过程活跃的推力。

[41]

怎样培养记忆力?

培养记忆力,也是学校实践工作的尖锐问题之一。可能我们中的每个人都曾对那些记性不好的学生束手无策:他今天记住了,明天又忘了。我在这里试图以实践经验为依据,就培养记忆力提出一点建议。

通过自己努力和顽强的意志获得的知识越多,逻辑认知对学生情感领域的触动就越深,记忆得就越牢靠,意识中的新知识就越有序、越牢固。

在开始记忆之前,学生应该进行我在前面说过的思维训练。要记忆的任务越复杂、越难,对思维、思想和智力的培养就应该越细致耐心。对那些只能看到物体、事物和现象中显而易见的表面,不能深入物体、事物和现象的内在和本质,做不出一点"发现"的学生,他们没有体验过对于意料之外的现象之间联系的惊奇感,就很难记忆深刻。

我坚信,在孩子们还没到需要在课上课下背诵、记忆的时候,就应该特别关心他们的记忆力培养。学龄前和小学阶段是奠定其记忆力牢固基础的最佳时期。应该让孩子不需借助专门的背诵和记忆，就可以掌握有关周围世界现象和规律的重要原理，也就是说，在直接观察的过程中去掌握。

可能我们中的每个人，在面对这样的奇怪现象时，都感觉束手无策：孩子在小学时学习很好，可是小学一毕业，马上就学习不好了。这是怎么回事？为什么会这样？其中一个原因就是，小学时没有做一些发展思维、培养智力、奠定记忆力基础的专门工作。小学时候，就应该打下牢固的记忆力基础，而这个基础就是，让孩子在教师的指导下，在直接认识周围世界的过程中去发现、获得和掌握知识。

[42]

请爱惜和发展青少年的记忆力

无论什么时候,死记硬背都是有害的,尤其是在青少年时期,这种做法最不可取。青少年时期,死记硬背是一种幼稚的方法,会让成年人表现得孩子气,并使他们头脑迟钝,阻碍能力和兴趣的形成。死记硬背的恶果之一就是书呆子气。实际上,这就是用那些典型的儿童教育方式方法来教育青少年,导致青少年的头脑幼稚的同时,却又试图让他们掌握严肃的科学知识。这是知识与生活实践的脱离,是智力和社会活动范围的局限。

而产生这种恶果的主要原因之一,就是青少年获取知识的手段与儿童一样:一点一点背诵教科书中的知识点,为了之后再一点一点地把自己的知识"倒给"教师,获得一个分数。

过于刻意的背诵,只会让人变笨。

清除学校里的书呆子气,是一个非常重要的教育任务。但是,如果初中和高中教材中有极大一部分内容偏偏就要求学生背诵,"你只要坐下来背就行了,要不然什么都不知道,在这里没有任何要卖弄聪明的地方。"那要怎么办?

这种情况下,可能只有一条路:确定刻意和随意背诵的合理关系。如果用 x 来表示八年级学生应该记住的知识点数量，那么学生应该领会、思考的知识点就更多，用 3x 来表示。而且，应该刻意背诵、记忆的知识点，与只需思考、不用专门记忆的知识点之间，应该有一定的联系，这不一定是直接联系，但最好是有关问题的联系。比如，解剖学和生理学课上，正在学人的神经系统。这一章里有许多全新的知识，几乎全部都要记住。为了不让学习变成死记硬背，请推荐学生们读一些关于人的有趣的书，比如关于人体的各个系统、关于神经系统、关于著名学者的研究等方面的书。学生在阅读的时候，并没有专门去背诵、记忆，但却记住了其中的许多知识，这就完全是另一种记忆方式了——随意的记忆，这在本质上是区别于对教材知识的刻意背诵和记忆的。这种记忆是以浓厚的兴趣、思维和爱好为基础的，而认知的感情因素在这里起到非常大的作用。随意的记忆，阅读一些有趣的书，有助于形成人的思维活动。思维越活跃，随意记忆和再现大量知识点的能力越发达。如果一个人思考的知识，比教科书上规定记忆的知识多好几倍，那他对教科书知识的记忆（背诵）就不会是死记硬背。这种记忆会成为一种理性的阅读，成为一种思维分析。

多年经验使我相信，如果刻意、有意的记忆是以随意的记忆、阅读、思考为基础，那么少年们在学习教科书的过程中，就会产生许多疑问。他知道的越多，不懂的地方就越多，而不懂的地方越多，学习教科书的课程就会越轻松。

确定刻意和随意记忆的合理关系，主要取决于教师。你作为教授科学基础知识的教师，应该不只是知识的传输器，更要成为青少年思想的主宰者。在你讲解新知识点的时候，就应该有一些火花，照耀学生对知识的好奇、渴望和探索。听完你的课，学生就应该有强烈的意愿去阅读你提到过的某本书。他应该对这本书念念不忘，且无论如何都要找到它。

因此，发展青少年的记忆力，取决于初中和高中教育教学过程中的一般智力素养。

[43]

请培养孩子对绘画的热爱

小学阶段怎么安排绘画，教师在教育教学过程中把绘画放在什么地位，这与学生的智力发展有直接联系。我在教小学生的时候，是把绘画看作一种发展创造性思维和想象力的手段的。我坚信，孩子们的画是通往逻辑认知道路上必需的一个阶梯，更不必说，绘画还有助于发展他们对世界的审美观。

刚开始，我会教孩子们写生。我们画了树木、花草、河流、昆虫、小鸟等。无论这些画的结构多么简单，其中都体现了学生感知、思维、审美观的个人特征。有一次，我们画的是一片三叶草田。有些孩子想把开满鲜花的整个田野、蓝天、白云和歌唱的云雀都画下来。而在另一些孩子的画中，我看到了一株正在盛开的三叶草，花瓣上落着一只蜜蜂。有一个小女孩的整幅画中，是黄蜂的翅膀、三叶草的小花瓣，还有太阳……

我们专门组织了几次去思想发源地的旅行，都是为了让孩子们对周围世界的感知充满鲜明的美感。我们画了池塘边的朝霞和晚霞、草地牧场上夜晚的篝火、飞向温暖远方的小鸟，还画了春汛。从中我得出了一个令人高兴的结论：孩子们把那些令他们激动、感慨和惊讶的东西画下来，这就是他们对周围世界的一种独特审美观。当孩子画下那些体现美的事物时，他对美的感受就好像迫切需要用语言表达，这也激发了他的形象思维。

我会逐渐地、一步一步让孩子们掌握绘画的基本技巧，他们学会了处理光和阴影，学会了配景。在一年级的时候，创造性在儿童的绘画中具有重要地位。孩子们在绘画中讲故事、编童话，绘画则成为创造性想象力活动的起源。我坚信，在绘画过程中培养起来的想象力活动，与孩子们的言语之间有直接联系。毫不夸张地说，绘画"打开了话匣子"，让那些沉默、腼腆的孩子能开口说话。

二、三、四年级的时候，孩子们就已经把绘画作为一种创造性的书面作业，用观察自然现象和劳动得到的素材来写作文。我发现，当孩子们找不到准确、恰当的词来表达自己思想的时候，他就会开始画画。有一个小男孩，想要表达自己在刺猬的"食物仓库"中看到宝藏时的惊讶，他就把这些宝藏画了出来——苹果、土豆、甜菜的绿叶、各种颜色的落叶。

我力求让绘画在孩子的精神生活中占有一定的地位。我们乘船沿着第聂伯河去基辅的时候，这些小男孩、小女孩都在赞叹草地、高山、树林、草原上远处岗丘的美丽，并且他们想要用线条和色彩把这些美景画出来。

我无法设想，如果没有绘画，该怎么上地理课、历史课、文学课和自然课。比如说，我在讲遥远大陆——澳大利亚的动植物，总不能找几幅现成的画，把所有动植物都画在上面，再把画带到课堂上。

因此，我会很快在黑板上画下许多植物和动物。这样并不会打断孩子们的思路，反而还能够支持他们的想象力活动。我在上历史课的时候，一边讲解，一边用粉笔在黑板上画下古代人的服饰、劳动工具和武器。经验使我相信，尤其是四五年级的历史课，在讲解的过程中，在黑板上画些情节画，对帮助学生理解和记忆起到了非常大的作用。比如说，我在讲斯巴达克起义的时候，在黑板上画了起义者在山顶的营地。在讲解过程中画的这些画，相对于现成的画，甚至是彩色画，更加有优势。低年级的数学课上有时也会"画题"，关于这一点，在前文中，我已经谈过了。

[44]

怎么训练孩子流利书写?

读和写是学生最必要的两个学习工具,同时也是通往周围世界的两扇窗。不会流利、快速、有意识地阅读和流利、快速、半自动化地书写,那孩子就如同一个半盲人。我发现有一项任务是非常重要的,早在三年级,最起码是在四年级,学生就可以笔不离纸地写长单词,眼睛不看练习本,就可以写单词(甚至是短句)。半自动化的书写过程是培养读写能力、有意识地全面掌握知识的一个极为重要的条件。学生不用去思考某个字母怎么写,抑或怎么把它和其他的字母连到一起,只有在这种情况下,他才能思考语法规则的运用,思考他所写的字词的意思。流利书写还可以逐渐实现语法规则的半自动化:孩子已经不必再去思考,某个单词是怎么写的,因为这个词他已经写了很多遍。

所有这些——字词的快速书写和逐渐获正字法方面的半自动化技能,以及在书写的同时进行思考,都应该同步进行。学习流利书写,首先要求一定数量的手部肌肉训练。而多年经验表明,这些训练应该早于书写。

我指的是,两只手——左手和右手都要进行精细的劳动。在孩子们上学前一年，就应该让他们做一些这样的劳动，比如，用小刀（刻刀）和剪子剪纸，做木雕、编织、设计和制作小型木制模型。精细的劳动动作可以培养他们手指动作的协调和节奏，并形成手指的灵敏和对小型图案的感知，实际上，字母也是这种小型图案。

应该努力使小孩子的劳动动作成为一种美学创造。让他们在自己制造的产品中，不断地重复运用圆形、椭圆形和波浪线条，让孩子从小就习惯于那些要求高度灵敏的精细、平稳的动作。

经验表明，如果一个孩子做了足够多精细的劳动动作，那他在很大程度上已做好流利书写的准备。当然，也需要系统的书写练习。

[45]

请教孩子用左、右手工作

人的发展历史过程，使得那些与思想有关的，在手指上体现思想的"最灵巧"的劳动操作，都是用右手完成的。左手在创造性劳动过程中只起辅助作用。我们用右手拿工具，右手持笔，画家用右手创作出不朽的绘画作品。

右手就足以使人攀登到智力文化的顶峰。但是，如果所有的人在用右手掌握那些最为精细的劳动动作的同时，也能灵活地运用左手，那么某些人的劳动技巧和艺术、智力发展都会完善得更加迅速。这里讲的不只是劳动教育，还有另一个问题。手和大脑之间有千丝万缕的联系，这些联系起着两方面的作用：手会促进大脑的发展，使其更有智慧；大脑也会促进手的发展，使其作为灵敏的创造工具、思想的武器和镜子。

我的多年教学经验表明，如果最精细、最灵巧的劳动工作不只是用右手完成，同时也运用左手，那么这些联系的数量就会增加，一些表达物体、事物、过程和状态间相互作用和联系的智慧经验，就会由手传到大脑。这个结论是根据经验得出的，但它也反映出了一条现实存在的规律：通过两只手的创造性劳动活动所理解和掌握的相互作用，会带给思想活动一个新的特质：人用思考的眼光掌握相关现象链，并把它们看成一个整体。

  我在七年时间里，教会了孩子们（从7岁到14岁）用两只手来工作。他们学会了两只手各拿一把刀，会同时用右手和左手安装复杂模型的零件，用左手和右手操作木料加工车床。我看到，在这些孩子的活动中，创造性元素在逐年发展。他们创造的一个典型特点就是，不断产生新的构思和发明才能。用两只手劳动的匠人，与只会用右手工作的人相比，能在现象中看到更多东西。我的学生们在用工具加工材料的时候，其劳动动作都高度细致、"温柔"并具有可塑性。他们因此也爱上了自己聪明的创造性劳动。

[46]

给在大学校里工作的教师的建议

在一所有几十位教师的学校里，教师会比在小学校里，更容易提高自己的教育技巧。大学校里总是有许多经验丰富的教师，但学习别人的教育经验，也是一件复杂的事，也是一种创造性的学习。

你大学毕业后取得了教育专业学位，比如说，小学教师资格证。在你要去工作的那所学校里，除了你以外，还有16位低年级的教师。他们其中有些人，在教育委员会上被评为教学能手，而有一些人默默无闻，还有一些人，时不时地会被指出各种缺点。你作为教育舞台上的一个新人，每位教师身上都有你可以学习的地方，哪怕他只在学校工作了几年。

但是，在学习经验的时候，也应该节约时间。如果你一个接着一个地去听每位教师的课，那你就很难掌握教育技巧的要领。

我想建议你，在一开始，先去看看所有低年级教师各自学生的作业本。如果你发现，绝大多数的学生作业字迹端正、清晰、语言通顺，这就是一个直接的征兆：这个班里的任课老师有许多可以学习的地方。学生的作业本是全部教育工作的一面镜子。请去听这位教师的课，不只是写字课。作业本是全部教育过程的结果，书写质量取决于学生阅读的数量和质量。

如果没有深刻理解教师所做的全部工作，不了解学生们对教师影响的接受情况，那就不可能理解教育经验的任何一个方面。你第一次去听一位经验丰富的教师的课，只是为了弄明白，他怎么教自己的学生写好字，但是，听过课之后，你会发现许多与你的观察对象并没有直接联系的东西。不要因为各种现象之间的复杂依存关系而慌神。要学会别人的经验，首先是要明白，这个经验取决于什么条件。否则，无论是理解还是借鉴他人的经验，都是不可能的。要知道，学习先进经验，并不是机械地把一些方式方法照搬到自己的工作中，而是要借鉴其中的思想。要向优秀的教学能手学习，就应该有一定的信念。

比如，你的一位同事班上学生的作业本吸引了你的注意力，你发现这些学生的阅读能力很强：能用眼睛一下子抓住一些单词和句子成分，他们在读的同时也在思考，所以阅读也就具备了鲜明的情感语调色彩。你仔细观察阅读的教学方法，但却看不到任何意料之外的新东西。你又去听了一节课，之后一次又一次地再去听课。你把所有一切和自己的课进行比较，你也完全按照他们的办法教，但结果却很不理想。那就请去寻找，坚定地去探索：到底良好的教学效果取决于什么。

你去问问学生们，尽量了解他们的家庭生活，就会逐渐发现，学生良好的阅读取决于许多因素：家庭的智力生活，小时候听了哪些童话故事，课外阅读的情况，还有教师是否关注知识和实践能力的相互关系。

你会得出一个结论：在教育工作中，没有一项成果是只取决于某一个因素的，似乎你只要这样做，就一定会得到这样或那样的结果。每种结果都取决于数十个或上百个因素，有时候甚至是与研究、观察和分析的对象相距遥远、没有直接联系的因素。

仔细思索教学能手的经验，可以帮助你看到，在你的个人实际工作中，是什么在起着决定性作用。

要提高教育技巧，首先是要自修，你要付出努力，并提高个人的劳动素养，尤其是思维素养。没有个性化的思想，没有对个人事业的求知欲，那么任何提高教学法的工作都是无效的。

你对年长同事的经验观察和研究越多，你就越需要自我观察、自我分析、自我完善和自我教育。在自我观察、自我分析的基础上，你就会形成一套自己的教育思想。比如说，你在分析现在的工作和取得的结果之间的联系，会得出一个结论：今天在已经耕耘过的肥沃土壤中播下种子，却远不是在明天就会发芽的。在很多情况下，今天所做的工作，只有经过若干年之后才可以进行评价。这是教育工作中一条非常重要的规律，它会始终让你以长远的目光进行思考。

[47]

给单班制学校教师的建议

现在,以及未来很长一段时间内,仍然会有一些小学校,学生数量很少,只有一两位教师,实行单班制或双班制的复式教学。

如果你是在这样的学校工作,那么你要在自己周围创造丰富多样的精神生活氛围,并常年坚持,这不是一件容易的事。没有高度的综合素养和教育素养,那你就可能走下坡路,从而把自己所处的偏远小村庄变成穷乡僻壤。如果出现这种情况,那只能是教师本人的过错。在远离中心地区最偏远的角落,也可以点燃文化、思想和创造的火花,而这一切都取决于你。

你的所有努力都是,也应该是为了让这个火花越燃越旺。而这对你的学生的教养、文化和知识水平都起着决定性的作用。

你需要专门做许多事情,让这束文化和思想的火苗熊熊燃烧,永不熄灭。一些偏远的居民点没有像样的图书馆,但正是在这里,书,尤其是那些最新的书,就像空气一样必不可少。

所以,请让自己学校的小图书馆,作为大型文化中心的大图书馆的借阅者,例如,苏联国立列宁图书馆、国立乌申斯基国民教育图书馆。请阅读《书评》周刊,并借阅任何你需要或感兴趣的书，花两三周时间阅读。我知道有一些偏远的小乡村，很多年来那里的教师都是深居简出，却建立了供农场庄员借阅的人民图书馆。请你也考虑这个事情，建立一个学校附属的人民文化中心。

在单班制学校里，孩子们课内阅读的作用极其重要。你应该与社会各界共同关注，让学校图书馆里配有儿童阅读所必需的所有书刊。即使是每一个最偏远的小学校，图书馆里也应该藏有列入世界儿童文学宝库的书籍。只要教师热爱学生，并尽心竭力，要做到这一点并不难。我相信，正是在远离中心地区的偏远学校里，可以创造条件，让阅读成为学生精神文化的主要来源。

教师还应该关心电影和幻灯片的放映，并及时订购新的教学电影和幻灯片。

对于偏远小学校的教师，维持与大的村镇或城市里一所好学校的长期联系，非常重要。我建议你一年组织两三次为期三四天的出行活动，去看望你在这所学校里的同行。你应该去听他们的课，与教师们进行交谈。要亲眼看到每一个善于思考、有创造力的教师所期待、所追求的上课成果。你在给自己学生的学业情况评分时，应该向这些教师的成果（学生的知识、能力、书面作业）看齐。

如果可能的话，请邀请这些优秀教师中的某一位来你所在的小学校，哪怕只是待两天也好。

春天和初夏的时候，带自己的学生组织一次长途旅行，让他们看看城市生活，去工厂、制造厂、印刷厂参观。要利用每一次旅行的机会，充实学校的图书馆和影片库。

夏天的时候，也不要就待在学校里，去大城市旅行吧。这样来规划这些出行，要让自己在偏远学校工作的这些年里，去过莫斯科、列宁格勒和其他大型文化中心。在这些城市停留的时候，日程要安排得充实：要到剧院、音乐厅里去看演出，见识我们国家优秀演员的精湛技艺。我再重复一遍，请不要忘记买书。

我还建议你组织几次远足旅行，去乌拉尔、西伯利亚、阿尔泰、中亚、高加索、俄罗斯北方的阿尔汉格尔斯克州和诺夫哥罗德州。你可以讲的东西越多，那么你对学生施加影响的教学方法的宝库就越丰富。

[48]

教师要制订哪些计划？

有时候，一些不必要的写作会使得教师负担过重，这是一个很尖锐的问题。但也会出现另一种情形，个别教师在批判这种"官僚主义写作"的时候会得出一个结论：任何计划都没有必要写。

这两者都是不对的，有助于工作的计划还是应该写的。

对于小学教师，制订几年的远景计划非常重要。这个计划中应该包括些什么？根据我的工作经验，应该包括以下内容。

1. 儿童应该在小学阶段读完的文学作品书目。当然，只有学校图书馆里有必需的儿童读物，这一项才可以实现。

2. 学生们要在学校里听的音乐作品（学校里最好能有一间音乐室）。

3. 和学生谈话时会用到的绘画作品。

4. 要求背诵的课文和文学作品片段。

5. 最少词汇量，即学生在小学阶段应该牢固掌握，并终生记忆的基础词汇。

6. 有助于拓宽学生眼界的科普读物和手册清单。尤其需要单独列出一些针对思想过程相对迟缓的困难学生的书籍、手册。

7. 思维课的主题——去思想和言语发源地的旅行。

8. 学生在小学阶段要写的作文主题。

9. 教师和学生要制作的直观教具大致清单。

10. 小学阶段要组织的旅游参观地。我建议初中和高中教师也制订这样的远景计划。当然，要结合各个科目的特点。比如说，生物教师制订的远景计划中，应该包括去自然界观察，使学生形成一些必要的概念。地理教师制订的远景计划中，包括必须熟记的术语。物理教师的计划中，则是要对工业和农业劳动进行观察。

远景计划是一个非常重要的导向标，教师每年可以据此来翻阅和思考教学大纲，审视自己，哪些已经实现了，哪些还没有完成。根据远景计划的完成情况，可以判断学生的知识水平。

每位教师还应该制订专题计划或课时计划。专题计划根据大纲规定的某一主题的课时数来制订，适用于一些小主题（2至5节课）。专题计划中要指明，课上要学些什么，怎么学。这里应该避免大篇幅抄写讲解和阐述的内容。教师教给学生的知识，应该装在他的头脑中，而不需要详尽的书写记录。

专题计划是一种教学预期和论证，而并非一个详尽的教案。计划中只应当写上对教材进行创造性加工的东西，比如，在检查家庭作业时要让孩子们回答的问题，学习新教材时学生独立学习的形式等。通常，计划中也不需要写作业题和练习题（教师通常把这些题目写在专门的卡片或本子上）。

在写专题计划的本子上，必须要留些空白地方，如果出现一些与原计划不同的意外情况，则可以在这里做相应的修改。

相较于专题计划，有些教师是更倾向于课时计划的。他们会思考主题，草拟计划，但这个计划只针对一节课。每个教师都可以制订最适合自己的工作计划。最重要的是，要以远景计划为参考，不要忘记最终目标，经常对大纲及其说明进行思考，将其与远景计划做比较。

担任班主任的教师，还要制订教育工作计划。关于这个计划，后面在关于教育问题的建议中也会讲到。

[49]

关于教师日记的建议

我建议每一位教师都要写教育日记。这并不是正式文件，没有任何形式上的要求。日记只是个人记录、记载，适用于日常工作。其中记录的是思考和创造的源泉。那种记录了十年、二十年，甚至三十年的日记是异常珍贵的。每一个善于思考的教师都有自己的一套体系，有自己的教育素养。当一位教学水平高超、富有创造性的教师在生命终结时，把自己在常年劳动和探索中获得的一切都带进坟墓，那会损失多少教育智慧的珍宝。我想要把教师的日记作为无价珍宝，保存在教育博物馆和科研院所里。

我写了 32 年的日记。在我开始教育生涯的第一天，当我作为一名小学教师踏进学校的大门时，有一件事引起了我的思考。我们村子里有一个医师，大家都觉得他是个怪人。但我看到，这个怪人在给刚上一年级的学生量身高和体重时，会仔细记录下所有数据。我和他进行了交谈，看了他的记录，很惊讶，因为这个记录他已经写了 27 年。

"您记这些干什么呢？"我问他。

"啊，这个事情很有趣，"医师回答道，"请看，27 年里，孩子们的身高平均增长了45厘米。哦,要是还能再活30年该多好啊……"

当时还没有任何人考虑过儿童身体的快速发育问题。战争初期,医师生了重病。他把自己的记录送给了我,而我在学校工作的第一天,就开始记录孩子们的身高和体重,以及他们智力的发育情况。我觉得,现在我的手头有一份最珍贵的资料,就是对那个村子里孩子发育情况的记录,足足有59年……

连续32年间,我一直在记录教学前两周孩子们的眼界和知识情况。每年让他们回答同样的问题。

从1数到100……说出你认识的植物、动物……说出一些机器,讲讲它们有什么功能……

我认为,这些问题的答案也很有价值。有趣的是,1935年的35名一年级学生中,只有1个人可以数到100,有5个人可以数到20(当时是8岁入学)。到1966年,36个一年级学生中,有24个可以数到100,剩下的12个可以数到20、30、40(当时是7岁入学)。孩子们对机器和工艺过程的了解在逐年增多。但遗憾的是,他们对植物、动物的了解却在逐年减少。

1935年的35个一年级学生都看到过夏天的朝霞,会描绘日出的景象。1966年的36个一年级学生中,只有7个人看到过六月的朝霞和日出。

我会在自己的日记中记录,学生的家里有哪些藏书,其父母的受教育程度如何,母亲和父亲会花多少时间来教育孩子。

对这些材料进行比较,也是件有趣的事。

日记中占重要地位的是对"困难"学生的记录。我认为,发现他们的行为、课上课下脑力劳动中的细微特点非常重要。记录这些观察结果，并进行思考，对于教师的工作有很大帮助。所以，考虑到那些智力思维迟缓的孩子知识面的相对有限，我总结出了这些孩子应该读什么科普读物，以及应该怎么读。

日记有助于集中思想，把心思放在一件事情上。我在日记中，专门留出了几页来记录关于增强知识牢固性的想法。研究、对比、分析这些记录，就能发现，知识的牢固性取决于许多前提和条件。日记可以教人思考。

[50]

关于自己孩子的教育问题

遗憾的是,生活中存在这样一个怪现象:教师教育别人的孩子,就没有时间教育自己的孩子。而我们应该摆脱这个怪现象。为此,我想给当教师的父亲、母亲提一些建议:

不要忘记,在家里,对于你的孩子来说,你不是教师,不是班主任,而是父亲、母亲。不要把家庭变成一个小学校,尽量把学校的气氛隔离在你家门外,让你和你的孩子只是一个简单、美好的家庭。

教育并不是什么专门的、人为组织的"活动",而首先是一种生活方式。教师的手中持有一把最有力同时也相当危险、要求高度智慧和谨慎的工具——管人的权力。在学校里聪明、谨慎地利用这个工具,但请不要把它带回自己家里。要把自己的许多习惯、教学方法留在学校里。避免对自己孩子的"教育化",因为当你的孩子被告知教育职业的所有细节,知道什么对,什么不对,知道教师有权做什么,无权做什么,这种情况就很不好。

不要在自己孩子在场的时候,毫无顾忌地评价个别学生和教师。教师的孩子听完这些评论之后,可能会变得傲慢自大,并且会在其他学生面前产生一种优越感。他们经常会对教师无礼，然后就会对自己的父母说粗话，而你作为父母，作为经验丰富、有智慧的教师，可能会失去对自己孩子的掌控。永远，也绝对不要让自己的孩子在某方面有别于其他学生。

如果可以，请把你的孩子安排在其他教师的班里，最好不要在你教的班里。这样会更好一些：你作为一个父亲、母亲，与自己孩子的距离会更近。

尽管我们生命中的每一步都有教育存在，但进行专门的教育，还是有必要的。请找时间，每天都和自己的孩子聊聊天，和他一起读读书，一起去看看大自然。而这对于父亲来说尤为重要。

如果你在学校里，因为教学过程的某个方面或学生的某种行为感到生气、烦躁和不满，请不要把这种情绪带回家里。因为对于你的孩子来说，这是一个很不好的榜样。如果孩子从小就看到，学校给父母带来很多不快，他们就会逐渐厌恶教育事业。这种情绪的恶果不仅仅在于，你的孩子不想成为教师。如果只是这样，那还不算太严重，但事情往往复杂得多：一个厌恶教师工作的学生，会变得伪善、好夸夸其谈。

你有很好的机会去培养自己的孩子对劳动、书籍和科学的热爱。教师的工作，本质上是一种高尚品德的模范。让你的子女感受到你工作的高尚，感受到你对其他孩子的真挚关切。

你还要有自己的藏书。你的孩子刚一上学，就带他去书架看书。请教会他热爱读书，尊重文化珍宝。

下 篇

[51]

是谁、是什么在教育孩子？
在教育中教师决定着什么？
其他教育者又决定着什么？

    有时候，一些关于某种教育方式的过于简单化、绝对的说法，会使年轻教师感到疑惑，因为在教育过程中，所有方式都很重要，一切都有自己的意义。

    我想把我们开始教育、培养的孩子比作一块大理石，有好几个雕刻师拿着自己的刻刀在同时雕饰它，要把它刻成一件雕塑，使它变得高尚，在其身上体现人类理想。那么这些雕刻师都是谁？一共有多少人？

    在人的教育过程中，有许多力量参与，其中包括：第一，家庭，家庭中有最细心、最明智的雕刻师——母亲；第二，教师，自身具备丰富的精神财富和价值，有智慧、知识、技能、爱好、生活经验，有智力、审美、创造的需求、兴趣和追求；第三，集体（儿童、少年、青年集体），具备对每个人施加教育影响的强大力量；第四，学生本人（自我教育）；第五，学生在智力、审美和道德价值世界中的精神生活，我指的首先是书；第六，完全无法预见的雕刻师（学生在外边交的朋友，来家里做客几周的亲朋好友，以及讲一些无线电技术或星体的知识使小孩终身着迷的亲朋好友）。

如果所有这些雕刻师——教育者永远像一个协调一致的交响乐队那样工作，那么许多损坏教育这个复杂系统的问题都会迎刃而解。

但是，每个雕刻师都有自己的性格、自己的手法、自己的优势（有时也有不足）。也有可能，一个雕刻师对其他人的技巧和创作持批判的态度，他所追求的，不只是让自己的刻刀细腻地划过这块大理石上未经雕琢的地方，更要对另一位雕刻师满意的创作粗暴地修修剪剪。当大理石不再是一个"石块"，变成了一个会思考的生命，他不只要认识自己周围的世界，更要认识自己，不只是用理智认识，也是在用心去认识，然后，"大理石块"想要自己照照镜子：喂，尊敬的大师，你都做了些什么？我们的雕刻半成品拿起了自己的刻刀，利用镜子（也就是仔细看看周围的人，赞美其中一些人，对另一些人感到愤怒，还有一些人他根本注意不到），自己开始雕刻，甚至还纠正其他人的做法。就是在这里，燃烧起了创造的热情：就像许多把宝剑、刻刀交叉在一起，大理石残渣飞扬，这块珍贵的大理石上有时还会掉落一片片大块的碎片……

当你看到宝剑、刻刀交叉在一起，听到金属的叮当声，雕刻师、教育家在"争吵"，你会想：这些关于教育的主要和次要方面的主张是多么天真幼稚！这种天真幼稚会给整个教育事业带来多大危害！如果在家长的意识里，每个雕刻师、教育者手中的刻刀都是全能的，难道我们还能碰上他们这样的说法："我把我家孩子交给你了，你来教育吧。毕竟这是你们学校的任务。"

你走进了学校的大门，决定一生致力于人——共产主义新社会建设者的教育事业。请记住，你不只是一个活的知识库，不只是一个把人类社会的智力财富传授给年轻一代，使他的内心燃烧起求知、热爱知识的火苗的专家。你还是创造未来的人的雕刻师之一，是一个与他人不同的特殊雕刻师。教育、创造人，就是你的职业。社会把你看成是一位在很大程度上决定我们国家未来的雕刻师。

请记住，你的每个错误都可能造就人格的畸形、心灵的痛苦和磨难。你作为人的创造者，应该以自己的技艺、能力和艺术为其他雕刻师树立榜样。为了让我们在苏维埃学校里创造的人，达到道德、智力、审美完善的顶峰，必须协调所有雕饰"大理石块"的雕刻师的动作，必须要实现"创造人的和声"。那么，谁应该成为这个和声敏锐、智慧、有经验、谨慎、勇敢的指挥呢？是教师。

作为教育者，你的任务在于，首先要看到雕刻师们共同演出的整个合奏，敏锐地感知每一位演奏者的表演，及时发现是否有人走调。换句话说，你要弄清楚，在困难重重的教育过程中，哪一部分是由谁决定的。必须要看到，每一位雕刻师、教育者为他们所培养的这个人，付出了同样的创造性努力。年轻的朋友，要记住，哪怕刻刀只是轻轻划过这块宝贵的大理石，都会留下终身难以磨灭的痕迹。你要知道，是谁，在什么时候，怎样接触到了你的作品。为此，仅有对孩子的爱，像神话里的雕塑家皮格马利翁爱自己一手创造的雕像加拉泰亚一样，爱自己的作品还不够。还应该多了解，应该具备逻辑分析因果的能力。

成为一个聪明的雕刻师担任合奏指挥，并不意味着精细分配每个人的责任和义务，比如说：这是家庭负责的，这是学校负责的，这是少先队负责的……一个人不是按各个部分创造组合而成的：一个人刻耳朵，另一个人刻额头，第三个人刻鼻子等。在我们这项复杂艰苦的事业中，这种情况是不存在的。你在刚开始学校工作的时候，就应该经常与学生家长谈谈，可以集体开会，也可以多单独谈话。永远不要试图严格分配责任：看，这是由你们家庭负责的，而这是我们学校要负责的。为了让我们共同的孩子变成一个聪明、智慧、会认真理解和深刻感知的人，负责智育的不能只是学校，更多的可能是，也应该是由家庭完成。请记住，对于我们塑造的加拉泰亚，各种力量在她身上同一个点的雕刻有时是完全不同的。

你刚教会自己的学生诚实、爱护社会公共财物，却意外出现了一个你和学生家长都不知道的雕刻师，他却教学生去偷窃、撒谎。在教育过程中，指挥的智慧和技巧在于，要观察到别人对你作品的任何一点触碰。

知道原因，就意味着知道一切，这是乌克兰哲学家、教育家斯科沃罗达教给我们的。年轻的朋友，要好好想想这个训导。教师没有弄清楚一个行为的原因，就会得出错误的结论，这种情况在学校生活中发生了多少次啊！还有一种情况：学校有过错，却把家长叫来，告诉他们，是他们对孩子照看不够，溺爱孩子等。

要弄清善与恶的复杂交错非常难，而弄清这一点，则是教师的神圣职责。年轻的朋友，你在崇高的人民教育领域工作，不仅仅是在创造共产主义新人的作坊里工作的几个雕刻师中的一个，你应该成为其他雕刻师的教师。你的优势在于，你能在教育科学的光芒中发掘自己的学生。如果我不相信教育人的这门科学具有无限的可能，我就不会在学校工作一天，不会写这本书。你应该成为科学教育知识的明灯，它的光芒应该照耀其他创造人的雕刻师的工作。你作为教师、班主任，有什么机会对家庭产生影响？如何进行人的自我教育，教师在这其中有什么任务？教师的人格应该起到什么样的教育作用？强大的集体教育力量的秘密在哪儿？在什么条件下，才会有集体，什么条件下没有集体？书籍在教育人的问题上起什么作用？怎样才能做到，让一些意外的教育者对年轻的心灵施加与学校方向一致的影响？我认为，关于这些问题的建议会对年轻教师有益。

[52]

怎样让父母参与
孩子的家校教育？

我认为，在当今共产主义社会新人的教育中，没有比教母亲和父亲教育孩子更重要的任务了。基于多年工作实践，我们得出了一个结论：如果不关心家长的教育素养，就不可能完成任何一个教育教学任务。"家长教育学"，也就是母亲和父亲对于一个生命成长为人的基础知识面，这是所有教育理论和教育实践的基础、根源。在我们的"母亲教育学"办公室中，尼·伊·皮罗戈夫的话写在一个显眼的地方："请让女性明白，她们照看摇篮中的婴儿，为他制订童年游戏，教他牙牙学语，是社会的主要建筑师。是她们的双手奠定了基石。"[7] 这些话表达了我们与家长的所有工作的基本思想目标。

我们有一个针对家长的教育学校，其中包括几个部分：学前儿童家长；一至三年级学生家长；四至八年级学生家长；九、十年级学生家长。在送自己的孩子上学前的三年里，母亲和父亲就开始在针对家长的教育学校里学习。他们两周听一次学校校长、主管教育教学工作的副校长、主管课外活动的副校长、三年后即将教一年级的教师上课。这是教育学校学前班在1964—1967年间的工作计划（在教育学校学习的这些家长，他们的孩子是在1967年秋天入学）：

1. 4至7岁儿童的身体和心理发展。

2. 怎样预防儿童疾病？

3. 儿童的作息、饮食和身体锻炼。

4. 对4至7岁儿童进行智育的要点。

5. 母亲和父亲对儿童言语和智力发展的关心。

6. 如何预防儿童神经官能症？

7. 4至7岁儿童的劳动教育。

8. 如何教育儿童尊敬长辈？

9. 学前儿童教育中的大自然。

10. 学前儿童需求和兴趣的发展。

11. 认识学前儿童情感的有效性和发展。

12. 如何培养儿童作为人的感觉？

13. 4至7岁儿童教育中的美。

14. 4至7岁儿童的创造。

15. 如何预防儿童的冷酷无情？

16. 如何教会儿童克制自己的愿望？

17. 儿童对动植物的关心是一种教育手段。

18. 学前儿童智力、道德、感情和审美教育中的游戏及其作用。

19. 母亲是儿童的第一位教育者和教学者。

20. 家庭是一所人际关系学校。

21. 父亲与儿子。

22. 母亲与女儿。

23. 儿童对学校学习的心理准备。

24. 儿童道德文明的早期因素。

25. 我们想要你的孩子成为什么样的人，你应该让他成为什么样的人。

26. 家长在教育自己孩子的时候会犯什么错？如何避免这些错误？

27. 爷爷和奶奶也是教育者。

28. 学前阶段要教孩子什么，怎么教？

29. 怎样使善良和睦成为主要的家庭氛围？

30. 怎样教育孩子温柔？

31. 怎样互相谦让？

32. 怎样克制自己的情感冲动？

33. 怎样培养孩子立志做好人？

34. 怎样避免儿童的任性？

35. 家长的权力是什么，怎样利用它？

36. 不采取惩罚措施的情况下，怎样进行教育？

37. 惩罚是益处更多，还是害处更多？

38. 可以要求孩子什么，不可以要求什么？

39. 教育孩子是父亲和母亲最重要的社会责任。

因为教师必须准备并且讲这些主题的课，所以我想就这件并不简单的事情提一些建议。

请教家长教育孩子，把这看作一种高尚、人道、崇高的使命，是在履行一项高度的社会责任。我们有一些优秀的班主任，他们会通过与家长的每次课和谈话，把创造人的思想作为重点，唤醒母亲和父亲对他们在做世界上最美好、最高尚的事业的自豪感。他们把家长教育学视为劳动、科学、技艺和创造。

这些班主任从来不会把上课和谈话作为对家长在教育中的过错和失误的"严厉批评"。年轻的朋友，我建议你也不要这样做。个别家庭生活中会有一些消极现象，但如果你"倾心吐胆"，把人的不幸（不会教育，首先就是一种不幸）拿到公开场合，那到你这儿来的家长就会越来越少，你把他们推出了校门，尤其危险的是，他们会放弃一切：无论我做什么，我也成不了一个好父亲，其他家长的孩子那么优秀，我的孩子就应该这么差劲。永远也不要忘记，当你开始和家长谈他们孩子的时候，你似乎是在强迫他们照镜子。如果你对一个人说："看看，你有多丑……"他会怎么对待你的话。

这个建议绝不是说，要绕过或铲平教育中的矛盾。相反，一些人的失败对其他人而言，可能是经验教训。没有任何比家校教育更复杂、更矛盾的事了；这其中充满了成千上万的冲突，而面对这些冲突，不能大喊大叫，要聪明、巧妙、不慌不忙地解决。但坏的方面也应该说出来，同时不能侮辱、贬低人。当我们必须要当很多人的面说一些家长的失误和疏忽时，也不会指出他们的姓名。

如果要好好思考一些过错和失误，要根据这个家庭的具体情况，就教育问题进行开诚布公的谈话，有另一种工作形式——与家长进行单独谈话，尤其是让女教师与母亲、男教师与父亲进行谈话。没有任何两个家庭里，决定家长整体精神素养和教育素养的前提和条件是完全一样的。

每个家庭都有自己所特有的条件。所以与母亲和父亲的单独谈话（没有孩子参与的谈话）是我们学校教育工作的有机组成部分。我特别强调的是"没有孩子参与的谈话"。无论如何都不应该让孩子知道教育中存在的困难与失意、顺利与疏忽，因为这带来的只有害处。在一些良好的家庭环境里，父母间的善良和睦、相互尊重、爱与随和是最主要的教育影响，但孩子并不怀疑，教育他的正是家庭中的美好。

我们成功做到了，让学前儿童在家中上特殊的"母亲学校"。这是一所不可替代的道德、智力、感情和审美教育的学校。任何一所幼儿园，哪怕是最理想的幼儿园，都不可能替代母亲学校，或者是弥补母亲和父亲在人最细腻的精神生活领域——人格的教育中所遗漏的空白。我们非常重视母亲学校里对作为人的感觉的培养。我们在有关这个问题的课上，与父母亲的单独谈话中，都用具体实例向他们展示，怎样培养孩子复杂的精神能力，使他们永远感觉到，自己是与人生活在一起的，应该学会克制自己的愿望，考虑到他人的利益。在学前儿童家长教育学校里，我们逐渐区分出了这个最复杂的课程——与人一起生活的能力。

母亲教育素养的重要性是难以估计的。我们全体教师坚信，家长教育学是社会主义教育学的第一页。我们想要让母亲成为细致、聪明、心灵美、具有高尚道德美的雕刻师，最终关心的是孩子精神上的细腻和敏锐，要让他内心最珍贵的角落永远都是善和美。

[53]

怎样才能让学生听进去教育者的话?

我们力求在母亲学校里培养出内心细腻、温柔、敏感、富有同情心的孩子。要让孩子不只是用头脑和理性,更是用心来认识周围世界。让他用心去处理一些事情,比如:有人折了一根树枝;一只雏鸟飞出了鸟巢,在草地上无助地挣扎;花园里突然出现一只不知道被谁扔出来的小野猫。我们花很长时间与家长交谈,在实践中怎样为孩子的自我管理创造条件,为了让他在碰到这些情况时,能够永远都表达出自己的同情心,祝福、安慰、保护、关心某个人,因为某件事感到激动或悲伤。年轻的朋友,这里说的是雕刻师——母亲和父亲手中最精细的刻刀,是他们技艺最高超的动作。三十多年的学校工作使我相信,在孩子上学后,由我们教师来雕刻这块无论是母亲,还是父亲都不曾触碰过的大理石,再开始培养学生的情感就为时已晚了。如果孩子在家里没有接受情感教育,他就不可能用心去认识世界、感知教育者的话。他能理解自己听到的、读到的东西中的逻辑含义,但却不能理解其中的精神、感情、思想。

这是家校教育中最复杂的问题之一。为什么经常会出现这样的情况,孩子在刚上学几天后,就对教师充满善意的话完全没有反应?为什么教师不得不大声批评,用拳头敲桌子?为什么上学几个月之后,孩子就开始站墙角,接受惩罚,可这还于事无补?恶果的根源在于没有进行情感教育。

年轻的朋友,如果你想让你未来的学生听进去、感受到你的每一句话,那就请多多关心学生家庭中的情感关系。内心孤独对于道德也很危险,就像人缺少思想一样。请多操一点心,让孩子通过相互吸引、尊重和关心的纽带与某个人相联系。

你未来学生的道德在很大程度上取决于,他是否会把自己的一份真心献给一个人,还是活在自己的封闭世界里,只有一点点自己关心的事情和有限的兴趣。个人主义就是从没有接受情感教育开始的。

请去自己未来学生的家里家访(三年内可以去到每个学生家里,哪怕是去两三次),去感受一下,什么会带给孩子快乐:只是长辈给他的东西,或者还有他通过自己小小的力量为其他人做的东西。如果他唯一的快乐来源是享受父母创造的福利,这就是个很不好的事情,你的学生上学时就会冷酷无情。请和学生父母双方都谈谈,一起想一想,怎样为小男孩或小女孩开启其他的快乐来源:他们在花园里种下的树或玫瑰花,为别人栽培的小葡萄园,自己建的鱼缸、小图书馆、供父母休息的美好小房间。你要知道,关心这些,能使儿童的心变得高尚,为他们在学校的道德、智力、审美和情感教育培育土壤。

要关心在学前阶段孩子高尚情感的培养,但请不要对孩子采取身体上的影响措施。没有什么比"暴力"、武断的手段更有危害、更邪恶的了。用小皮带、打后脑勺来取代明智、温柔、善良的话，就像是用生锈的斧子代替雕刻师手中纤细、柔和、锋利的刻刀。体罚是对人身心的双重暴力，皮带无情抽打的不只是脊背，还有人心和感情。一个人在家里习惯了皮带抽打和打后脑勺，在学校里就会听不进去善意的话。我知道有的孩子，被抽打和体罚弄得冷酷无情。被殴打的人自己也想打人；童年时想打人的人，长大后就会想杀人——犯罪、杀人、暴力的根源都在童年。我已经听了十年家长教育学校学前班的课，这项非常有必要的教育工作使我相信，往父母的意识和心里灌输这条真理非常重要：童年时期播撒在心灵的小种子，成熟后，会长成一棵高大粗壮的大树。

这一切都取决于，在什么土壤里播撒的是什么种子。如果我在孩子上学前三年内，不能让他的内心变得敏感、温柔、善良，不对邪恶和谎言妥协，让他不只爱善，还要恨恶，那我就无权称作"人民教师"。

同时，如果你想让你的每个学生都成长为真正的人，就请教会家长教育孩子从四、五岁起开始劳动。当孩子手里已经能拿住勺子，会自己用勺子吃饭的时候，他就应该开始劳动。这是民间教育学的智慧，我们在自己的教育工作中一直在遵循这一古老的智慧。不要担心过早让孩子参加劳动。如果有人害怕，说："哦，太早了！"等到他认为合适的那个时刻，会痛心地意识到，已经太迟了。我们认为，提高父母的精神境界，让他们五、六岁的孩子在春天种下母亲的苹果树、葡萄树，父亲的苹果树、葡萄树，奶奶的苹果树、葡萄树，爷爷的苹果树、葡萄树，是我们的一个神圣职责。当然，如果小孩子们能得到哥哥姐姐的帮忙，他们就会把这件事做得很好。然后孩子们就会仔细地照料苹果树和葡萄树，他们的梦想是请母亲、父亲、爷爷和奶奶吃这些果实，为他们带来快乐。

形象地说，这就是在教师的话语下，对土壤进行情感耕耘的全部所在。如果一个孩子在上学之前体验到了一种无可比拟的感情——为母亲带来自己亲手栽培的葡萄，那么"妈妈"这个词对于他，就与那个只知道以索取为乐的人完全不同。你知道吗？年轻的朋友，只有那个体验过创造快乐的孩子，才可以用温柔和善良来教育，而不用批评和惩罚。

在这里，教师可能会产生一个疑问：一个教师能做到所有这些事情吗？他能既处理好教育在校学生的事情，又准备好那些四、五、六岁即将入学的孩子的工作吗？

我来回答这个问题：我们在自己的工作中什么都不做，也不会有什么实际影响，也就是说，最终也不会减轻我们工作中的重重难度。

但事实上，我们对学前儿童教育问题的关心，最终会得到百倍的补偿。正是因为这些关心，我们的工作会更加轻松，我们不会碰到其他学校里出现的许多问题，我很清楚，这些问题实际上已经影响了正常教育教学过程的开展。我们没有诸如学生不守纪律、不愿意学习这样的困难。实际上，我们也不了解其他学校采取的那些惩罚形式。这些成就的起源就是我们与家庭的协同教育，它的作用极为重要。我们不会指使家庭：就这么做，无条件完成我们的要求。学校与家庭作为两个一起工作的雕刻师，对于理想有同样的认知，在同一方向起作用。要知道在创造人的过程中极其重要的是，两个雕刻师不能站在对立的位置。

[54]

怎样才能让作为教育者的
父亲和母亲保持一致?

我们应该要让母亲和父亲,对于他们和学校共同教育的是谁,有一个共同的认知,所以他们的要求要一致,首先就是对自己的要求。使父亲和母亲作为教育者保持一致,意味着要教会其母爱与父爱的智慧,善良与严格、温柔与严苛的和谐。在不触碰到个人(有时候是患病的人)的情况下,我们要用极大的策略,尽量避免家长在这个精神生活最细腻的领域犯错。如果不用家长教育学的智慧,父母的爱则会把孩子教坏。可以用实例来展示溺爱、专横、包办的爱会给孩子带来多大危害。

溺爱,这是亲子关系中可以想象的最可悲的事情。这是一种本能的、不理智的爱,有时候会有"母鸡的爱"这样的说法。父母因为孩子的每一步而开心,却并不思考,这是怎样的一步,它可能会引起什么。在溺爱中被教育的孩子,不知道人的生活中还有"可以""不能""应该"这样的概念。他认为,他什么都可以,这样下去,孩子会长成一个任性、病态的人,生活中小小的困难都是他克服不了的重压。

溺爱中教育出来的,是一个彻头彻尾的利己主义者。他不知道自己对父母的责任，不会也不想劳动，因为他注意不到别人，不会用心去感知他身边的人，首先就是母亲、父亲、爷爷、奶奶，他们都有自己的愿望、自己的需求、自己的精神世界。孩子认为，他存在于这个世界，本身就已经给父母带来了快乐和幸福。

只有当你同时和母亲、父亲谈话，才可以预防这种畸形的爱。这里说的是对家长感情的培养，而感情是一个非常细腻的东西。我们的教师为了培养年轻家长的感情，不只是邀请学前儿童——我们未来学生的父母来听教育学校的课，还要让他们参加特殊的实践课。低年级学生（尤其是一二年级）完成集体社会公益活动时，年轻的父母会为我们提供帮助。他们和我们一起指挥劳动，教孩子们控制自己的愿望，使愿望服从于劳动、纪律和集体意志。教孩子的同时，他们作为教育者自己也在学习。

还要让家长避免另一种不理智的、本能的爱，就是专横的爱。这种爱的土壤是一些家长的利己主义和愚昧。他们对待自己的孩子就像对待东西一样：我的桌子，我想放在哪儿就放在哪儿；我的女儿，我想让她干什么就让她干什么，脑子里有什么想法，就给她提要求。我知道有一个父亲，做到了什么地步：他给上八年级的15岁女儿买了时髦的鞋子和漂亮的裙子，命令她把鞋子放到学习的桌子旁边，裙子也挂在那里，然后警告她，学季结束时，所有科目分数不低于四分，就可以穿裙子和鞋子，哪怕有一科是三分，都不要碰新衣服一下。

年轻的朋友，我们的社会中还有一些人，享受着对别人的专横管制所带来的满足。与这种现象作斗争，是一件复杂困难的事。而首先应该与其作斗争的正是我们——教师。

不要让哪怕只是一个家庭里，产生无谓的挑剔、责备、歇斯底里的抱怨和指责，在这样的氛围中，小孩会变得残酷无情，而且我认为，这是对幼小心灵最可怕的打击之一。请在上课和谈话中告诉家长，琐事是怎样把一个善良的人变得恣意妄为，而任性又是怎样驱赶积极的内心活动，在正常的家庭里，积极的内心活动正是孩子身上善良、理智克制和谦让的来源。这种内心活动就是温柔爱抚。童年时期不知道温柔的人，会在青少年时期变得粗鲁、冷酷无情。

你可能听过一些家长的忧虑：儿子在小时候很善良、温顺、很听话，长大后就变得粗鲁、任性。为什么会这样？怎么向家长解释，可以给他们提些什么建议？我深信，出现这个现象的原因在于，不会利用"家长权力"。这里尤其重要的是，要同时与父母双方交谈，因为家长权力也就是母亲和父亲智慧的统一，是他们意志、感情、愿望的一致。如果这两个深爱着自己孩子的成年人的智慧没有融合，那家长的权力就会变成独断专行。如果只有孩子感受到，母亲和父亲对于"可以""不能""应该"的概念理解不同，暴力、强迫、践踏他的自由，对他来说都是最合理的事情。到那时，父母就会感到惊讶：为什么这个孩子不打他一巴掌、拍他的后脑勺，不用皮带和棍子，就教不会他生活？这是因为，孩子认为，一些必需的合理要求是压制他意志的邪恶力量。

还应该预防家长的另一种不合理的爱——包办的爱。有一些父亲和母亲深信，保证孩子的一切物质需要，他们就完成了自己作为父母的责任。孩子吃饱、穿暖、身体健康，有全部的教科书和直观教具，你还要什么？这些父母认为，物质上的开销可以衡量父母的爱。在这种情况下，学校就要对少数在道德感情上铁石心肠的父母开展工作。实际上，他们不知道，父母的爱到底是什么。

如果父母与孩子是用日常生活精神一致的纽带联系在一起，那几乎就不会有这样的父母。道德情感上的铁石心肠，对自己的孩子无动于衷，远远不只是父母教育水平低的结果。这是因为他们对教育孩子的态度，就像是对教育某个被铜墙铁壁隔离开的、同社会完全独立事物的态度。

要预防这个缺陷，就要求在给家长，尤其是父亲的关于孩子教育的建议中，始终贯穿教育孩子是父亲和母亲的社会责任，他们应对自己孩子的未来负责的思想。

如果在一个家庭中，父亲认为自己的责任只是保证孩子的物质需要，母亲也不是他们精神生活的中心，那孩子所处的就会是一种精神空虚、匮乏的氛围。他们是在与人一起生活，却不了解人，这就是这些家庭中最危险的事情。儿童的内心不熟悉，也接触不到人的细腻感情，尤其是温柔爱抚、关心体贴、同情怜悯、仁慈和善，他们可能会成长为没有感情的人。对于这些孩子，学校的教育责任尤其重大：他们应该在教育教学机构里接受专门的情感教育训练。这是理论教育学与实践教育学的一个大问题。遗憾的是，实际上，教育理论中并没有对此专列一章进行阐述：谁也没有专门研究过，怎样进行情感教育，尤其是教育那些因为家庭环境，感情道德世界变得精神空虚、没有个性的孩子。

[55]

进行情感教育的
训练应该是什么样？

这里要说的情感教育,都是教师和家长要共同开展的工作。我们要谈的,不只是对那些在家中缺少父母真诚、全心全意关心的孩子的教育,而是所有孩子的道德情感教育。

教孩子用心去发现、理解、感知人,这大概可以称为"情感教育"的花园里最芳香的花朵。我们对孩子的爱应该能让他唤醒内心对周围世界、对人所创造的一切、对为人服务的一切,首先是对人本身的敏感。

我坚信,在儿童内心培养人的高尚情感,要从他对人态度上的"人格化",对人纯粹、高尚的尊重开始,首先就是对母亲和父亲的尊重。

孩子们刚跨进学校的大门,成为学生。学校与家长的联系,我这里说的是与父母双方的联系,在学生入校园的前几年里,具有极其重要的意义。学校教师、校长与母亲和父亲的单独谈话、思虑和建议,就是我们的教育实验室。我们共同思考,孩子应该做些什么,他应该有哪些积极活动,以便让他能用心感受到,他是在与人一起生活。

我们要与家长一起做到,在学校学习的几年,尤其是小学阶段的学习期间,进行的是一种亲切真诚的训练。在这些训练里,最有价值的课是创造美,关心人的美。所有能带给孩子美的享受、快乐和满足的事物,都具有奇迹般的力量。孩子们可以为家庭、为父母和其他人创造美。

秋天的时候,我们会庆祝"玫瑰节"。这既是一个家庭节日,也是一个学校节日,主要是家庭节日。倒不会把所有学生都召集来,没有那么隆重,不像那种缺少真心、诚挚的童年情感,反倒是有很多虚伪、没有儿童天性的情感的活动。我们的儿童节日主要是在家里庆祝,但学校会为节日做准备。

所谓秋天的玫瑰节,就是找出一天,让孩子们在父母住宅旁的地里种几株玫瑰花。我们会给孩子们一些幼苗,让他们种下,照料幼苗,创造美,给母亲、父亲、奶奶和爷爷带去快乐。

孩子种下玫瑰后,还要经常培育:松土,保护这株植物不受霜冻。他还不习惯各种操劳和日常劳动。距离让劳动使他快乐的时刻还远得很,哦,还远得很。我们告诉孩子们,种玫瑰的结果是要开花,在他的认知中,这是一个无法想象的遥远未来。

孩子们还没有耐心去期待、追求这个目标,这一点他还需要学,要通过劳动学习。

但是,之后就出现了第一个蓓蕾,然后是第二个、第三个。花蕾绽放,深红色、粉红色、深蓝色、浅蓝色的花瓣在阳光下闪闪发光。此时,孩子们眼中快乐的光芒无可比拟。这并不是孩子在收到父母送的礼物时所感受的那种快乐,不是休闲娱乐的快乐,也不是预想到旅游参观的满足的快乐。这是为最亲爱的人——母亲、父亲、爷爷、奶奶创造善良的快乐。这种善良会使儿童的心感动、激动、快乐，正因为善就是美。

对于我而言，没有比看到孩子在摘下一朵花，把它送给母亲的那个瞬间发光的眼睛，更幸福的事了。在这个瞬间，孩子的眼睛充满了纯粹的人性的光芒，因为内心深处的愉悦而更加明亮。

这是情感教育中，最必不可少、最重要的课之一。一个孩子体验到为别人创造美的快乐之后，会对美有一种新的认识。他能在开满花的苹果树枝中、在成熟的葡萄串中、在沉静的菊花中，看到劳动、操心和忧虑的化身。他不会伸手去折树枝、摘花。

当然了，年轻的朋友，我没有以某种抽象的表达来使美理想化，不是理想化"美本身"。只有当美通过崇高理想、共产主义人道精神——对劳动者的爱，对一切阶级敌人、社会不公、人对人的压迫的憎恶、不妥协和不容忍，而得到升华，它才可以成为强大的教育力量。

在学校生活的第一年过去之后，孩子们要升二年级了，我们就和他们一起建一个"感谢花园"。这个花园是为那些已经工作了 40、50、60、70 年，甚至是 80、90 年的老人开辟的。通常，我们会找一片荒芜贫瘠的土地来做感谢花园，把贫瘠的土地变成一片肥沃的土壤，在里边种葡萄、苹果、梨、李子。这项劳动并不轻松，需要几十吨肥沃的淤泥，来唤醒土壤里的生命源泉。

但它因为一个崇高的目标而变得高尚：我们要给人们带来快乐。这项劳动的快乐是任何东西无法比拟的。

感谢花园里的第一批果实成熟了，孩子们会把自己尊敬的同村人——祖父、曾祖父辈邀请来这里。尊敬老人是尊重人的最鲜明体现。不尊敬老人,对老人漠不关心,就会用冷酷无情、邪恶、精神空虚、犯罪来报复社会。

亲爱的年轻朋友,请让自己的学生沿着这条使劳动高尚的道德发展道路前进,你会发现,当他从感谢花园里摘下果实,带给那个已经工作了50年的老人的那个瞬间,就是在他的心灵里留下不可磨灭的痕迹的瞬间,他似乎攀登到了自己道德发展的第一个顶峰。

孩子体会到善良创造的无私快乐,就获得了宝贵的精神财富:他能用心感受到,什么时候,在哪里,需要帮助同学、朋友、身边的任何一个人。一个孩子体验到做善事的需求,体验到作为一个人的需求——马克思把这种需求称为自由人最高尚的精神财富[8],他就会变得对周围世界、对人、对各种行为、事件、人际关系非常敏感并富有同情心。

[56]

怎样让孩子愿意好好学习?

我坚信,促使孩子进行自觉、认真脑力劳动的最强大、最有力的刺激因素就是,使他的脑力劳动人格化,使他感到为自己的亲人——母亲、父亲——带来快乐,是一种高尚的愿望。一个真诚热情、有同情心的孩子,会在那些一眼看上去不是什么恶劣行为的事情上,感觉到不好的情况。"我应该要好好学习,"四年级的科利亚有一天跟我说,"妈妈心脏不好。"孩子能感觉到,如果他的成绩单上分数不好,母亲就会很伤心。他想让母亲心情平静。他知道,自己可以通过劳动安慰母亲,不让她操心。

如果你想让孩子愿意好好学习,努力以此给母亲和父亲带来快乐,就请珍惜、爱护、培养他作为劳动者的自豪感。这意味着,孩子要能发现、体验到自己在学习上的成就。不要让孩子因为学习落后,或者哪方面有缺陷,而觉得自己无可救药。孩子的乐观、对自己力量的信心,就是一根把学校和家庭牢牢联系在一起的线,是一块把父母拉近到学校的磁铁。如果孩子对世界的乐观感知被破坏,意味着学校与家庭之间筑起了一道铜墙铁壁。

要保持这种乐观的火花,非常重要的一点,形象地说,就是要让母亲和父亲守护儿童知识的摇篮,直接参与孩子的教学,和孩子一起,为他的成就而高兴,用心感受他的成功与忧伤。"母亲教育学"不只是一种教育,也是一种教学。在孩子上学前两年内,我们学校就开始与家长共同进行目标明确、精心计划的工作,以教给孩子基础的读写、算术知识为目标。这些未来的小学生一周来一次学校(上学前半年里一周来两次)。未来要教低年级班级的教师会和孩子们一起学习。孩子们学识字、读书、解题。当然,如果在家里不继续教学的话,单靠一周在学校里的一个小时什么也学不到。我们在"家长学校"的课上,教母亲、父亲、爷爷、奶奶怎样教孩子识字、算术,制定了有趣的家庭母亲教学方法。这些方法的基础是:孩子对知识、对书的浓厚兴趣;将游戏与具有明确目标的脑力劳动相结合;孩子与家长不断进行精神交流。高年级学生制作了专门的直观教具,用来教学龄前儿童识字和算术。我们的孩子上一年级就会阅读和数数,这在很大程度上减轻了日后的学习压力,使脑力劳动成为一件有趣的事。但这么做的好处并不止于此。让孩子做好上学的准备,会在精神上拉近孩子和家长的距离。母亲和父亲真心接纳孩子的成功和失败,会懂得尊重孩子想要变得更好的愿望这门微妙的学问。与此同时,学前教学可以使家长避免一种错误思想——只要"好好加把劲",孩子就能得五分和四分。

我们力求使父母亲明白:学习成绩上的评分并不代表道德评分。违背了这一点,就会给孩子带来严重创伤,有时甚至会摧残他的心灵。把各科评分与道德面貌等量齐观,是一味追求表面成绩(分数)的结果。我们觉得,不能把所有一切归于一条简单的结论：取得好分数，就是好孩子；分数"没达到要求"，表示这个学生"不够格"。在这个缺乏教育常识的奇怪观点里，人不再是各种各样特点、品质、能力、爱好的和谐统一体。

遗憾的是，这种观点存在于许多家庭中，存在于社会生活中。当听到有人说，或者看到许多文章里大肆宣扬三分就是知识不足、太差劲，我就觉得异常愤慨。尊敬的教师同行们，是时候坚定地告诉自己：三分是完全合格的知识鉴定。顺便说一下，如果所有教师对此都能正确看待，就不会再有谎报成绩的事情，不会再用三分来评价不合格的知识，但遗憾的是，很多学校正是这样做的。家长们也不会再给自己的孩子提一些不可能完成的要求：因为不是所有人能力都一样，有的人很容易就得五分、四分，有的人得到三分就已经是很大的成就了。今天，当我们即将实现普及中等教育的时候，记住这一点尤其重要。

[57]

怎样随着孩子的成长和发展，加强与家长的教育工作？

学校与家长的全部工作贯穿于我们的一系列教育思想中。我们认为孩子的家庭精神生活与学校学习的统一特别重要。全体教师都力求使父母们相信，家庭中应该以尊重科学精神为主、培养阅读书籍的习惯。我们会和家庭共同举办"图书日"。图书日的意义在于，让父母为家庭藏书增加一些文学作品。

我们会在家长教育学校的各个年级都上大课，讲述家庭精神生活的作用，也会进行单独谈话。我们力求培养孩子全面的精神兴趣和需求，其中最重要的就是对书的需求。我们成功做到了，在许多家庭里，将黄昏时分作为读书时间：孩子和大人都在阅读家庭藏书或者从学校图书馆借来的书。

同时，我们还很重视另一个非常重要的教育思想——儿童和青少年的自我教育，而没有家庭的参与，没有书，这一点就做不到。我们要让正在成长的人学会利用空闲时间，珍惜时间，做一些精神需求发展所必需的活动。

我们会跟父母们讲，从孩子作为一个有意识的生命初期开始，他的心灵中就应该培养一定的公民特征，并不断加深和巩固。公民意识和公民感的根源在童年；孩子心灵种下的小种子，会成长为一棵苗壮的树苗，它的根会扎得很深。我们认为，就怎样种下这些公民种子，公民意识怎样发芽，提一些建议意义重大。非常重要的一点是，我们教家长，要在家庭集体中，即在孩子的精神生活中，反映公共利益。请这样教育孩子：让公众利益，对其他人利益的关心，成为公民个人的事；要让他的思想和感情世界不被物质和精神价值的需求所限制。这里要再一次提醒，人的道德面貌，在很大程度上取决于他在童年时期体验过的快乐的源泉。生活会有许多可能，让小孩打心底里去接受那些乍一看与他无关的事情。我们会帮助家长们用心发现、感受这些可能，告诉他们教育就是一种创造。比如说，你家对面的街上长着一棵树，不知道是谁什么时候种下的。如果没人关心这棵树，它就会枯死。请让自己正在上二年级的儿子睁开眼睛，让他看到那些，如果不唤醒他内心的公民感，就永远也看不到眼前的一切。

让他去照料这棵将要干枯的树，给它浇水、除虫。请帮助他再种下三棵树，让他自己体验第一次为别人服务的自豪感。孩子越大，他那些作为公民情感、操心和忧虑的生活基础的事情就应该越多。

在我们与家长的工作体系中，也很重视青少年"社会成熟"的问题。在这个同样也非常细腻、很难理解的精神生活领域里，学校与家庭努力的一致性也具有非常大的意义。没有家庭参与，什么也做不到，刨除母亲教育学来研究社会成熟，完全是浪费时间。青少年社会成熟的最主要根源在于他们对家庭收入的劳动贡献。我们认为，绝对不能让青少年在都快中学毕业时，还只是物质上的消费者。这是一些青少年幼稚的主要原因。和家庭一起操心中、高年级学生的社会成熟，我们要做到，让每一个男孩、女孩都参与社会生产，真正参加劳动，不是学校安排的以教育为目的的劳动，而是以创造物质财富为目的的劳动。正是这个更加生活化，实际上也必不可少的目的，能把劳动从具有某种书呆子气色彩的实践，转化成真正生活的事。劳动中感觉到的学校教育，准确地说，是死板的教育越少，它真正的教育意义就越深刻。因为学校与家庭的理想一致，对青少年劳动生活要求一致，我们一直有这样的传统：

12—14岁的学生要挣钱买冬天的衣服和鞋；

14—17岁的学生要挣钱买一年的衣服和鞋；

通常，从10岁开始，学生就要通过劳动挣钱买教科书和教具。

一个人怎样劳动，做事情的目的是什么，决定着他的思维方式。如果认为中小学阶段的劳动，对于教育而言是画蛇添足，那无论是对未来的任何自觉的计划，还是严肃的职业定位，都无从谈起。如果青少年的劳动不是一种严肃的"成年人"的事情，那我们甚至都无法与家长谈论孩子思维的成熟、他们上课的独立学习、公民的责任感、青少年对建立自己家庭的道德准备。

[58]

怎样与家庭
共同指导儿童劳动？

我要再次强调一件极其重要的事：要把儿童、青少年的劳动包含进家庭的经济、物质生活，成为其必不可少的有机组成，让父母把劳动看成是孩子的神圣责任。如果做不到这一点，学校的任何教育妙招绝不可能取得成效。如果家庭不需要孩子劳动，如果家长本身千方百计想要使孩子的生活更加轻松，不让他们劳动（这种情况也会有），那么学校组织的任何为期一周、两周、一个月的实践活动，对孩子而言，都不是劳动，只会成为游戏——是的，只会成为令人厌烦、只想尽快摆脱的繁重游戏。只有当劳动成为经济必需品，它才能获得教育力量。如果真是这样，那么，正如人们所说，其他一切也都会随之而来：学习成为一种劳动；父亲生病了，无法工作，青少年真正像成年人那样思考。

在农村学校，很容易解决组织有序的儿童劳动教育问题。是的，我再重复一遍，这里说的正是儿童劳动。只有当劳动成为一项工作，没有它就什么都没有，没有穿的衣服和鞋，而并非一种抽象的教育练习，由人诞生的这个生命体，才能成为一个真正的劳动者，一个真正的人。我们与家长共同操心，要为孩子找到他力所能及同时也有极大生产力的工作。

七、八岁的孩子会和母亲、哥哥、姐姐一起在养蚕小队里工作:准备(摘下)桑树枝,把它们放到架子上,摆放开,清除里边的垃圾。九岁十岁的孩子除了在养蚕小队里工作以外,还去掰玉米,培育蔬菜种子,收集农家肥料,给菜畦施肥。十一、十二岁的孩子会晒干草、收蔬菜、摘水果、喂羊和牛。

青少年们照料畜牧场里的牛,收集青贮饲料,清理草籽;一些12—14岁的小男孩在园艺拖拉机上工作。还有些男孩、女孩会操作各种农业机器,疏松土壤,疏松经济作物与蔬菜的行间地,播种,收割庄稼。

年轻的朋友,你可能会觉得让孩子过早参加真正的生产劳动很奇怪。我知道,有些教师会对我们的劳动教育体系有顾虑:孩子们还有时间休息吗?他们会不会超负荷工作?我们没有这些顾虑。这个体系不是我们臆想出来的。这是民间教育学的古老传统:孩子们帮家长劳动,没有孩子,家长就完不成自己的劳动。当孩子刚一学会自己亲手用勺子把盘子里的饭菜送到嘴里,他就开始劳动了,不是为了练习一阵,而是因为,如果不劳动,他身边的每个人都无法维持自己的生活。

民间教育学知道,孩子能做到什么,做不到什么。因为这其中有机结合了生活的智慧和母爱、父爱。民间教育学不担心劳动会带来疲累,它知道,如果不流汗,手上不起茧子,就不可能完成劳动。

民间教育学懂得劳动的神奇力量,为我们揭示了书本教育理论不会告诉我们的教育智慧新源泉。我们相信,只有依靠劳动,在劳动中流汗、手上起茧子、感到疲累，人的内心才能变得敏感、温柔。正是因为劳动，人才获得了用心认识周围世界的能力。

作为劳动者的儿童、少年看待人，与那些不知道真正劳动的人完全不同。

[59]

怎样用劳动使心灵高尚、培养人性？

我记得有一个叫卓娅的小女孩,她母亲非常爱孩子,纵容她的一切任性要求。后来母亲生病了,是一种让人疲惫不堪的长期病,时好时坏,会暂时好转,又会突然恶化。卓娅所在的三年级,全班学生要参加一趟沿第聂伯河的趣味旅行,为期5天。卓娅的母亲来学校了,商量要给女儿准备些什么路上带的东西。母亲的身体状况很差,但她还是在努力忽略疾病的打击。我好不容易说服她,不让卓娅去旅行:母亲都这样了,难道还能把她扔在家里不管?我把正在上课的卓娅叫过来,跟她说,她不去旅行。小女孩大哭起来。

"难道你看不到妈妈现在是什么情况吗?"我问她,"她病得很重。她还有多少健康的精力,难道你都不担心吗?"

小女孩不解地看着我。

"我上哪儿知道?"卓娅用无所谓的语调说着,"妈妈也没告诉我,她是不是生病了。"

小女孩明显对于不让她和同学一起去旅行很不满。理智告诉她,不能把妈妈一个人留下,但心灵却无动于衷,这就是不幸。

我花了几年时间来唤醒这个小女孩的心灵。我的第一个教育任务是，让卓娅体验到为母亲、为自己的同班同学劳动带来的自豪感。看到她的眼睛里闪烁着人性的自豪感，我可以说：现在这个生命就变成人了。

现在卓娅长大了，是两个孩子的母亲。她的大儿子快上小学了，我们已经开始和她一起教育儿子。

学校教育的是社会主义新人。在我们所创造的社会里，人与人之间应该成为朋友、同志、兄弟姐妹。只有当人把自己的一份真心用来为其他人的幸福而奋斗，才能培养出这些高尚品德。

只有奉献精神财富，才能获得精神财富。只有在劳动中，当一个人为其他人有所创造的时候，人与人之间的关系才体现得最为明显。劳动是一个无限的概念，因为它是人的劳动。并不只是种粮食或种树才是劳动，最精细、最复杂的劳动是，当一个人走近另一个人，直视他的眼睛，读到他的"字里行间"是要寻求帮助。这种劳动是人精神活动中的最高阶段。但为了攀上顶峰，必须走过最初的台阶——为家庭的物质财富而工作，创造物质价值，满足人吃好、穿暖、住在设施完善的房子里的需求。

[60]

怎样与家长一起
教育未来的母亲和父亲？

是的，只能与家长一起。学校教育的人不只是公民和劳动者，也是未来的父亲、母亲，是自己孩子的教育者。我们全体教师都很关切，要防止对婚姻、爱情、生育轻浮、草率的态度。遗憾的是，这种态度还存在于青年之中。我们与家长分担这些忧虑，在教育学校的课上跟父母讲，当孩子们性成熟的时候，家长要面临什么任务。我们努力与父母就如何使性本能变得高尚达成一致看法。然后，当儿童成长为少年、少女时，我们会安排男教师、父亲与男孩谈话，女教师、母亲与女孩谈话。多年的学校工作经验使我相信，这件事非常有必要。可以说，这是对青少年内心最温柔、细腻、谨慎，同时也必不可少的触动。我们教男孩、女孩们怎样生活，教他们成为真正的人。这项使命只能赋予最敏锐、最富有人性的教师。

我们告诉青少年和家长们："没有任何专门的'爱情'科学，但有关于人性的科学，谁掌握了人性，谁就能准备好高尚的精神心理和道德审美态度，对孕育新生命做好准备。爱情是人性最严格的考试。但是，当人把自己的一份精力奉献给其他人的时候，他就会在童年、少年时期通过这门课的前几场考试。"

年轻的朋友，我想建议你：在培养一个人进行最明智的创造——创造人的时候，请用牢不可破的联系和相互依存的关系，来培养他的智慧、意志和情感。智慧和意志应该是这个精神生活领域里情感——性欲的守门员。不要相信一些作家和评论员所说的，不能对情感下命令，人控制不了自己的欲望。这是一张试图用来遮盖性欲放纵和列宁所坚决反对的"爱情自由"的遮羞布。

年轻的朋友，请用人类的伟大真理——爱情首先是对你所爱那个人的命运负责任，来教育即将踏入新生活的青少年。只想在爱情里得到享受的人，只是一个好色之徒、恶棍流氓。爱情，首先意味着给予，把自己的心奉献给你爱的那个人，为爱的人创造幸福。

要让你的学生终生铭记，人的整个生活中的道德操守都取决于男性和女性在婚前的关系，取决于这种关系中有多少精神心理、道德审美因素。

不要害怕告诉少年、少女们，什么是家庭生活，精神和物质在家庭生活中是如何交织在一起的。我们要避免让处在青春期的男孩、女孩，被感情遮住了对未来家庭物质创造的清醒合理的思想。现如今，已经不是老话说的那样：跟亲爱的人在一起，住窝棚也是天堂。如果没有生活必需品，那这就不是天堂，而是一种折磨。在考虑创建家庭之前，请先掌握一定的专业，有一定的工资收入，要靠自己的双脚站起来，这就是要教给青少年的。

语言在教育中起到很大作用。但要让关于怎样生活的训导深入年轻的心，必须要许多条件。

应该再重复一遍，只有为了给别人带去善良而劳动的人，已经认识到为别人创造幸福的快乐的人，才会对语言有发自内心的敏锐感知。一个人快要步入青春期，只有他早在年少时就已经拥有很多道德劳动体验，语言才能深入其内心的珍贵角落。首先要唤醒心，让它体验为别人创造善良的快乐，然后再使用激动、高尚的语言，教师对年轻的心灵产生教育影响的逻辑就是这样的。在这种影响中，积极的精神活动与语言有机结合在一起。当谈到对未来的丈夫与妻子、父亲与母亲的教育时，这种结合尤其重要。学生积极的精神活动与教师的语言在这个人类生活领域的结合，是从可以称之为"尊重女性"的这条世界上最纯净的溪流开始的。没有学校与家庭的齐心协力，这条溪流很快就会干涸、枯竭，滋养它的源泉也会不再喷涌。

[61]

怎样培养对女性
——女孩、母亲的尊重？

年轻的朋友，要教给自己的学生一个真理：神圣的爱国心是从母亲开始的。要教会学生发现生活，生活中有人与人之间的许多复杂关系，这些关系是人们直接告诉青少年的，有时候也需要大声地说："不要无视它，不能就这么走过去，要参与到你所看到的事情中去。"

一月里严寒的一天，路上到处都是雪堆，我的八年级学生们艰难地来到了学校。他们聚集在学校温暖的过道里，抖落掉身上的雪。有一个人想起来：我家旁边住着一个老奶奶，不知道她现在怎么样？连着下了两天雪。我们去看看她吧，怎么能就这样安心地坐在温暖的教室里，却忘记雪已经落满了那间小屋子，可里边还住着人呢？可能都没有人给这位老奶奶送点水喝。

我们穿过积雪，艰难地来到了这间小屋子，打开门发现老奶奶发烧了，怎么办？我们给医院打了电话。可这么厚的积雪，救护车根本开不过来。但还是要把病人送去医院。集体农庄给了我们一辆车，可这辆车连大门都开不出去。而老奶奶因为发烧还在呻吟、翻来覆去。这些少年的眼睛中燃起了我从未见过的光芒。这是一种男子汉气概，他们已经准备好要帮助她。我们做了一个担架，把病人包在毛皮大衣里。6个人一起抬着她走。6个人抬人，另外12个人在前边清理道路，每走200米换一次。我们以雪堆为记号，一组人抬到一个雪堆，然后再换另一组。眼睛上沾着雪花，室外零下20摄氏度的气温，但我们全身是汗，丝毫感觉不到冷和累。5个小时之后，都已经黄昏了，我们终于到了医院，把病人放在了病床上。

这天，几个男子汉诞生了。这些14岁的少年登上了男子汉气概的第一个台阶。这一天他们永生难忘。现在，他们敞开了心扉，聚精会神地听着我关于母亲、关于女孩、关于美和勇气的话语。连着好几天，我们都在静谧的晚上聚集在一个叫作"思想室"的房间里，我能感觉到，高尚的行为彻底改变了人的心灵，使他们接受我说的话。在一些情况下，这些话可以成为强大的教育力量，而在有些情况下，同样的话，同样的内容，都只是一些空话……要让关于女性的语言能够经常击中少年的心，就请让青少年们攀登上男子汉气概的第一个台阶，让他们为女性做一件高尚的事。

我会这样跟青少年讲母亲：儿子，永远也不要忘记，她是生命的缔造者。她给了你生命，养育了你，向你揭示了世界和母语的美，最早向你的内心输入了善与恶、荣与辱的概念。儿子们，请记住，母亲的所有愿望、忧思和烦恼，都是关于孩子，关于他的命运的。孩子们心灵和行为中的善，是她的幸福，恶则是她的痛苦。每一个女性——母亲或是未来的母亲，都以自己的方式深刻、巧妙地履行着自己对整个人类的责任。母性使一个女性变得美丽、智慧。一个女性从成为母亲开始，她的情感就获得了一种除她以外，任何人都难了解的崇高意义。

[62]

教师作为教育者应该具备什么品质？

只要还有学校存在,康·德·乌申斯基的话就仍然是不可动摇的真理:"在教育中,一切都应当以教育者的个性为基础,因为教育的力量仅仅来自人的个性这个活的源泉。任何规章制度和纲领,任何人为设置的机构,不管它设想得多巧妙,都不能取代教育事业的个性……没有教育者个人对受教育者的直接影响,就不可能有深入性格的真正教育。只有个性才能影响个性的发展和定型,只有性格才能养成性格。"[9]

生活使我相信,学生是教育者的一面镜子。教育的艺术和技巧在于,要会从学生身上看到自己,在这个我们从一个小孩子培养起来的会思考、会感知、会体悟的生命身上看到自己。"有教养的人,是一个以人的形象为主的人。"[10] 阿·瓦·卢那察尔斯基的这些话使我们思考教师的真正作用。人的教育不只是他的知识,更是他人的形象的所有方面。教师个性的教育力量取决于,在他身上教师与教育者的有机结合程度有多高。如果我们说:学校是用知识来教育,那这个知识的教育力量首先在于教师的个性。

年轻的朋友,在我们的学生身上"留下自己的影响",并不意味着，机械地把知识从自己的头脑中转移到我们教的学生头脑中。任何时候都不能忘记，在帮助人认识周围世界的时候，在他的头脑和心灵中，我们本身就是周围世界的一个最重要因素。学生在认识世界的时候，不可能不认识我们。我们教给他的知识，不是什么无关人性的东西，它们是与人的情感体验世界相融合的。在这个融合的基础上，构建起教育教学工作的一个"秘密"，我认为，这个秘密是人的成长过程中最难理解的地方之一，就是把知识变成信念。

问题在于，我们的学生对于在学校获得的知识的态度，在很大程度上取决于学生对教师这位知识传播者的态度。一个热爱自己所教课程的教师，他的学生也会热爱知识、科学和书籍。教师的话里不只是课程的意义和内容，更有一种思想的感情色彩。只有当学生面对的是一个深爱科学的人，他的感情和感悟才会被激发。

热爱课程是什么意思？它的源泉是什么？怎样培养对科学的热爱？我深信，这首先是教师无穷的智力财富。只有在课堂上百分之百讲述自己知道的一切的教师，才会真正爱自己教的课程。教师的知识越丰富，他个人对知识、科学、书籍、脑力劳动和智力生活的态度才会揭示得更明显。这种智力财富就是教师对所教课程，对科学、对学校、对教育的热爱。

热爱自己所教课程的教师，具有一个非常宝贵的品质。他不只是向学生传授实践知识，更要激发他们对知识的思考。所有努力用知识和对课程的爱来教育学生的教师，都应该以此为追求目标。当一个人在另一个人的身上留下自己的智慧、清晰的头脑、根深蒂固的求知欲，他们就能看到自己对学生的影响。只有在课堂上，似乎架起了一座必修知识和大纲外知识之间的小桥，教育者把学生带领上这座小桥，教师本人对学生集体和个人教育影响的技巧才能实现。我把在课堂上教给学生的基础知识看作是一颗种子，它可以成长为强大的思想幼芽，会实现大丰收——渴求知识，努力变得更聪明、更发达、精神上更富有。如果没有这个大丰收，学习就会变成死记硬背，上课就变成对背诵知识的检查，学生就变成一个听话的背诵知识的机器。我认为，只有当学生想要获取比课堂上学到的更多的知识，而这个意愿成为唤醒学生对学习、掌握知识的主要刺激因素之一，教师才会成为知识的传播者，继而成为教育者。

我力求在下课之后，在我耕耘过的肥沃土壤里播撒下知识种子的地方，能有丰富的智力生活，我的学生们在这里从知识的河流游向大海。如果把学习局限在上课、教科书、从哪页到哪页的家庭作业上，我就不可能成为一个教育者，知识也不可能起到教育作用。只有学生在下课之后，燃烧起许多鲜活的求知的思想火苗，知识的种子才能成长，成为强大的思想幼芽。

这个火苗首先就是个人的阅读，在书的世界里的精神丰富（我们又要回到这个问题）。第二个重要的思想火苗是小组，正是依靠这个火苗，教师成为教育者，学生成为受教育者。我深信，没有这个精神生活的基地，上课就会变得无聊，只是简单地把知识从教师的头脑中移植到学生的头脑中。我们所有人——教师和学生，都是在科学知识海洋中的航行者。我们会准备最新科学成就的相关介绍和报告，对科学杂志上的文章作简评。

年轻的朋友，我想建议你：你的知识、求知欲、对阅读的热情，都是你本人教育力量的丰富源泉。自己要积极走近这个源泉，并把学生也带到这儿来。要让自己成为自己所教课程的主人。学校的教学大纲和教科书对你而言，只是一些基础知识，就像字母对于精通修辞学的人一样。请永远孜孜不倦地扩充自己的科学知识。你在学校教授一门科学基础知识，那你的个人藏书中就应该有许多关于这门科学的书。书的数量要达到这样的程度，在四五年时间里，可以每个月都给每个学生一本新书（有些学生也可以每周给一本新书）。请找到"自己的学生"，并教育他——教育与你爱好、兴趣、志向和能力相投的年轻心灵。每个班都要有几个迷恋你的知识领域的学生。

每个教师，语文教师、历史教师、地理教师、生物教师、数学教师都要有自己的学生。

学生越喜欢你教的课，越表示你是一位好教师，在你身上教师与教育者的有机结合就越紧密。如果教师的人格不直接影响学生的人格，那培养能力、志向和才能的问题就不可能切实解决。能力只能通过能力来培养，志向只能通过志向来培养，而才能也只能通过才能来培养。

在这里，我不禁要说，好教师要从不只是站在课桌旁讲课开始，只有爱孩子、具有极高教育智慧的人——善于不断唤醒青少年内心想要成为好人、想要今天比昨天更好的愿望和对自己教师职业的尊重，这样的人身上才可以燃烧起热爱教师职业的火苗。

我设想有这样一所理想的学校，里面的每位教师都有自己的学生（就是前面说过的意思）。可能会有一个问题：每个教师都追求为自己的学生创造某种程度上孤立的智力世界，那不会削弱基层集体和学校集体吗？这里不但没有任何危险，相反，如果每个教师都有自己的学生——他们在这些人身上留下了自己的影响，到那时，只可能出现作为教育力量的真正的集体。

[63]

集体是一种教育方法,
怎样创建集体?集体的基础是什么?

儿童、少年、青年集体是一个非常复杂的统一体。这是一条由成千上万条小溪滋养的河流。集体是逐渐形成的。我在学校工作的32年间,一直在观察一年级学生的生活,有很多届学生,我一直从一年级教到四年级,所以我有资格说,在孩子们跨进学校大门之后的一段时间里,班级里还没有我们所说的"集体"的概念。

集体是逐渐产生的。我认为有个说法很幼稚,说集体的主要基础是严格要求和组织有序的从属制度。严格要求、责任感、服从和领导,是集体赖以存在的重要基础,但缺少其他同样也很重要的基础,集体也不可能形成。在实际工作中,有些教育者希望,通过从学生中选拔出领导者、分配责任、提出要求,来创建集体,这种希望只能是徒然。一般来说,在像学校集体这样极其复杂的精神一致性中,不可能对某一个因素完全绝对化。普遍化和绝对性也是无法容忍的,比如说:这么做只会好,那么做结果只会不好。集体并不是不知源自何处的一种东西,而是教师创造的产物。集体,就像一滴水,反映了教师的教育理想和世界观。

我认为，形象地说，集体是在这样几个基石上建立起来的：思想一致、智力一致、感情一致、组织一致。

集体的形成，这些基石的摆放，都取决于教育者。在有些情况下，集体的元素早在孩子们上学的第一年就已经出现了；另一些情况下，则晚一些。一块基石是否稳定、牢固，取决于其他基石是否稳定和牢固。尤其是组织一致——严格要求、服从、领导、管理、从属制度——取决于思想、智力、感情的统一性。所以，不应该急于创建这样或那样的领导和服从的组织从属结构。不要寄希望于，只要你的班上选出了学生管理者，分配责任，一切就都水到渠成了。

我认为，集体的建立要从思想一致开始，组织一致这块基石就是以此为依赖的。我总是这样开始建立集体，让孩子们对善与恶，换句话说，就是对"什么是好，什么是坏"有共同一致的概念、看法和认知。

对于奠定集体基础极其重要的一点是，让孩子们追求善，与恶作斗争，通过自己的集体活动树立善的信念，同时也要对恶采取憎恶、不容忍、不妥协的态度，用孩子们已有的果断和坚强意志与恶作斗争。在孩子们的思想和心里，你在多大程度上树立了美善和对恶不妥协的概念，就会在多大程度上成为他们的教育者。我力求使每个孩子都能明白、能感受到，只有在集体中，才能成为真正的为善而战的斗士；集体斗争能带来极大的快乐，帮助人认识到自己的力量，感受到自己的美；在伙伴们的共同斗争中，一个人能认识另一个人，他会产生最重要的精神需求：对另一个人的需要，需要他的支持，希望他能帮助自己。在管理（领导）

其他人之前，人应该先学会管理自己，让自己做有良心的事，而要对良心的呼唤敏锐，就应该对善与恶非常敏感。只有当一个人，哪怕他还很小，但已经是一个人了，已经有了为善而斗争的道德经验，体验过、认识过这种斗争的乐趣，才能得到这种敏感性，而在最早刚开始共同建立某种美好、善良的事物的时候（没有这些美好、善良的事情，什么都不可能做到），这种敏感性才会被认识到，这一点永远也不能忘记。

学生的年龄越大，他为善而斗争、反抗恶的事情就应该越重要。我们的教师集体认为非常重要的一点是，要让每个人在童年和少年时期就接受这种集体斗争的训练。这首先就是用自己的双手进行劳动、创造和建立对善的认识。在集体教育中，没有什么比"口头上的热情"，口头宣扬坚决不容忍恶，但实际上却什么都不做更坏的事情了。要知道，在我们的生活中，恶首先就是懈怠、疏忽、对社会主义财产麻木冷淡、利己主义、庸俗市侩。我们要努力做到，让集体的成员在童年、少年和青春初期，因为为其他人创造物质和精神价值的统一思想和体验而联合起来。在寸草不生的土地上，培育一片小橡树林，把荒凉贫瘠的土壤变成能高产的沃土，这样的劳动只有集体才能完成，而且在劳动中，集体才能起到巨大的教育作用。

正是这种劳动用统一的信念和情感把人们团结起来，而且其中还包含着集体的一些基石，如思想一致和感情一致。一点点地积蓄自己的力量，学生能感受到、意识到集体是一个强大的力量，只有在集体中才能真正认识到人性的美。

年轻的朋友，你要善于用劳动把自己的学生团结起来，劳动中要鲜明体现一种为人服务、为人类的福利贡献自己力量的思想。在我们的身边，随处都可以开展这样的劳动。现在你的学生们面前是一片空地，他们都已经习以为常，看不到路边这片空地已经变成堆积场。要想办法让他们看到这片空地，想要在这里建造一片小树林，为夏日的行路人提供一个休息的地方。请记住，为别人造福而进行的集体劳动，也就是真正的思想教育的基础，集体的思想和感情基石在这里相碰撞、交织。但无论如何，都不要让学生在开始做一件事之后，半途而废，放弃已经开始的事情，这会使人堕落。也不要让你的学生们只会说，这也不好，那也不好，别人的都是好的，我们的都不好，却连手指头都不动一下，不去把事情做好。空话是没有任何教育意义的。集体是在实际工作中、在斗争中、在劳动中诞生、巩固的。

集体的基石之一是智力一致。这并不意味着，要让所有人对某个具体的知识领域都有同样的兴趣。相反，成功的"秘诀"在于，要让集体的成员们都有不同的兴趣和爱好，要让他们读不同的书。智力一致是对知识的普遍追求，是尊重科学思想、书籍、聪明有教养的人的精神。我是这样设想真正的集体智力一致的，比如说，七年级或八年级的班里有35个学生：8个人爱好数学，喜欢数学老师，7个人着迷于物理，还有8个人深爱着文学，9个人喜欢生物、土壤学和农艺学，等等。

这就是真正的智力一致。每个人都有自己的爱好，有自己的"干劲"，每个人都以自己的爱好来丰富集体。在这些多样的爱好中，集体的智力生活相当丰富。孩子们在上课之前，或者是放学回家的路上聚集到一起，争吵着，梦想着未来的科学和技术，这就是一件有趣的事：他们谈论的不只是大纲规定的知识，不只是教科书，让他们思想活跃的并不是上课时学到的东西。集体因为不断追求知识扩充而生机勃勃，这就非常重要。这个追求完全取决于，历史、地理、数学、物理、生物、文学课的教师们在多大程度上成为一个成功的教育者，在多大程度上用自己的科学智力财富俘获学生的头脑和心灵。这种集体教育首先是教师为争取学生的心灵而进行的聪明、机智的斗争。这实际上，就是在学校里建立几个智力生活的基地、中心，每个基地和中心都是由迷恋自己所教科学的英明教师来领导。每个中心都有自己的组织形式，比如说，我们学校里是科学课程小组，当然也有其他的组织形式。

[64]

集体怎样成为
个人全面发展的手段?

人是一个不可分割的整体(道德、智力、感情、审美、创造),由于集体中成员们之间关系在组织上的局限性,仅在一个集体中找到揭示、表达和发展这个整体的形式,是不可能的。所以,班级的基层集体不可能是完成个人全面发展任务的唯一集体形式。一个学生的兴趣在数学学习上,另一个喜欢生物,第三个喜欢文学,第四个则喜欢技术创造。

每个人除了这一个兴趣以外,还有另外一个或者几个爱好:音乐、绘画、做木雕等。随着逐渐成熟,有些正在发展中的爱好要求与其他人的活动完全不同的自己的活动。所有这些兴趣、爱好、活动的复杂性和多样性都不可能包含基层集体的工作组织形式中。前面已经谈过,如果教师成为一名教育者,他就不可避免的是集体的中心,而在这个集体中,智力兴趣的一致把这些青少年学生联合在一起。科学课程小组就是确保个人全面发展最必要的集体形式之一。六、七年级的学生就可以创建这样的小组,在一些智力生活蓬勃发展的学校里,这些小组里还可能有五年级、四年级学生。通常,这些集体中的学生都是同龄人。但这并不排除在同一个科学课程小组中，七年级和八年级学生共同工作，八年级和九年级学生共同工作的可能性。

除了对知识、科学、书籍的兴趣以外，学生还有其他劳动、创造的兴趣。劳动及与劳动相关的创造是个人爱好、能力和才能发展的一个重要领域。我们学校里还有一些劳动创造小组——技术小组、农业小组。它们也都是根据年龄组建起来的，比如说，有三、四年级少年机械专家小组，五、六年级少年机械专家小组，六、七年级少年无线电技术员小组，一、二年级少年园艺师小组，三、四年级少年园艺师小组，五至七年级少年育种家小组，八至十年级少年机械专家小组，等等。每个小组里的学生人数，最少是8～10人，最多是15～20人。这是些长期稳定的联合小组。有的学校小组已经存在20多年了，一些学生在这个小组里工作两三年后，转到高年级的学生小组里，其他一些人再来接替他们。劳动创造就像智力一致一样，是团结学生的有力因素。

无论是科学课程小组，还是劳动创造小组，都有自己的物质基地。课程小组是"思想室"（或"图书室"），这里的时间是最丰富、最充实的学生精神生活时间，是与书交流的时间，是马克思称为"智力游戏"的时间[11]。劳动创造小组是在工作间、实验室和"事务室"，学生们在这里解决劳动任务（设计、安装等任务）。科学课程小组的领导者是教师，劳动创造小组的领导者是教师和高年级学生。这是确保自我活动原则的一个重点。

还有另一种类型的小组——自主文艺活动小组、文艺创造小组、音乐小组、戏剧小组、文艺阅读小组。在这里产生、发展的兴趣，可以丰富个人的审美、道德、感情和智力精神生活。我们全体教师坚信，这是一种对学生心灵和理智的敏感、温柔的接触，没有这些接触，基层集体就不可能成为精神上的统一体。如果学生在以上任何一个集体中都不积极表现自己，我们就会焦虑不已。

我们把这些集体称作"艺术文化集体"，认为这个名称在最大程度上表达了这些集体中所进行的活动的本质。即使是最小的学生，也可以加入艺术文化集体。我们还有两个童话小组，每个小组有15～20名一年级学生，由高年级学生来领导。孩子们去"童话室"，高年级学生给他们朗读、讲述一些有趣的童话。小孩子们会改编一些民间童话。对他们来说，这个小组中最有趣的工作形式就是编新童话。

对我们而言，这些艺术文化集体中意义尤其重大的是儿童木偶戏，有40多个低年级学生参加（这个集体分为3个小组），由高年级的共青团员领导。

[65]

怎样培养服从和领导的能力？
怎样培养严格要求的精神？

如果学生的全面发展是在多个集体中进行（我所说的还远不是全部），那么，每个高年级学生都会成为领导者、教育者，许多少先队员也会有领导经验。这个时候，领导者就是由活动产生的优异者，也可能是在活动的过程中产生。通常，当一个人表现出自己是这个专业的能手，他就会被选为领导。孩子们愿意服从这样的领导，因为在这种情况下，服从等同于想要今天比昨天更好的愿望。在一些活动中，是以共同目标来鼓舞整个集体的，独立于这种积极活动之外的服从和领导，在学校里是不可能的。而且，非常重要的一点是，你用来培养集体严格要求精神的活动，要具有明显的社会、公民意义。

服从首先是对自己的命令。这一坚定行为要求高度的自觉。在少年、青年时期，尤其是童年时期，人只有在不仅了解含义，还能懂得感情思想的时候，才能理解活动的崇高目的（而社会、公民目的永远都是崇高的）。只有存在自我服从的感情行为，才可能有坚定的服从行为，简单点说，只有当儿童、少年服从自己内心的时候，他才能自觉听从伙伴的话。极其重要的是，要让领导者的意志以高尚的道德感情基础为依托，换句话说，领导者让集体去做的这件事，本质上应该是为人、为社会服务的事情。这里我们能看到集体的所有基石——思想、智力、感情和组织一致之间的密切联系。如果学生在即将开展的活动中看到一些使他感到激动、精神振奋的事，他就不会有不服从领导者意志、命令和要求的想法。

因此，我要建议年轻教师：通过劳动的道德，通过思想财富引导自己的学生服从。让领导者对学生的要求和命令，与他们自己良心的呼唤相结合。在进行具有重要社会意义的劳动时，让这些明天的公民在自己今天的劳动中就感受到公民意识，让他用同龄人和大朋友的眼睛看自己，让集体在规则、规范、要求中表达社会——全国所有劳动者的社会主义大集体的理想。

当我的小学生集体刚开始分成一定的统一体（小组、小队），能够自己完成社会公益性质的劳动，我就力求，这个劳动有其鲜明的思想核心，让每个孩子不只是理解，更要感受到自己活动的崇高性。

[66]

怎样教育少年列宁主义者，教师在少先队生活中的作用？

孩子们一加入少先队，就开启了社会政治生活的新阶段。多年经验使我相信，基层集体的教师、教育者的主要任务在于，要用崇高的公民理想鼓舞少先队的生活。少先队是儿童、少年的公民、社会政治生活最重要的组织形式。少先队员集体的生活应该是这样的，要让比个人爱好、能力、兴趣和对劳动、创作的爱好意义更重大的东西，鼓舞儿童和少年，使他们的精神更加富有，把他们团结起来。

我们全体教师认为，少先队组织是一所公民觉悟的学校，是苏维埃爱国主义者社会政治关系的学校。我们认为，少先队员和共青团员的主要教育任务在于，要使少年的心变得高尚，激发年轻心灵中的思想，使他们认为，对每一个苏维埃人来说，最珍贵、最神圣的就是我们的伟大祖国、社会主义制度、革命成果、为共产主义建设而奋斗。

要帮助少年列宁主义者建设自己所在组织的生活，让这些珍贵的东西在他们的心里牢牢扎根。

在实践中，要怎样实现这一点？首先在于，儿童、少年的活动中要有充足的社会政治和思想意识的意义。祖国、乡土、革命成果、共产党、伟大卫国战争的瑰宝,所有这些都应该作为最珍贵、深深打动心灵的个人的东西,进入少年心中,而只有当各种事情、行为、相互关系和社会活动中充满思想,这一点才可以实现。

我们学校的优秀教师总是操心,不要让实践工作中各种各样的事情遮蔽少年列宁主义者意识和感情中伟大、神圣、崇高的东西。参加少先队组织的全部时间里(5年),我们不断向少年列宁主义者揭示这些思想:前辈传给我们的所有物质和精神财富,都是付出了宝贵代价得到的,苏维埃的每一块土地都是由祖辈们的鲜血灌溉的;没有祖国,我们任何一个人什么都不是;只有祖国强有力的双手,才是使我们每个人精神振奋的神奇力量;如果没有在反法西斯战争中,为了祖国的自由和独立战死的两千万英雄,我们根本不可能体验到安逸的童年和少年时光的幸福;我们的神圣职责是为苏维埃伟大祖国的富强和繁荣而奋斗,要了解它,也要把它作为任何事情都无法比拟的最神圣的事情来珍视。

我们认为列宁少先队组织的最重要任务之一是,要认识祖国,用理智和心去认识祖国,让每一个明天的公民在认识这个最珍贵、最神圣的事物时,因为它的伟大、富饶和强盛而感到惊讶、精神振奋。要让每个少年的内心都有一种不断增强的责任感:我为祖国更加伟大、富饶和强盛做了什么?我们力求,使学生在用理智和情感认识祖国的同时,也能参加一些积极的活动。

我们的每个少先队都会组织"全国旅行"的讲述活动,这是一些有关我国自然资源和各族人民的有趣、激动人心的故事讲述。

少年列宁主义者面前有一幅地图,每个故事对应着我国的一个地方。孩子们用心从自己的家乡出发，一路向东。我们会给他们看一些有关苏维埃人民生活和劳动的图片、幻灯片。在少年的心里，打开了一个各民族真挚友谊的惊人世界。"全国旅行"会持续好几年，儿童成长为少年，准备加入共青团，而"旅行"还在继续。这可以加深孩子们对祖国伟大和强盛的认知印象。

"全国旅行"不只是用理智和心去认识现有的东西，更是对过去的回顾。我们给孩子们讲人民反抗社会压迫和外族入侵的斗争。共有一个家的情感，人民友谊的情感，是最复杂、最深刻的情感之一。如果没有对人民友好统一的伟大和美好、对人民团结一致为解放剥削和外族奴役者、侵略者所进行的斗争的个人信念，就不可能有这种情感。

要培养这种情感，必须要开展具有高尚思想的活动。我们的少先队员与其他兄弟民族的孩子们交朋友，与俄罗斯和白俄罗斯少年列宁主义者之间的友谊特别牢固。我们的孩子们与同住在第聂伯河畔的斯莫连希纳和白俄罗斯的少先队员们交好，已经超过了15年。每年的同一天、同一时刻，乌克兰、白俄罗斯和俄罗斯的孩子们都会去到河边，种下一棵"友谊树"。少年列宁主义者宣誓：我们这三所学校存在多少年，就会在第聂伯河畔种多少棵树。

孩子们在"友谊日"（我们这样称呼这个节日）体验到兄弟姐妹团结的激动情感，这种情感由于与兄弟民族孩子们的个人会面而得以加深。十年来，我们的少先队每年都会派出自己的代表，去白俄罗斯兄弟姐妹——戈梅利州科尔缅寄宿学校的少先队员那里做客，他们一年也会来我们这里一次。很难用语言表达孩子们在这次见面中体验到的深刻情感。每个人都有一个远方的朋友。几天之后，要分别的时候，孩子们眼眶中都噙满泪水。

我们全体教师都相信，人民友谊的情感，是人类内心活动中最细腻、最高雅、最崇高的活动之一。在这个活动中，社会与个人有机结合在一起。我们认为极其重要的一点是，小男孩、小女孩们把这种情感投入到了劳动中，每个少先队员在友谊日都会种下一棵橡树，纪念自己与同龄人的长久友谊。几年时间过去，小树长大了，就像母亲照顾儿子一样，照料它们也会使人的心灵高尚。

每个少先队都有一个神圣的纪念地，在国内战争或伟大卫国战争期间那里发生过战役。孩子们在这个地方竖起"活的英雄纪念碑"：在这里种下从有二百年历史的橡树上摘来的橡果。少先队员们因为一种思想而受到鼓舞：这个活的纪念碑至少会矗立五百年，不只是提醒人们纪念英雄，还为疲劳的过路人带来快乐。

年轻的少先队员沿着第聂伯河畔考察，在不远处找到了一块嵌入土地的大石头。抗击法西斯侵略者解放乌克兰的战争目击者讲道，这块石头在一天多时间里掩护了两个苏联战士的防守，他们是最早从第聂伯河左岸强渡到右岸的人。少先队员们找到了许多被子弹打碎的碎石块。他们在石头旁边种了两棵橡树，纪念这两位为保卫故土付出生命的英雄。在长久的寻找之后，找到了牺牲英雄的亲人，他们从遥远的西伯利亚到我们这儿来做客。已经加入共青团的少先队员们，把活的英雄纪念碑的接力棒交给了下一代少年列宁主义者。

敬重为苏维埃祖国自由和独立而斗争的逝者，是每个少先队最重要的思想。少年列宁主义者在几年间创建了"永垂不朽纪念室",这里挂着在伟大卫国战争前线牺牲的同乡画像。少先队员们小心翼翼地记录下陆上、海上和空中战争参与者的故事,作为人民的无价珍宝和荣誉。"谁也不会被忘记,什么也不会被忘记。"这句话已成为我们学生的座右铭。

[67]

怎样让共产主义思想
深入少年列宁主义者的头脑和心灵？

古拉丁谚语说："语言教导人，榜样吸引人。"我们全体教师认为自己最重要的教育目标之一是，要通过体现人最高尚的美德——为人民的幸福而斗争、在斗争中献身的精神、坚守信念、在克服困难时不屈不挠、对共产主义思想体系的敌人不妥协的鲜明形象、实例，来向儿童、少年揭示共产主义思想。我们力求，让每个学生在童年和少年时期，内心被真正为共产主义斗争的人完全俘获，使他变得高尚。孩子们刚系上红领巾，庄严宣誓之后，我作为教育者，一周会和他们举行一两次"共产主义阅读"。我们的每位教师都相信，这是他最重要的事情。这是教师与学生之间亲近的精神交流，少年列宁主义者的心坦率地在你面前打开，在这个瞬间，如果不和儿童待在一起，你就不能了解儿童心灵中的许多宝贵东西，从而，也不能用自己温柔的刻刀在你所创造的这个"人"的雕像上刻下最精细的线条。

共产主义阅读，是读书，是一些引人入胜的故事讲述。许多年来，我们形成了一套阅读和讲述故事的习惯。会朗读或给孩子们讲一些优秀共产主义战士的故事，比如捷尔任斯基、斯维尔德洛夫、拉佐、台尔曼、季米特洛夫、卡莫、伏契克、尼古拉·奥斯特洛夫斯基、尼克斯·贝洛恩尼斯等。还会讲讲伟大革命导师弗拉基米尔·伊里奇·乌里扬诺夫（即列宁）的生活及其为人类幸福而斗争的故事。

共产主义者的精神中，尤其使孩子们深受鼓舞和激励的，是他们坚守信念、不屈不挠、对敌人和思想意识形态敌人绝不妥协的精神。每次给少年列宁主义者朗读、讲述，共产主义战士、列宁主义者卡莫在监狱里遭受酷刑时怎样英勇不屈，即使是最残暴的刑罚都不能迫使他呻吟一声，说一句求饶的话，我都能看到，孩子们的眼睛里燃烧着钦佩的火焰。

这样的阅读越多，共产主义真理就越深刻地进入少年的心里。

我的朋友，请像珍惜无价珍宝一样，珍惜儿童和少年心中对于共产主义思想伟大力量和真理的惊叹、钦佩的情感。你要知道，用理智和心来认识周围世界真理的年轻心灵，是在努力了解最珍贵的东西，努力看到自己面前的模范、指路明灯和明亮的道路。不要熄灭少年心中永恒的火焰——对神圣、坚定真理、共产主义思想真理的信仰，对为这些思想进行斗争的信仰，而且如果需要，会为此奉献生命，这是人最伟大的英勇、最伟大的美德。

这种对神圣、坚定真理的信仰，对豪迈的思想美德的信仰，是由对共产主义者的故事阅读的火苗燃烧起来的，只有当一个人力求用自己的行为来表达共产主义者英勇生活中那些使自己惊叹、钦佩的东西时，这个火苗才会燃烧得更旺。不只是要做些事，还要用自己的行为、自己的劳动证明一些事，这是共产主义教育和自我教育的一个非常重要的规则。我们认为自己的教育任务在于，要让儿童和少年的劳动中充满高尚情操，而这个高尚情操是在用年轻的理智和心认识共产主义伟大真理的瞬间所诞生的。如果儿童生活中有共产主义劳动，那这个明天的公民会用劳动证明一些事情，正是由于这项劳动，他现在就已经是一个公民了。我们力求让学生通过自己的劳动证明：

在我们的社会中，人与人是朋友、同志和兄弟姐妹；

一个自由的劳动者想要在劳动中发现自己，在自己双手的劳动中创造自身的美；

一个社会主义社会公民是通过劳动，也只有通过劳动来树立自己的荣誉和尊严；

在任何小事中，劳动都可能成为创造，成为新灵感的源泉；

每个公民用自己的劳动来加强祖国的影响力，并使祖国变得更加强盛。

通过这些高尚的激励使劳动变得高尚，我认为，这就是对少年列宁主义者思想教育技巧的一个方面。

在实践中，怎样实现劳动的这种思想性？

对此，生活中有大量的机会。我们的每个少先队员都种下了自己的一棵树，为人们培育了一个花园。劳动成为一种无声的竞赛。每个人都努力在幼苗中注入极具个性化的、自己的东西。

我相信，每个人都在很快乐地与自己的幼苗相处，把它当作自己双手创造的一个作品，仔细观察它，并由此开始热爱劳动。每个人都在证明，他有能力通过自己的双手创造美。

我还相信，如果一个人通过自己的劳动树立高尚的思想，他就会引以为豪，坚持自己的原则。他高度重视这些珍贵的东西，在社会生活中，没有什么事情是与他无关的。这样的人会成为行动上的社会活动家，而不会说很多大话。他在少年时期，道德就已经成熟了。

我的朋友，你可能会有点怀疑：作者开始是在讲，怎样把共产主义思想深入少先队员的头脑和心灵，然后又转到了劳动上。这是因为，我们的时代是劳动创造的时代。应该教会年轻一代首先在劳动中变得勇敢。正是在为共产主义胜利进行的劳动中，人才在我们的时代中得以显现出来。

怎样才能让青年们在领取

印有伟大列宁肖像的
红色共青团员证时满腔热情,
使他们珍惜共青团员的称号?

你是一位年轻教师,会与高年级学生一起工作。我想给你提一点建议,这都是我通过亲身经历得来的。

一天的工作结束,我走回家,打开记事本,想想我这些少年朋友,我面前又再一次呈现出聪明的、笑眯眯的、快乐的、调皮的、沉思的、忧伤的眼睛。我建议你,经常独立思索,喜欢上那些思考青少年命运的快乐动人的时刻。

请记住,共青团是一些志同道合者的组织,是一些思想,信念,世界观,对生活、对人、对己的态度一致的兄弟姐妹的组织。共青团教育的一条黄金定律就是,尽力让青少年们精神振奋、充满热情,想法、思想和信念一致:我们志同道合,聚集在共青团这个奇妙的宫殿,准备为我们的思想、信念奉献一切,必要时,甚至奉献生命。

这种志同道合是什么?怎样确立,怎样在实践中实现它?

思想、意识上的志同道合是共青团员的灵魂和心脏。每一个持有共青团员证的人，都应该感觉到自己是一个共产主义战士。一个人受到伟大、优秀、高尚思想的鼓舞，是从我们面向未来的思想和观点开始的，我们共青团员都是为未来而奋斗的战士；我们的普通日常工作被未来的光环所照亮，在这个光环下变得明亮、浪漫、吸引人。思想上的志同道合就是为未来而奋斗，这其中是一颗颗富有共青团浪漫色彩的鲜活、跳动的心。我们回顾一下列宁主义共产党和共青团的英雄历史篇章：是什么带领我们吃不饱、穿不暖的先辈们与全副武装的外来侵略者进行殊死战斗？是什么在前几个五年计划里，鼓舞人们夜以继日地突击劳动？是什么帮助我们克服开荒初期的艰难困苦？是对未来的憧憬，是对最公平、最完美、最合理、最人性的体制——共产主义的向往。

但是怎样向每个人真正开启共产主义的未来？不是每个人都能飞向太空，或者22岁的时候获得博士学位，成为世界知名歌唱家，或会破译学者们多年来潜心研究却一无所获的古文字。我们大多数人不是宇航员、科学家，而是庄稼汉、畜牧工作者、泥瓦匠、车工。亲爱的朋友，我们来想想：怎样在毫不起眼的日常生活中，向少年们揭示伟大的思想，让每个人在劳动中看到的不只是生活必需品，还有更大的、无法计量的东西？

通往思想、意识志同道合的道路存在于劳动中，存在于毫不起眼的日常生活中，这种劳动有可能是一眼看上去令人厌烦的繁重工作，也可能是一种激发人们为世界创造美，为自己创造美而奋斗的美好事物。在我看来，共产主义战士的志同道合，是要走在自己时代的前列，成为未来的开拓者，在自己的劳动中看到未来，在自己的双手中感受未来。

我还记得，刚开始集体化的时候，村里的第一个拖拉机手感觉自己是个伟大的英雄。因为他是在未开发过的领域向前进，打破了几个世纪以来生产资料私有制对人的束缚，他开垦着荒地，控制着不可思议的怪物——机器。每一年，当我去一些14、15岁共青团员小组，跟他们说，父辈们建议他们做些什么，从哪儿开始做，我的眼前都会呈现出第一个拖拉机手充满崇高精神的双眼。热情的雅申科，身边的女孩们都这样称呼他，她们中的每个人都曾默默爱慕过他。

我的朋友，我跟你说说，我们学校共青团组织刚成立的时候，一共有25个人……摆在我们面前的劳动，是我们的先辈们已经重复过成千上万次的劳动：我们要种一公顷小麦，培育种子，交给集体农庄。可以再一次重复在我们的土地上不断重复的劳动，但也可以向前走一步，就像人们在共产主义时代那样劳动。我们所在的地区，一公顷肥沃的土地，一年最多可以产出35公担粮食，有时候可以达到40公担。现在我们来定一个目标：产出70公担。这样的产量以前从没有过，但自然的力量和奥秘还远远没有被人类所掌握。如果小麦的本性得到完全开发，那它的产量就可以翻一番。这是一项不同寻常的劳动，我们这些少年朋友也是不同寻常的人。共产主义时期，我们的土地就会有这样的财富——不单单是一公顷，而是一片广阔田地。而我们现在就获得了这样的财富。

实际上，我们的劳动确实是不寻常的。不只是从劳动过程的性质来说，许多事情都不像大面积种植小麦那样。不寻常主要在于，它占据了这些小男孩、小女孩精神生活的全部。这项劳动是为一种思想而进行的斗争，而这个思想激励、鼓舞我们，使我们团结到一个志同道合的友好团体。学生们感觉到，他们是不寻常的人，他们不是为了生活必需品而劳作，而是在任何人都没有去过的地方，开出第一块犁沟。

如果没有思想的一致，如果大家没有全部被崇高的共产主义思想所鼓舞，那集体中的任何组织上的联系都是衰弱无力的。我会想，有这样一个时刻：当我们亲手挖出土沟里沤好的粪肥，把它装到大车上，运到田地里，如果共青团员中有人拒绝去我们的"化肥工厂"，那会怎么样？如果发生了这种情况，这个人会被大家批评得体无完肤。伙伴们会说他是懒汉、好睡鬼、娇生惯养、四体不勤的人，所有这些都是真心实意的，没有任何"对问题的提前准备"，因为内心受到崇高思想的鼓舞，就会对周围世界的一切非常敏感，成为理智的捍卫者，理智亦会指引我们应该做些什么。年轻的朋友，请记住，这也是一个非常重要的共青团教育学规则——不要让心沉睡，要永远捍卫自己的良知……我们那时候，孩子们都说，真的是很用心、拼了命在劳动。土沟里倒下的粪肥，已经变成了细碎的腐殖质，我们把它运到田里，就像种子一样撒在土地上，让每一株麦苗都得到营养。我们看到一本科学杂志上说，淤泥是小麦地里的好肥料。池塘里有着已经积聚了几百万吨的淤泥，我们把它们挖出来，装起来，拉到庄稼地里。冬天下过雪之后，我们会去田里，把自己这一公顷田里的雪都清扫出来，用来灌溉土壤。春天再给小麦追肥。夏天的时候，每个共青团员都在忙自己的工作——有人在养殖农场劳动,有人去蔬菜园里劳动,我们中间还有一些蚕农。种植小麦是一项额外劳动,我们会在早上或者晚上聚集到一起去小麦地。

为了保持水分,让小麦分蘖,我们还用小锄疏松了几次土壤。一株株麦苗和沉甸甸的麦穗使我们感到开心,我们一粒粒数清楚麦穗上的麦粒,在收割庄稼之前,还会称一称麦穗。庄稼丰收是我们的一个节日,大家都穿着节日盛装,每个人的心里都在庆祝,但也会担心:我们这一公顷地能有多少产量?结果是,土地无私地回报了我们,一公顷地产出了70多公担粮食。

在这个快乐的时刻,学生们彼此离得有多近!所有小麦收割称重之后,这些共青团员晚上都聚集到了学校,尽管没有一个人召集大家。我们想要在一起,想要一起梦想,感觉自己就像是一场战争之后的胜利者。我们似乎攀登到了一个顶峰,我们的面前,阳光下又有一个新的闪闪发光的顶峰。我们梦想着:有一天,我们的土地平均能产出80公担、90公担粮食。农业技术改变了,新的机器在土地上工作,黑色的土地被耕耘,就像种植甜菜、玉米那样去耕耘,粮食产量是以前的三倍。我们的心因为自豪感而颤动,因为对未来的憧憬而颤动。

[69]

怎样培养共青团员，
让他们每个人想要不断变得更好？

我看到过，这些少男、少女相视而笑，就像是在仔细看着彼此的眼睛。

伟大思想的鼓舞创造了我们每个人自己的美。年轻的朋友，我们好好想想，仔细思考一下，共青团教育学的这个真理：应该这样教育少年们，让每个人都感觉到自己是美好的。要让这种道德上的美好滋养人的伟大自豪感、公民的尊严，让每个人不只深入思考自己身边的人和事，而且也能看到自己。如果一个人不对自身的美感引以为豪，那他就永远也感受不到良心的责难，长辈们充满善意的教导和责备的话语就永远也进入不了他的内心。只有在集体受到共同思想的鼓舞时，才能培养出自己的美感。

我们确实是向未来迈出了一步，我们的劳动因为崇高的共产主义思想而变得高尚。但好话也不能一直重复，否则就会变成陈词滥调，就像一个玩忽职守的工匠手里的工具。如果每次遇到困难，都使用这个脆弱、柔和的工具，就会令伟大、神圣的东西变得庸俗。那么，应该在除草的时候，在酷暑里工作一天，然后教师立刻提醒说：保尔·柯察金采伐木材的时候，是在什么样的条件下工作的？阿穆尔共青城的第一批建设者经历了什么样的艰难困苦？不，不能这样教育，否则，锋利的工具就只能剩下一个木把，这在少年的心里，什么效果也起不到。请努力做到，让共产主义的崇高精神作为一种自作用的内心道德力量存在于每个人的心中，尽量少使用最锋利的工具，只有这样，它才能对青少年产生影响。

但是，感觉到自身的道德美，并不意味着孤芳自赏。体验到因自己产生的自豪感的同时，人也能感觉到对自己的不满足。他想要变得更好，否则也不可能获得自身的道德尊严。这是一条非常难理解的少年道德发展规律：人只有在他今天比昨天好的时候，或者他发现了同伴和自己身上一些全新的东西，想要使之更加优秀、更加完善的时候，才会想要变得更好。共青团教育学的一条非常重要的规则是：要让少年永远在成长，不断变化，永远也不要停留在昨天的样子。还有一点非常重要：要让人意识到、感觉到自己的成长。年轻的朋友，要担心自己学生道德发展的停顿，要害怕道德上的僵化。不要让人在一段时间内感觉到，他无论如何也无法根除自己这样或那样的不足。

怎样激励人不断地
进行道德发展和完善?

这完全是最有趣的工作之一,而且在我看来,还是在少年的教育工作中很少被研究的一个领域。我们的教师集体制定了一条规则,可以用几句话简单概括:要让人追求自己的道德美好和完善,他应该看到自己身边的人——自己同伴的道德美好和完善。如果不通过对待其他人的态度,不与人交往,一个人是不可能形成自己的"我"的。如马克思曾写道,要形成自我意识,"人起初是以别人来反映自己的。名叫彼得的人把自己当作人,只是因为,他把叫保罗的人当作是和自己一样的人"[12]。学会像对待别人那样对待自己,未必会有任何一条集体教育技巧的诀窍不在于此,遗憾的是,许多教育者无论如何都学不会这个诀窍。

我们坚信:集体教育力量的源泉首先在于集体劳动的过程中。当一个人在丰富的集体道德生活中,在自己的伙伴身上发现昨天没有看到的东西——"发现人",正是因此,形象地说,他会看看自己,评价自己,比较一下:我身上昨天有什么,今天又有什么。这是集体精神生活中一个极其重要的时刻。教育青少年的时候,请尽力做到,让你的每个学生都能在集体劳动中,在同伴的眼中,看到伟大目标鼓舞激励的光芒。让哪怕是最不活跃、似乎是最冷漠的学生，在像照镜子一样看过同伴的眼睛之后，也能看到自己的思想和追求；让学生停留在惊奇的状态中，让他的心里燃烧起因伙伴而骄傲的光芒。要知道，只有做到这一点，你才能把关于自我的思想光芒照进学生的心灵。

所以说，在教育工作中，用劳动来激励集体，意义多么重大。要善于用鼓舞人的事情，把青年男女的思想和情感联合到一起。要让每个学生，在看到自己同伴身上真正的人性的美德之后，都能问问自己：我达到这个美德了吗？我能拥有这个美德吗？我明天能比今天更好吗？

人有多严格要求自己，对自己有多么苛刻，决定着他的道德面貌。少年的心灵通往公民英勇、美好圣地的道路，也取决于此。

[71]

怎样能让少年
对我们的生活和斗争不无动于衷？

这里说的是少年时期的珍宝。每一个少年共产主义者在自己的思想和心灵中，都应该有神圣、珍贵，任何事物皆无法比拟的东西。心灵和思想中的珍宝，就是我们的苏维埃祖国，她的荣耀、光荣和强盛。所有其他一切，在她面前都会黯然失色。

培育爱国者和公民，是我们共青团教育学最主要、最复杂的任务之一。让每个少男、少女都爱护这个珍宝，小心翼翼地把它放到自己的心里，让祖国对于每个人，都是照亮其他一切的光明，让人只能在它的光芒下，看到整个周围世界，主要是能看到自己。

这里我们要说的是公民感的教育，我在脑海中一直把它称为"最神圣的教育"。一个人只有内心敏锐、勇敢，才能成为爱国者和公民。爱国主义，形象地说，就是情感与思想结合的产物，不只是用理智，更是用心来认识祖国这个珍宝。这个认识开始于，一个人在周围世界中发现有另一个人万分珍贵，他愿意为其奉献出自己的全部力量。爱国主义是从爱人开始的。爱国主义的梦想、对世界的感知、对祖国的情感，都来源于对自己在世界上最可宝贵的这个人——母亲的爱。维·戈·别林斯基曾写道："自然界中最伟大、最崇高的东西就是人，而这个伟大和崇高的顶点就是母亲。"[13]爱国主义的概念在许多代人意识中，是从这个人性的珍宝——生养、哺育我们的母亲那里得出的，这也并非偶然。30多年从事青少年教育工作的经验使我有权坚信，培养对母亲这个人类至高点的亲切、诚挚、温柔、关怀的态度，是共青团组织最重要的思想、政治任务之一。

在一个对自己母亲冷漠、无情、严苛的人的心里，任何美德都找不到落脚之处；一个抛弃埋葬着自己母亲遗骸的祖国、投奔他国的人，会成为无耻的背叛者。飞廉丛中开不出玫瑰花。一个没有诚挚、柔情和热忱的人，不可能成为爱国者。

年轻的朋友，请了解共青团教育学的基本原理：一个人应该爱别人，应该仔细感知周围人的快乐与忧伤。这种对人的感知要从母亲开始。我们想一下，组织过多少次星期六义务劳动、星期日义务劳动、劳动周、劳动月、抽查和远足，可是找不到哪怕只有一个机构的书记会问共青团员们："朋友们，你们最近为自己的母亲做了些什么？"我要建议青少年教育工作者：

请在我们相当丰富的语言中，找到像露珠般纯净透明的话语，就像潺潺流动的泉水，像童话里的神水，歌颂人类信任和忠诚永恒的美——妈妈，亲爱的妈妈。让每个少男、少女把这种美带回自己的家，让他们把自己心灵的力量奉献给母亲。

我告诉小男孩、小女孩们：

"今天是一个重要的日子，你们取得了共青团员证。去和自己的母亲分享这个喜悦吧。给你们每个人分一棵苹果树苗，拿着它。这是个罕见的苹果品种：透明的粉色苹果会映出柔和的朝霞，在大风来临前,会映出深红的晚霞。我们把它称作'母亲的苹果'。要好好爱护这些树苗,就像爱护母亲一样。"

这就是最有思想、最政治化的、最有集体意义的教育。在七月一个晴朗的夜晚里,我的学生,我的少年朋友,从"母亲苹果树"上摘下果实,拿去给母亲,对我来说,这就是一个攀登到教育智慧顶峰的快乐时刻。

爱别人,是培育出爱祖国、为祖国服务的花朵的沃土。要让这朵快乐的花盛开,每一个小男孩、小女孩都应该用理智和心去认识我们伟大的祖国。每个人都应该为自己是祖国的儿女,自己是祖国几千年荣耀和精神财富的继承者,是英雄祖国今天的创造者而感到自豪。

青少年的教师怎样在实际工作中做到这一点?

要对青少年说一些火一般热情的话,告诉他们,我们国家从古至今所走过的艰难又光辉的道路,通往美好未来的坎坷道路,要让年轻的公民感觉到自己是千年历史的旅行者,对先辈们留下的一切负有责任,有义务把这一切无价珍宝传到未来,不在前进的道路上扔下一点财富,不忘记在为伟大光荣祖国而作的斗争中所获得的任何一个智慧真理。

这是一些关于祖国儿女的火热话语,他们的名字就像永恒的明星一样,永远在祖国的苍穹闪耀,而且将永远是年轻人的指路明星。

可能有人在读完这些之后,会哑然失笑。可能有人会想:你是不是高估了语言的力量,是不是把愿望当成了现实?不,所有这些都是存在的。语言是战场上的统帅,是一个拨动人心灵中沉睡琴弦的乐师，知道拨动哪根琴弦，才会奏响美妙的音乐。在像这样讲述珍贵和崇高思想时，我会拨动那些称之为公民觉悟、人性、荣誉、尊严的琴弦，直接与每个人生动的内心交流，在我面前的，不是什么抽象的受教育者，而是科利亚、柳芭、瓦尼亚、加利亚、季娜、舒拉热情洋溢的、闪闪发光的双眸。只有当教师把触动科利亚、柳芭、瓦尼亚、加利亚、季娜、舒拉的心作为目标，而并非教育一个抽象的爱国者（实际上自然界中也不可能有这样的人），其语言才能热情似火。

这也是我们的共青团教育学的一条黄金定律。

关于真正的祖国儿女，我们有几十个鼓舞人心的故事。我给学生们讲遥远时代，也讲不久前的激情岁月。我的这些少年朋友，屏息听着扎波罗热哥萨克的故事：他们的皮肤被活活扒下，伤口上烙上了烧红的铁，要他们背叛祖国，或者默默顺从，但他们却骄傲地把自己的脸靠近敌人，说出了烈火一般的话："不！"还有谢尔盖·拉佐的故事，因为自己的共产主义信念，他被活生生地扔进机车的火箱。以及我们的两个同乡——英雄少先队员的故事，法西斯分子对他们进行了非人的残酷折磨，没有得到一点游击队的秘密，就把他们活埋了。我看到，我的少年朋友们眼中燃烧着憎恶敌人的不灭火光。如果告诉他们：少年朋友们，苏维埃祖国号召我们上战场，为祖国的自由、独立、光荣和强大而战，那他们中的每一个人嘴里都会高喊着祖国，投入殊死战斗。

只有痴呆或道德堕落才会关闭语言通往人内心的道路。语言是为人的心灵而斗争的英勇战士，一切都取决于语言背后的教育者。有些话就像白痴一样消瘦、丑陋,有些话就像枯茎的影子一样孱弱无力、内容贫乏,有些话就像为人照亮道路的永恒明星一样灿烂、历久不衰。要努力使你的话成为指路明星。

[72]

怎样用社会主义祖国的思想充实共青团员的精神生活?

这里又要再次说到一个精细、复杂的事情,用爱国、为祖国服务的伟大、美好和崇高精神使个人变得高尚。这是引起沉思、使人日夜思虑的崇高精神。如果我们的科利亚、柳芭、瓦尼亚、加利亚、季娜、舒拉没有通宵达旦地看书,这些14岁学生,没有执着追求生活的目的和意义的思想,读关于马克思、列宁、亚历山大·乌里扬诺夫、尼古拉·基巴利契奇、费利克斯·捷尔任斯基、尤利乌斯·伏契克的书,我简直无法想象共青团教育。

他们中的每个人,受到了教师关于爱祖国、为祖国服务的炙热话语的鼓励,去寻找,并且找到了自己的书,找到了自己在祖国苍穹上的明星。每颗心都惊叹于那些对祖国忠诚的英雄楷模,沉迷其中,学生们在春日的夜晚阅读着自己的这本奇妙小书,心潮澎湃。没有对个人、个性化的沉思——我是谁?我是什么样?我到今天是怎样生活的?以后要怎样生活?我会给社会主义祖国带来什么益处?真正的共青团教育学就会变成空话。

年轻的朋友,如果你想成为一个真正的共青团员教育者,就要好奇,这些男孩、女孩在独立思索自己的时候,在做什么、忙什么、读什么、想什么。他们是否愿意独立思索自己？如果不愿意，那情况就不妙了，这意味着没有个性化的精神世界，而没有个性，也就意味着没有集体。

我们学校里有一个称作"思想室"的房间，那里永远都很安静。书架上摆放着一些讲述祖国英雄儿女的书，让学生们去看看，找找适合自己的书，找到自己的明星、自己的指路明灯。不让任何一个学生错过这些书，我认为这是青少年教育工作者的重要任务之一。每次讲完爱国者的故事，成功拨动了少年内心最珍贵角落里敏感的琴弦，我都能看到，有几个男孩、女孩去了"思想室"。祝你顺利，我的少年朋友，你现在在攀登自我教育最艰难的台阶。比如说，我第一次看到窗户边，玫瑰花丛的旁边，有一个蓝眼睛的高个子男孩，同学们叫他瓦尼亚。他现在14岁，已经比父亲都高了。我开始担心，瓦尼亚太过于用儿童的眼睛看世界，我一直在等，但没有等到他的心和理智因为成年人的思想而激动。直到我看到他的手上拿着一本讲尤利乌斯·伏契克的书……瓦尼亚，你要成为一个男子汉。把书借回家去读，去想想，你会一晚上都睡不着觉，你的心会因为成年人的思想而激动不已。

青少年的自我教育正是由此开始的。

但这只是刚刚开始，必须要进行大量的劳动，让青少年的精神成熟。

[73]

青少年的精神是怎样成熟起来的？

我们会听到一些争论：青春期是从什么时候开始的，14岁还是16岁？什么年龄加入共青团好一些，14岁还是15岁？近些年来，学者们一直在担心早熟的问题——少男、少女的身体发育加快，同时社会、精神、道德的发展却很落后。

我们全体教师都坚信，青春期是从十二三岁就开始的。如果你想让一个小男孩的精神成熟，就请帮助他迈出在公民舞台上的第一步。童年和少年时代对一切漠不关心，就是精神幼稚的根源。在青少年的生活中，应该关心一些事情。我指的是对我们的人民、社会和国家的关心和担忧。要让我们的小男孩、小女孩刚一进入青春期，就操心、忧虑、关怀他们周围的一切。无论是近在眼前，还是远在天边的事情，生活中没有什么是与他们毫不相干的。教青少年用公民的视角看世界，是教育智慧的顶峰之一。最主要的是，要让男孩、女孩们在对社会的关心和忧虑中生活，要让社会事务成为他们的个人事务。

那么在实际工作中，怎么做到这一点？

当一个人开始思考自己为别人做了些什么、给予了什么，他的公民意识就开始发育成熟。这是青春期道德财富的重要来源。可能只有那些在十二三岁就已经拥有道德财富的人，才能用理智和心去认识祖国。如果没有获得道德财富，那你的语言就不可能热情似火、鼓舞人心，无法让青少年思索"我为什么生活在这个世界上？"。而正是因为这种思索，年轻人在阅读谢尔盖·拉佐的功勋事迹时，会思考自己，他的心会静止，然后因为意识到自己掌握了伟大神圣的事情而怦怦直跳。可能你听过一些青少年教育工作者抱怨说：你在给他们讲一些神圣的事情，讲英雄主义、英勇无畏和自我牺牲精神，但不知为什么，你的话根本没有进到他的心里……话没有深入内心是因为，心里装满的只有需求带来的快乐，实际上它是贫乏、空虚的，里边没有为其他人创造快乐的道德财富。

要一点一点积累青春期的道德财富，从童年、少年时就开始积累。人在十二三岁的时候，应该能在回顾过往时，看到他为别人做的事，并引以为豪：这就是我的劳动。这种自豪感就是共产主义思想性的精神武装，是思想一致的基础。

我的这些少年朋友10岁的时候，就决定为别人建造一个葡萄园。我们的面前，是小山丘南边的一个斜坡，被灼热的阳光烧焦了，毫无生气，土壤贫瘠。但正是这里，可以产出几十公担"阳光浆果"。我们就开始劳动了：清除斜坡上的杂草，挖了几百个坑；给每个坑里倒上了淤泥和腐殖质，按照长辈的建议，还挖来了那些消灭葡萄园害虫的植物根部土壤（民间有这样的"植物医学"）。从一个地方向另一个地方搬运了几百吨土；为了不让水分流失，每一株葡萄苗周围都要有屏障。对于教师而言，这就是最困难的时候了,因为单调的体力劳动本身不会令人愉悦,也不会带来任何满足。那么,什么才能激励少年们参与这项劳动呢?是语言,只有在少年的心里燃起为人服务的公民感的炙热语言。我相信,充满共产主义信念的语言具有强大的力量。

有葡萄藤发芽变绿了,我们已经在欣赏自己的劳动了。现在我已经不害怕,沉重的体力劳动会损伤谁的精神力量,让人轻视劳动。而我们的劳动才刚开始:还要给植物浇水,保护它们免受霜冻。

几个月过去了,几年过去了,照料葡萄园成为我们每个人珍贵、亲切的事情。我们与土地紧紧地连在一起。第一批果实成熟了,公民感的盛大节日到来了。小孩和老人都到我们这儿来了,我们用果实招待他们。我们还把这些阳光浆果带去给病人,我们的心因为他们的感谢和善良祝愿而加速跳动。

这就是教育智慧的一个顶峰:让十三四岁的小男孩、小女孩听到人们对于他们的真挚、热忱和仁爱的感谢。很难找到另一种力量能比这些简单的话语更鼓舞人心了。我的学生们体验着无与伦比的为别人创造善良的快乐。现在,炙热的语言已经在他们心中扎根了,激励他们参加一项又一项新劳动,这种鼓舞已经成为每颗心内在的精神力量。我相信,现在每一个人不只是在集体中,更是在独立思索自己的时候,能够展现出公民的自我牺牲精神。

那么,在什么条件下,社会事务能够成为发自内心的个人事务?年轻的朋友,就是当自己的良心不允许你对别人冷漠无情的时候。

我们为别人培育葡萄园的土地,成了我的学生们自我公民教育的田地。他们的眼睛从公民的视角看世界，世界上没有什么与他们每个人毫不相干的事情。繁重的脑力劳动锻炼了他们的精神意志，少年们成了真正的男子汉。我很高兴看到，当体力劳动高度紧张的时候，少年们会以另一种方式思考：他们想的是怎样克服困难，而不是这个困难能不能克服得了。

[74]

不要害怕困难，就让它困难吧，
没有困难就没有对少年的思想教育

克服困难的过程，能够培养人的勇气，鼓舞人的心灵，不是让人变得冷酷无情，恰恰相反，是让人对善意温厚、敏感，对恶绝不妥协、毫不留情。

我们为自己的学生开启的生活，不是一条平坦的小路。青少年，尤其是男孩，应该对一切做好准备，应该准备好接受最严苛的考验。请教会少年们足够勇敢坚毅，时刻准备好应对前进道路上遇到的艰难困苦，不要被它们弄得惊慌失措、筋疲力尽。身体上的坚强伴随的是精神上的坚毅。年轻的朋友，请检查一下，你的学生，16岁的少年，是否能经受住一整天的严寒，不单单是闲着待在那儿，还要在严寒的天气里工作。是否能在灼热的阳光下走完40公里路，在这之后还能劳动几个小时？是否能忍住半天不喝水？所有这些，都不应该以某些人为的、故意的练习来完成。在生活中，在日常劳动中，都有可能出现这样的艰难困苦。我们不会跟青少年说：去练习耐力。我们会给他们一些劳动任务，这些都是和他们同龄的集体农庄年轻庄员所从事的：在严寒的一月去田里，把干草装到拖拉机的挂车里，拉到养殖场。少年们认识到，这项劳动并不是练习,而是为了让奶牛能够产奶,因为没有干草,就没有牛奶……

如果一个人在少年和青春初期就学会克服艰难困苦,他就会看到那些娇生惯养、无所事事、弱不禁风的"妈宝孩"看不到的东西。

[75]

请珍惜青少年
纯洁的精神热情

每次谈到青少年的教育问题时,我都会反复说公民的忧虑。这是我们整个共青团教育学的核心。年轻的朋友,要像怕火一样害怕冷漠。这是最可怕的地狱,这里会产生庸俗、市侩的人,他们对一切漠不关心,只遵循着自私自利者无耻的道德观:"不是我的东西撒了,就不是我要勇敢站出来的时候。""我的公鸡已经打鸣了,才不管那里天还没亮。"少年的双手为别人创造得越多,他的心就越纯洁、越高尚。他能感受到人们的快乐和忧伤,能感受到社会的灾难和忧虑。青少年公民看周围世界的目光,是要寻根问底、百般挑剔的,他天性不爱安静、四处奔忙,高尚的心灵永远也不可能与恶、与对公共利益麻木冷淡、与侮辱人的尊严共存。青少年的心会冲动、抗议、愤怒,它会促使人变得高尚、美好,哪怕有时候可能会有一些过激、冒失的行为。

请记住,良心对恶的第一个反应、第一个愿望,通常都是最高尚的。

不要对良心的呼唤充耳不闻。不要用逻辑思维和推理束缚青少年的高尚热情。随着时间的推移,所有这些都会变成成熟的智慧、审慎、三思而后行的能力。但是，只有当青少年对世界有了伟大的发现——对善与恶有了复杂、痛苦的用心认知，感到惊惶不安时，他那颗因为憎恨恶、准备好击碎恶的心才会快速跳动。不要让你的任何一个学生像鱼那样内心冷漠。请明智一些，在评价一些好的行为时，要避免轻率。不用担心，只要有一颗炙热的心，就一定会有冷静的理智的。

生活中会有一些邪恶的事，似乎没有直接的肇事者，它就像是命中注定的祸事，人们在看到这种灾难的时候，有时会同情地摇摇头，说句"没什么，什么都不用做"，就直接走过去了。要害怕青少年在这种情况下的无动于衷。这是最可怕的内心堕落，会带来极大的危害。如果你有一两次无动于衷地走过与自己无关的灾难，那你就会永远对人类的担心和忧虑无动于衷。

在没有明确的灾难肇事者的时候，就请唤醒青少年心灵的担心和忧虑。让他的心里燃烧着永不熄灭的热情：我应该做些什么，如果就这么走过去的话，我就会成为一个自私自利的可怜鬼。这个火苗不是凭空烧起来的，而是以对与自己无关的事情的关心和担忧的道德体验为燃料。

下大暴雨的时候，集体农庄的羊群里有 20 只羊羔不见了。很显然，暴雨把它们赶到了灌木丛或芦苇丛里。它们可能陷在了暴雨之后形成的淤泥湖中。我们听说了这件事。孩子们，我们去找羊吧，它们还这么小，都还是些小羊羔……我们带着两三天的食物，走向了一望无际的第聂伯河沿岸河滩，一只接着一只地救出了羊羔。我们的心因快乐和自豪而激动不已。回去的时候，我们身上被蚊子叮得全是包，非常疲劳，但很幸福，精神也成熟了。我把这样的集体行为称为"热心课"。

它唤醒了内心对灾难、痛苦、忧虑的敏感，如果不上热心课，这些事情就会变成冷冰冰似乎又很公平的"格言"："没有我们也能解决好。"

我不把热心课看作是一件独立于周围世界的事情。年轻的朋友，这是一种公民生活，就是别林斯基怀着对未来人类命运的忧虑所说的公共利益的大世界。

[76]

怎样教共青团员生活在公共利益的世界里？

我曾经听过一位主管课外工作的副校长做报告。他详细介绍了学校的社会学办公室：墙上挂着哪些挂画和图片，怎样文艺地装饰这间屋子。一张大纸上写着共产主义建设者的道德准则，还做了红色的边框……但是对于马克思列宁主义科学的伟大真理应该怎样进入少年的内心，并永远深植其中，却是一句话都没提。当有人问在这方面应该怎样做时，这位副校长一个字都回答不上来。因为关于他们的社会学办公室是有严格命令的，但是对于心灵却是什么命令都没有。我想，那些只能看到管理命令，却不明白，没有灵魂和心灵，这一切就只是零的人，带给教育事业的只能是弊大于利。我认为，热心课在教育工作的所有环节和形式中都是非常重要的。

有一次，我们和睦的一家人（我们这样称呼自己的共青团组织）一起筛选玉米棒：最好的粮食要装到车上，运去国库，差一些的玉米棒则运到猪饲料仓库。有个人从旁边过来悄悄地跟我们说：你们就把不好的玉米棒放在车厢底，上面用好玉米棒盖上，仓库的人只检查上面的；因为我们要交很多玉米，计划就是这样的……我看到，共青团员们互相交换了眼神，为他感到羞愧。瓦尼亚脸红到了耳根，季娜垂下了眼睛。那个负责人走了，我的这些学生站在那儿，我也站着，心里在想：嗯，你们会怎么做？前几节热心课教给你们什么了？

"这算什么？"舒拉低声说道。

之后他们再没说过话，只是倔强、顽强地把最好的玉米棒装进车厢。之前建议我们偷奸耍滑"完成计划"的那个人来了几次，默默地看着共青团员们的工作，皱起眉头，却一句话也没说……一个人的良心哪怕只有一次对邪恶、欺骗、不公作出反抗，他就会对周围世界的许多现象非常敏感，看得到无所事事和浪费行为中不好的地方，不向谎言和欺骗妥协。

请尽力做到，让一个人在青少年时期就关心集体和社会财富。农业生产中有一些劳动紧张密集的时期，在那时候，任何一个少年、青年都不应该脱离劳动，脱离对人们灵魂和忧虑的关怀。

春天到了，集体农庄里要播种几千公顷的粮食、蔬菜和经济作物。如果没人及时除草，庄稼可能就长不成。集体农庄庄员们这时想的都是，怎样用最好的方式组织劳动，怎样充分利用工作时间的每分每秒。你作为教师，应该操心让学生集体也要参与紧张的劳动和社会活动，让青少年去那些在很大程度上决定公共福利和经济成就的生产地段劳动。不要把学生们的劳动当作是独立于成年人劳动的东西。学生与成年劳动者的关系应该是这样的：学生所创造的物质财富，正是成年人所热切期盼的；让儿童、少年和青年把自己的儿童劳动和学校劳动看作是成年人的劳动。少一些学生集体劳动中程式化的书呆子气，这就是我们培养人从小关心公共利益的精神时提出的要求。

我们在自己的教育工作中要努力做到，使学生们的劳动精力和付出都是社会生产这栋建筑中一块块独立的砖头。这样，一、二年级的小学生在暑假的时候，就会集体在地里劳动几天，为小牛犊准备最有营养——富含维生素的草料。

最终的劳动成果是，准备了几十吨最高质量的饲料。割草、晒干、储存都是由孩子们完成的。四、五年级的学生们培育西红柿、白菜、黄瓜等蔬菜种子。除了他们，集体农庄里没有任何一个人做这项工作。孩子们心知肚明，如果他们不为社会生产这栋建筑贡献自己的砖头，那它的建设工作就会耽搁。因为最早开始的劳动生活就是为了公共利益，所以劳动也变得高尚。

年龄大一点的少先队员和共青团员执行更艰巨、更有意义的劳动任务。集体农庄里每年会分出 10～15 公顷地给少先队和共青团，他们在自己的这几公顷地里种植小麦、玉米等作物。在这里，从第一次耕地到收割庄稼，再到上交粮食，整个农业劳动过程都是由学生们完成的。

他们感觉到自己是与成年集体农庄庄员一样的劳动者。共青团团委书记和少先队委员会主席被邀请去集体农庄管委会大会上作报告，就像那些成年人支队的支队长一样。创造经济利益在学校集体的精神生活中占据重要地位。对物质财富的关心为学校集体中的相互关系、少先队员和共青团员的整个思维结构赋予了一种特殊色彩。为了培养思想上的成熟、成年，我们要关心的不只是学生与成年劳动者的经济关系，更要关心学生集体内部的经济关系。

[77]

怎样建立学生集体内部的劳动关系？

年轻的朋友，这里我们要说的是集体创建和教育的一个尤为重要的因素，是物质关系，一些概念的物质表达，比如责任心、领导力、服从、互助、合作、经验交流。

如果没有对物质财富的责任，那么所有关于责任心的话都只是小儿的咿呀之语。如果集体成员间没有互助合作、友好交流想法与经验，那么就没有也不可能有任何集体。

我们学校的少先队组织有一个小型机械化小队。小队里有一些机械，可以在学校教学试验田的工作中使用，也可以在儿童综合技术小组中使用。小队里有一个由教师和高年级学生组装的小拖拉机，少先队员们用它在学校的土地和花园里耕作。还有两辆用来培训小学生的小车、两台播种机、一台脱粒机、几台簸谷机，所有这些机械都是在学校里制作的，用于儿童劳动。

共青团组织有一个少年机械专家小队。小队选出一个队长、两个助理、两个技工，里边还有一个少年电工技术员小组。就像少先队员和共青团员说的，小队拥有"成年人的"技术装备——拖拉机、汽车、联合收割机、播种机、簸谷机。队长和他授权的助理是这些技术装备和修理厂的主人（他们还有电池充电设备、电焊机），由他们任命少年机械专家在一定时间内完成某项工作。在小队里获得机械专家的工作是一项很大的荣誉。在让一个人使用拖拉机之前，少年机械专家小队队长会给想要劳动的人做一个完整的工作统计（比如，学生在车床上制作机器零件，参与新机械的设计和安装）。在春夏田间劳作期间，队长会安排少年机械专家在地里（包括少先队和集体农庄的土地）工作的顺序。

少先队和共青团组织里还有两个小队：少年农艺师小队和少年园艺师小队。这两个劳动集体负责的是试验田、花园、学校小树林，管理植物栽培和园艺手工作业器具。

经济、物质关系的经历，使共青团和少先队组织成为许多物质财富的主人。我们的少先队员和共青团员自己管理学校教学试验田、花园、菜园等账户上的资产。学生们把卖水果、蔬菜、树苗所得记在收入账下，交给会计处，一年时间里积攒了很大金额。共青团委员会和少先队委员会把钱用来购买乐器、组织旅游参观，丰富共青团员和少先队员的生活经历。

与劳动密切相关的经济、物质关系是一根把跨年龄集体中的学生联系起来的牢线。

[78]

不能凭空建立跨年龄集体

当然,物质、经济关系会伴生另一种关系——精神关系。构成经济关系本质的劳动越有趣,不同年龄学生间的精神关系越深刻。当同一个集体中工作的儿童、少年和青年控制机械,掌握复杂的实践能力和技能,互相传授知识和经验,也就是存在精神关系的时候,劳动也会变得有趣。没有对劳动的浓厚兴趣,没有对知识的渴望,没有掌握相对复杂能力和技能的协同活动,那么想要把跨年龄集体作为一种教育工具是不可能的。但是,如果你成功做到,把不同年龄学生的劳动与精神生活相结合,那你就会出现一种新的、非常有力的集体影响个体的源泉。

这种教育影响的本质在于,儿童与少年、少年与青年因为共同的能力、爱好和志趣而相互吸引到一起。而且,个人特色会在具体活动中得到体现。跨年龄集体的教育效果在于,在鲜明的好榜样影响下,儿童、少年会意识到自己想要成为什么样的人,努力向偶像和榜样看齐。

如果没有在吸引人的趣味劳动的土壤上培养精神联系,就完全不可能产生成为什么样的人的愿望,也不可能掌握学生的思想。

跨年龄的劳动集体，也可以称为创造性的劳动集体，应该是自愿组成的。在这里，不能有任何把一个学生强加到另一个学生那里的事情。少先队员和共青团员能很细腻地感知到大家的能力、爱好和志趣，他们永远也不会在小队里把那些不喜欢机械和农艺劳动的人选为机械专家或农艺师。

还有另一种类型的跨年龄集体。通常，暑假期间我们的学生哪儿也不去，因为村子里有非常优越的休息条件。如乌克兰人所说，在每一条街道，每一个小角落，我们都有民间教育学的基地（我们就是这样称呼民间教育的小学校的）。这些学校中的每一所都以深爱孩子的人为灵魂。这或者是已经退休的生产老将，或者是年轻的工人、集体农庄庄员、职员，对于他们而言，与孩子交流就是精神生活的快乐和充实。我们在自己的集体中，把这些人称作民间教育学基地的守护者。他们的教育影响巨大：因为美只能由美创造，人也只能由人创造。

三十多年的学校工作经验使我相信，当一个人教育其他人或关心另一个人的时候，最容易进行自我教育。我们全体教师都力求做到，让每个学生在少年时代就已经有对小孩子的真心关怀。对小孩的体贴、同情和关怀，这些情感都是少年和青年集体高尚的感情基础。这些情感在活动中表达得越积极，少男、男青年的内心会越细腻、越勇敢，少女、女青年的心会越柔软。

[79]

请用心让你的学生成为教育者

当我们的共青团组织为人们创建了一个墙上的"美德角"时,小女孩娜塔莎的命运融入了我们和睦的家庭生活中,共青团员们亲切地称她为娜塔洛奇卡。她家在村边,家里只有母亲和她。三岁的娜塔洛奇卡病得很重,走不了路。春天和夏天的时候,妈妈把女儿放到一辆小车上,推到茂盛的苹果树下。绿意盎然的院子,苹果树,两个蜂箱,水井,板棚上的鹳,小狗帕尔马和它看守的家兔,这些就是娜塔莎的全部世界。小女孩本来嗓音洪亮,爱说话,但那时因为自己的病情而忧郁,她请我们带来一些她看不到的野花。我们每个人都很心疼她:难道小女孩不能康复了吗?医生给她治疗了,但不能保证很快康复:神经系统损伤严重,她的腿动不了。有什么能帮你的吗,小娜塔洛奇卡?

我们还有什么没为她做的啊!在她宽敞的家里做了一个真正的花园:种下枞树和松树,从学校的温室里摘来盛开的菊花,在窗户下还栽了玫瑰。一年以后,小女孩应该上学了,我们开始教她读书、画画。整个冬天,她家里都开满了鲜花。可她却脸色苍白,十分虚弱。我看到,从娜塔洛奇卡那里离开的时候,季娜和加利亚在偷偷流泪。我们都期待着春天快点到来。

　　春天，核桃树叶刚发芽，草地上的花朵刚开始绽放，我们就把娜塔洛奇卡放到小车上，带她来到了"美德角"。在小女孩面前惊奇地打开了一个新世界，一切对她来说都是陌生的：草原岗丘下的雾气，云雀的歌唱，还有大蠡斯……男孩、女孩们在"美德角"搭了一个窝棚，暑假的时候我们整天待在这里。草原上清新的空气、核桃树叶的香气、鲜红的西红柿和鲜美多汁的西瓜、牙齿咬碎的苹果，可能对娜塔洛奇卡而言，这些都是最好的治疗药物。她的两颊红润了，眼睛里燃烧起快乐的火花。两年之后，小女孩站起来了。医生说：治病救人的不只是药物，也有快乐。尤其是对于像娜塔洛奇卡这样的病。

　　两年半时间里对生病小女孩的精神关怀是无可比拟的热心课。男孩、女孩们学会了用心去感受、去认识眼睛看不到的不幸、忧虑和关怀。我相信，如果一个集体关心孩子，那么，他们对人最大的不幸——孤独，也会非常敏感与同情。

[80]

请教育集体不要无视孤独

在娜塔洛奇卡还没站起来的时候,我的学生们又被一个新的不幸震惊到了。有一次从树林里返回的路上,我们碰到了玛利亚奶奶,她那沉思、忧伤的目光吸引了我们。在村里,大家习惯于跟碰到的每个人打招呼,无论是熟人,还是陌生人。当时我们问候她:晚上好!她回答:祝你健康,亲爱的。我们听出了她声音里的悲伤。

"为什么她的眼神这样忧伤?"有一个小男孩问道。

"她非常痛苦……但是什么样的痛苦呢?"

一天之后,我们知道了玛利亚奶奶的痛苦所在,每个人深受震动。她的三个儿子、丈夫和两个兄弟都在伟大卫国战争前线牺牲了,而不久前她在世上唯一的亲人母亲也去世了,只剩下她一个人了。

玛利亚奶奶的痛苦也成了我们内心的痛苦。亲爱的,我们有什么能帮到你的呢?"只要你能笑一笑,我们愿意把自己内心全部的温暖献给你。"当我们知道她沉重的命运时,科斯佳这样说道。

终于有一天,玛利亚奶奶对我们微笑了,她微笑着回忆自己的儿子们。我们为她种下了六株葡萄、六株玫瑰，纪念她的儿子们、丈夫和两个兄弟，这个时候她笑了。她笑着笑着，眼里流出了泪水，我们也哭了……因为我们至今也没见过世界上有如此巨大的母亲的悲痛。

我们想多少减轻一些她的痛苦，心里觉得，不能让她一个人待着——孤独会使她受煎熬。内心指引我们，言语不能安慰她，也不能建议她忘掉自己的痛苦。痛苦会一直留在她的心里，直到死亡。

玛利亚奶奶看着这些小男孩、小女孩笑了。我们每天都去玛利亚奶奶那里，在她的"美德花园"里劳动，后来玫瑰开花了，葡萄成熟了。看着孩子们的眼睛，听着他们叽叽喳喳的说话声，我看到，他们的心灵深处似乎对老奶奶有一种愧疚感。自己可以享受生命、阳光和晴空，笑对彼此，快乐生活，可她的儿子们却都在战争中死去了，这就是这些小男孩、小女孩的感受。我在思考，这好还是不好？是的，是好的。在这种他们无论如何都无法用语言表达的复杂情感里，是对那些为了他们的幸福而死去的逝者的高尚责任。

如果你在孩子成年之后才开始探索他内心高尚的忧思、纯洁、崇高的精神振奋，那你永远也得不到这个财富。请在青少年时期就去探索、去创造它，像珍惜无价珍宝一样珍惜它。

还要不停地重复建议你们：请你教会自己的学生发现人。让每个人学会像照镜子一样在别人身上发现自己。为每个男孩、女孩提供这面镜子，教他们观察自己，这是教育智慧的又一个顶峰。如果你想成为一个真正的青少年教育者，就请教他们在这面镜子里发现自己最细微、最珍贵、最意想不到的特点。

[81]

请让自己的学生远离空话

我专门注意到这一点是因为,空话会腐化人的心灵,就像铁锈一样会腐蚀集体。说空话的地方实际上没有,也不可能有集体的思想一致。空话是让武器不负责任地叮当作响,会把武器变成玩物,这是让人精神上解除武装。

同时,还要提防谎言、伪善等最可憎的毒物。要让诚实在童年、少年时期就融入孩子们的血肉之中,成为他们的习惯;让说实话的习惯成为他的性格、天性。请教育自己的学生对空话、夸夸其谈、空洞的词句、自吹自擂不妥协、不容忍。

怎样在实践中实现这些黄金定律?在这里,我们进入到自我教育的问题。多年的青少年教育经验使我相信,如果语言活在人的心灵中,如果它不变成糟粕,那它就会成为强有力的自我教育手段。请教育男孩、女孩们说话要算数,不要只知道"就这样吧"这样的俏皮话。我会教自己的学生:如果你想做一件事,但不确定是否能完成,那就永远也不要说"我答应,我做得到",最好说"我想强迫自己这么做,也会强迫自己这么做",然后强迫自己去做,无论多难,都一定要达成自己既定的目标。可以重做十次,但不要让自己在别人面前感到羞愧。

不要忘记，自我教育的过程永远也不会畅通无阻、一帆风顺。没有比战胜自己的弱点更光辉的胜利了。青少年教育者，请记住，诚实是对别人诚实的同时也忠于自己，忠于自己的良知。真实评价自己：我能做到什么？还做不到什么？我怎样才能接近自我完善的顶点？到那时才能有权说：我是自己意志的主宰者。对这一切的真实评价是诚实正直的基础。

准确反映生活真实的镜子是通过劳动擦亮的。请尽力做到，使思想和语言通过行动和劳动变得高尚。说出话之后，就要有行动。我要再重复一遍，教育事业中的一切都是相互关联的。诚实正直，不向谎言和欺骗妥协，这是来自劳动的伟大真理。难怪古老的乌克兰智慧说：满手茧子的人，嘴里才能说出真话。劳动者的心会反抗、攻击谎言和欺骗。真理的根源在为共同利益而进行的劳动中，在为别人创造的快乐中，在克服困难的过程中。一个人做任何事情都毫不费力，轻松简单，他的思想就会像蝴蝶一样东游西逛。而思想应该像粗壮的橡树干一样坚定，像箭一样有力，像火一样明亮。

正义的坚定，思想的不可动摇，真理的明晰，这些都是一种叫作"困难"的源泉喷涌而出的泉水。青少年应该知道什么是困难，通过自己的经验知道它是什么。一个认识到困难的人，会珍惜语言，不能容忍说空话。

[82]

怎样教学生自己教育自己？

科学构建共产主义教育的过程提出许多关于集体与个体精神生活财富互相依存的最尖锐、最迫切的问题。如果每个人都只是消费者，那么集体生活中的充实精神与财富从何而来？如果不严肃认真地弄清楚，灌充集体精神财富源泉的溪流来自何处，难道就能说集体是个体的教育者吗？如果每个人与朋友交流，并不每天都坦诚相待，那么这一群人就会变成无组织的群体。个体与集体是一枚奖章的两面。没有个体教育，就谈不上把集体作为一种教育力量，而没有自我教育，也就没有个体教育。我认为，从广义上来说，教育这个概念是集体教育与个体教育的统一，而在个体教育中，主要方法之一就是自我教育。

教育人意味着培养他严于律己的精神。要做到这一点，就不能手把手引领，而是把他交给他自己，让他对自己负责，形成自己的生活态度。

那么，在实践中应该怎样做？

要教人从小认识自己、教育自己。伟大的思想家、文学家费·米·陀思妥耶夫斯基的话就是自我认知的箴言："要认识自己，服从自己，约束自己。"[14] 培养情感、训练思想和意志，养成和稳定性格——一个人在认识自己、约束自己的时候，应该自己做到所有这一切。

自我教育需要一种非常重要、强有力的刺激因素——自尊心、尊重自己、想要今天比昨天更好的愿望。只有当一个人的心灵对最细微、完全人道的影响手段——善意的话语、建议，亲切或略带责备的目光非常敏感，他才能进行自我教育。如果一个人习惯了粗暴，只对强硬的话语、呵斥、强迫有反应，那自我教育就无从谈起。本质上来说，自我教育是一个人对人的信任，是对个人荣誉和尊严的态度。为指导学生进行自我教育，首先是教师与学生之间应建立深信对方保有善良愿望的关系。

出于多年经验，我可以给教师一个实际建议：学生的自我教育要求你的教育影响要有一定风格。在你们的集体中，应该以安静平和为主，而不应该大喊大叫、神经质。如果教师时不时的被某一个学生激起愤恨情绪，如果这种情绪是在呵斥中得到"缓解"，一时气愤就想要惩罚学生，想要尽可能严厉地斥责学生，那么关于自我教育就没什么好想的了。一个人被批评、斥责、惩罚得越多，对善意的话语就越迟钝，那种被列夫·托尔斯泰称之为"好好思考"[15]的能力就越弱。

我坚信，绝对正常的教育根本没有惩罚，这个观点并不是抽象推理的结果，而是由多年实践得出。教师同行们，要先声明一点：这里说的是儿童，是对儿童的惩罚。在一切以惩罚为基础建造起来的地方，没有自我教育，而没有自我教育，教育就完全不可能正常。之所以不可能，是因为惩罚已经把学生从良心的谴责中解放出来了,而良心是自我教育的主要推进器,如果良心沉睡了,那就谈不上自我教育。被惩罚的人会认为:对于自己的行为,我没什么可再想的了,我得到了应得的。

我们学校里有过这样一件事。九岁的科斯佳上三年级,有一天用弹弓打了只麻雀。打伤麻雀之后,他就捉住它,折磨它。教师为此惩罚了小男孩:三次禁止他和全班同学一起去树林。在孩子们期待已久的第二次有趣的远足的前一天,科斯佳上课时很忧郁,老师提问也回答得牛头不对马嘴。全班一起去树林的时候,小男孩一个人留在学校里。他在仓库的草房顶上抓了几只还没有长毛、无助的小麻雀,把它们放在教师的桌框里。一天之后(去树林远足之后过了一个休息日),教师打开桌子发现了这几只小鸟,几乎全都快被闷死了。

怎么解释这种残酷行为?为什么儿童会经常因为惩罚而变得暴怒?因为暴力的影响手段使儿童不再思索、斟酌和分析,他体验到的不是自己不道德的行为,而是惩罚。实际上,他都忘记自己做了坏事,而教育的逻辑在于,要让孩子对这样的行为进行思考。结果却是,孩子没有好好思考,他觉得自己受了委屈,心里积攒着愤怒。而且,如果惩罚中有哪怕一点点不公平,愤怒的洪流就会暴发,造成教师意想不到的巨大灾难。

我认为正常教育是这样的:孩子不能忍受严重的不道德行为,对一些微不足道的小过失深感内疚,打心底里接受,感觉到良心的谴责——这是最主要的。教育的艺术性在于,要预防严重的行为。怎么预防?首先就是与孩子进行单独谈话。

[83]

请掌握与学生单独谈话的艺术

仔细看看童年时代，好好想想，孩子们怎样表现自己，怎样对待彼此，怎样对待母亲和父亲，然后是怎样对待你，对待教师，你就会相信，孩子有在你面前吐露自己情感和思想、敞开心扉的精神需求。

但要知道：只有你从不试图怀着压制、约束孩子的请求或要求和他谈话，他才会坦率地向你敞开心扉。

如果你寄希望于，母亲和父亲强迫你的学生成为好人，孩子也知道你的这种希望，或者说你甚至专门告诉过他，你把这个希望委托给谁了，那一切都会前功尽弃：不只是自我教育，你的班上连正常的教学秩序都维持不了。应该对家长有这样的希望，也应该与家长这样交谈，但永远都不能让孩子觉得，教师把自己最爱、最亲密的人变成了吓人的东西。教育中绝对不能容忍，孩子把一个人看成是可怕的东西。应该教育孩子不害怕母亲、父亲、教师，而是爱他们，要让他有爱的人。而在儿童的心里，会对那个能够消除惊慌焦虑、安慰人、使人信赖自己力量的人，那个能够好好珍惜儿童对于粗鲁、不谨慎接触的脆弱、敏感心理（首先就是自尊心）的人产生爱。

我认为非常可怕，也不可思议的是，如果教师没有成为孩子爱的人，那他怎么能指望孩子的信任、坦率、真诚。

我还想建议一点：不要对所谓的儿童抱怨置之不理。不要认为儿童所有的抱怨都是告密，而所有这些爱抱怨的小孩都是"爱哭的告密者"。我认识的一个教师非常喜欢这么说，但并不是这样。要善于倾听怨言，而善于倾听孩子就是一大教育艺术。没有这种艺术，就没有也不可能有自我教育。

如果你成功做到了，使学生愿意来你这儿，向你敞开心扉，那你就知道，对儿童心灵的接触应该是温柔谨慎的，只有温柔和谨慎才能使你通过与孩子的谈话激发他的自我教育。请记住，如果学校里是以善良和互信的精神为主，那当学生心理出现焦虑的时候，当他自己无法解决自己内心的忧虑，不知道问题在哪儿，应该怎么办的时候，他就会到你这儿来。请记住，你在儿童激动不安的讲述中可能听不到这些问题，但要善于从字里行间读出来。

请保守别人告诉你的秘密，这是关乎教育和自我教育的基本教育规则之一。要知道，学生向你敞开心扉，就会向你讲述最困难、最复杂的事情。你可能会听到一些不道德的行为，可能会听到学生之间的关系，似乎急需要成年人的干预。在这种情况下要有耐性，要用理智克制内心的激动，同时要用热烈情感的火苗点燃自己思想的智慧。你与向你敞开心扉的学生之间谈话的结果不应该是惩罚，请记住这一点。要知道，对年轻的心伤害最大的惩罚之一就是，在集体面前展示个人隐私、内心的东西。

我要再重复一次，如果学生体验到痛苦、不幸、伤心、委屈、不公、惊慌,他就会向自己尊敬、信任、爱的那个人倾诉自己的情感和思想。但在这种情况下,每一个诚实谦虚的人都会感到非常拘谨。要善于从学生的眼睛里看到他最细微的内心活动,要善于为你和他两个人的单独谈话创造条件,在千言万语中找到能够准确、巧妙、委婉地促使学生敞开心扉的话。

如果学生对你坦诚相待,这就已经是教育工作中的一大成就了。但接下来在很大程度上都取决于,你的学生是怎样看待、怎样感受你对他心灵的接触的。

我用生命担保,如果学生不与教师分享自己的快乐与悲伤,如果学生不在教师面前敞开心扉,那么对教育的任何谈论都是非常可笑的,因为根本就没有教育。学生向喜欢的教师敞开自己的心扉,这是情感和思想相互提高的过程。一个人在语言中吐露自己的精神创伤,他首先就是在使情感高尚:粗浅的情感被细腻、高尚的情感所代替。人在这种情况下会控制自己,这正好就可以激发自我教育。

所以,与教师进行充满信任的谈话,会缓解、改善学生的自我感觉。一份快乐,两人分享,就变成了两份快乐;一份痛苦,两人承担,就变成了一半痛苦。敞开心扉,向别人倾诉自己的情感和思想之后,人会相信,他能改变自己的感觉,能影响自己。

即使只是想一想,我们学校里还有些学生有不能和别人分担的痛苦,就心痛不已。这种痛苦使人内心麻木、精神空虚。当我看到一个愁眉苦脸、自我封闭的少年时,我的心就在发抖。对于他而言,最可怕的痛苦就是觉得自己不合格:别人知识都学得很好,而我什么都学不会,我是个失败者,这就是我的命……这种痛苦还在日积月累，它会无情地挤压心脏、冷漠地束缚精神。少年想要人分担自己的痛苦，但他又羞愧，所以就沉默了。在家里沉默，在学校也沉默。年轻的朋友，请仔细观察自己的学生，帮助他们摆脱这种力所不及的重担。首先要带给他们快乐：要让他们看到自己掌握知识的成就，并由此体验到自豪感……

如果你和你的学生成了朋友，如果你们因为互相信任而团结，如果你从来也没给学生带来恶意、伤心、令人难堪的体验，那你就有教人进行自我教育的道德权利，你的教导会被认为是生活的智慧。

但还有一个条件，没有它就不可能有自我教育。这个条件，形象地说，就在于教师意志与学生意志之间，它似乎把教育和自我教育联合成一个统一的整体。这个条件就是学生自我成长的觉悟，明白并体验到，他今天比昨天更好，他的心灵中有人性的美德，而这种美德融入心灵，在很大程度上取决于他自己，取决于他的个人意志。自我成长觉悟还有一个优秀的同伴，尊重自己，体验到自尊心。只有学生尊重自己，才能有自我教育。而且，自我尊重的感觉越深，学生对你的道德训导、对你说的"应该这样教育自己"的教导就越敏感、越能接受。没有自我尊重，人就会对你的训导和建议充耳不闻。

自我尊重取决于什么？它是怎样培养出来的？年轻的朋友，请记住，这是一个非常脆弱的东西，对它应该特别谨慎。就像我们对玫瑰花上颤动的一滴水那样谨慎，需要摘下花朵的时候，不要抖掉这滴闪烁着阳光的透明水滴。要培养自我尊重，应该只有温和、巧妙的教育手段才有效。对自我尊重不能采取粗鲁、暴力、武断的手段。我想把自我尊重称为"儿童的文化修养",这是一种增加思想、激励和愿望纯洁性的精神上的花朵。在这里,我们面临的是学校里最有趣的一件事,值得高度重视的一件事,但遗憾的是,很少有人研究过它,就是儿童的脑力劳动,准确地说,是这种劳动在精神领域的产物——智力情感。尊重自己产生于愉悦的智力情感,产生于认知的快乐。在这里,愉悦的智力情感是儿童文化修养的源泉。如果学习伴随的是痛苦的情感,人就会变得对自己麻木冷淡、无动于衷,更不要谈什么自我教育了。教师作为教育者最重要的一项任务就是,要爱护年轻人心里愉悦的智力情感的火苗,不要让它熄灭,一旦熄灭,让它重新点燃将会非常困难。

所以,你的学生尊重自己,珍视你说的关于自己的每一句话,意味着播撒自我教育种子的土壤已经耕耘好,你可以像教育自己一样教他,而你的教导也不再是空话。

自我教育包括几个方面:道德、劳动、学习、体育运动。这一切都是相互联系的,因为整个自我教育过程就是头脑和心灵复杂工作的统一体,是情感和信念的统一体。

[84]

怎样激励道德方面的自我教育？

  道德自我教育最重要的动力是，教导学生，我们每个个体都是与他人一起生活的。人们时时刻刻都能看到我们，即使看不到，也能感受到我们的存在。我们在物质世界里碰到的每件东西上，都会留下自己的痕迹。但我们留下的最显眼、最不可磨灭的痕迹是在与我们交往的人身上。一个真正的人不可能不关心，别人对他是什么看法，对他有什么评价。但无论我们做过什么，去过哪里，都请记住，人们的眼睛一直在看着我们。人的生命中最无耻、最可恶的就是道德肮脏。想象一下，一个漂亮的女孩花了整整一个小时打理自己的发型，因为她想要漂亮，而发型是每个人都能看到的。可同时，她的双脚却没洗干净、脏兮兮的。但她对此毫不在意，因为脚上穿着长袜子。这就是道德肮脏：一个人在人前很漂亮，私下里却很邋遢，民间道德认为这就是一种可耻的恶习。

  请教学生在道德问题上严格要求、锱铢必较。请教学生控制自己。从孩子上学的第一天起，我们就教他：如果你私底下想做些什么事，就要知道，你在这个世界上最爱的人——妈妈——在这个时候是怎样想的。如果你做了什么坏事，还希望没人看到，那是不可能的。你的坏行为会引起母亲心里的疼痛，无论她是和你在一起，还是没在一起。你回到家，她能从你的眼睛里看到你做了不道德的事。所以，最好马上承认自己不道德的行为，但最好是不要做坏事。要记住，妈妈一直在看着你。

这里要再一次说，孩子对这些训导的敏感和敏锐程度取决于他的整个精神生活体系。首先应该做到，让真心关怀和体贴母亲成为孩子精神世界的典型特征。

心灵的雅致，是让孩子自己教育自己，让他的良心警惕地守卫行为的必要条件。我们是从基本的道德素养开始道德方面自我教育的。你的学生胆怯地看看四周，从玫瑰丛里摘下一朵花，这就已经是道德无知了。他无视一个正在哭泣的孩子，不问问他："小朋友，有什么能帮到你的吗？"这就是更严重的道德无耻。多年来，我们全体教师制定了一个道德素养自我教育纲领。这个纲领是关于学生在与其他人的道德关系方面的一系列要求。这些要求都有：

1. 记住，世界上有一些无与伦比的事物，首先就是我们的苏维埃祖国和土地，是她赋予了你生命，养育了你。

2. 记住，你是与人一起生活的。你不是自己所认为的那样，而是别人所认为的那样。如果你看到自己身上的一个闪光点，但其他人却并不这样认为，这就意味着，你微不足道。要勇于承认这一点，要善于克服自己身上琐碎渺小的东西，才有能力成为一个真正的人。

3. 一个人独处时不做无耻、鄙俗、下流的事，他就是一个真正的人。要在你自己独处时，永远让你的良心严格、苛刻地监督行为，要让它公正、严厉、坚定。

4. 为别人做善事，你就会收获宝贵的财富。一个人活着是为了别人的福利，那他就是最富有、最幸福的人。记住，世界上唯一可以衡量财富、美德、伟大的就是人。使人变得高尚，你就是在使自己变得高尚。记住，人活在世上终有一死，死后能留在这个世上的，就是他为别人做的善事。

5. 人类美德的最高体现就是女性。小女孩、女青年——她们不只是你的朋友，还是未来的母亲。珍惜她的美，爱护她的健康，意味着关心整个人类的美德和伟大。如果需要为了帮助女性而死，那就奉献出自己的生命，但不要偏离人类高尚美德的正道。

6. 人的身上可能有无数恶习，这其中有20个是最可怕的：对善恶麻木冷淡，懒惰，口是心非，谄媚奉承，讨好巴结，没有主见，默许谎言，顽固坚持自己的错误，高傲自大，傲慢，夸夸其谈，撒谎成性，独处时行为不端，拒绝被所有人孤立的朋友，不相信人性本善，伪善，幸灾乐祸，残酷对待弱小无助的生命，贪食，吝啬。记住，这些恶习中的每一个都是从一粒小种子长成庞然大物的。不要向人的恶习，首先是自己身上的恶习妥协。要学习别人身上令人赞赏的地方，永远也不要做别人身上你所讨厌、鄙视的行为。要爱自己的美德，讨厌自己的恶习。要知道，脓肿始终都是脓肿，即使它长在你身上，只有利己主义者才会爱自己身上的伤疤。

7. 如果你发现自己身上有恶习的苗头，就要对自己毫不留情。拔掉恶习的根：用劳动根除懒惰；用关怀、体贴根除对善恶的麻木冷淡；用原则性根除口是心非；用正直根除谄媚奉承；即使全世界都反对你时，也要捍卫真理来根除讨好巴结；用自己独立的思想根除没有主见；用与谎言的斗争和英勇抗争根除默许谎言；勇于承认自己的错误，并准备好与捍卫真理的人保持一致，与自己的错误作斗争，根除对自己错误的顽固坚持；用谦虚根除高傲自大，如非必要不要总说自己；用朴实和尊严根除傲慢，这是马克思最珍视的人的品质[16]；珍惜语言，不要夸夸其谈；对谎言不容忍，对一切认真谨慎，根除撒谎成性；善于向自己的良心作报告，就像面对最公正无私的法官一样，不要在独处时行为不端；当枪瞄准朋友的时候，准备好用自己的胸膛为他挡子弹，而不是在朋友被所有人孤立时拒绝他；无限信任人类美德的伟大和力量，根除不相信人性本善；用坦率诚实根除伪善；用怜悯之心根除幸灾乐祸；用人道主义精神根除对弱小无助生命的残酷对待；用节制根除贪食；用慷慨根除吝啬。

8. 如果你看到恶，而且在你意识深处的某个角落有一种思想"这关我什么事"，要知道，这就是兽性本能发出的声音，呼唤你只保护自己的皮毛。不要纵容这种本能，要驱除它，要勇敢面对本能让你只保护自己的呼唤。

记住，你是一个人。如果你有一次无视恶，你就会永远都无视它，就会变成一个可怜虫。

9. 人类世界有许多高尚美德，但有一种是人性的顶点，这就是自尊心。

当你为真理而战取得了胜利，当你要承认自己错误的时候，都请你昂首挺胸。

10. 世界上有一些无与伦比的事物。这首先就是苏维埃祖国和赋予你生命、姓名和人的尊严的土地。如果你经历着艰难无助的时刻，如果你很痛苦，如果你不知道该怎么做，就请想想，在这些情况下，祖国会怎样要求你。祖国怎么要求你，你就怎么做。

道德自我教育的本质是什么？

除了想成为好人的愿望，除了高度发达的心灵敏感、细腻，尤其重要的一点，我想称之为"认识人"。一个人认识周围世界的同时，也应该从小认识人，认识人的思想，情感，最微妙、最复杂的内心活动，志向和热情冲动。教育与自我教育的统一开始于，一个人在认识一切人类事物时，也认识自己，学习从旁观者的角度看自己。我们教育技巧中最复杂的事情之一就是教师关于人的讲述。

我会给每一届小学生讲一位英勇的苏维埃战士的故事，他在伟大卫国战争期间，在敌军战场上用自己的胸膛保护了一个小女孩，救了她的命；讲我们两个同乡的故事，这是两个英雄游击队员，他们落到了法西斯分子手上，但没有泄露一点游击队的秘密，没有出卖朋友，最后遭到了残酷迫害，被敌人活埋；讲尼古拉·加斯捷洛、卓娅·科斯莫杰米扬斯卡娅、亚历山大·马特洛索夫的故事，讲已经工作了50、60、70年的优秀劳动者的故事。

我坚信，用理智和心认识道德，应该不只包括对美的赞赏，还应该有对恶的愤慨。我会从不朽的世界文学经典中寻找人物形象，天才的艺术家们在这些形象上体现了人类恶习。讲戈洛夫廖夫、戈布塞克和泼留希金的时候，我都会唤醒少年内心对恶坚决不容忍和不妥协的个人情感。长期不停地认识人，有助于使人在童年时期就感受到日常生活中各种状况和关系的道德含义。好好思考某个人的故事，孩子就会追求善良的行为，而善良的行为带给他更多的道德满足和充实的快乐体验。这些情感同时也能提高对善恶的敏锐性，伴生对一切贬低人的行为的不容忍。对于教育和自我教育非常重要的是，要让人在很小的时候就表达自己，表现出自己与恶斗争的原则性，感受到善的胜利喜悦，理解也体验到自己参与了这个喜悦，自己在庆祝、在高兴。

我的朋友，你要知道，激励自我教育要求教师的语言对人内心最珍贵的琴弦——诚实、尊严、高尚最微妙的触动。要善于理解、感受孩子内心需要这种触动的时刻。这种时刻就是，小孩子面临着两条路：走第一条，默默地向恶妥协，对它无动于衷；走第二条，与恶作斗争。对孩子来说，第二条路通常意味着巨大的精神压力，要耗费很多道德力量，尽管从成年人的角度来看，生活中的各种状况并不那么复杂。

[85]

怎样在劳动和学习中激励自我教育？

为此首先需要一种在学校和家里环绕学生的劳动氛围。无论是在课堂上，还是在家里，无所事事都会把关于怎样用劳动教育自己的最有价值的教导变成空话。

有一些适用于所有年龄阶段的普遍性教导。在我们的教师集体中表现为以下原理：

1. 记住，没有劳动，人就会变坏，会变成卑鄙无耻的人。

2. 民间智慧说，通过一个人播种培育的麦穗，就可以知道这个人是什么样的。你是通过劳动表达自己的，你亲手种下的树木，就是你自己，是你的勤劳和技艺。你的工作日记簿也是你，是你的劳动，是你对父母亲的责任。

3. 坐在学校书桌旁学习的时候，你是从长辈那里借来了生活所必需的物质财富。母亲和父亲给你食物、衣服、书本和直观教具，是为了让你学习，并且为将来的劳动做好准备。你的责任就是尽早开始生产劳动，帮助家庭，挣钱替换他们为自己买衣服、鞋子和书本。

4. 要知道，劳动并不轻松。"劳动"和"困难"这两个词是同根词也并非偶然。没有流汗、疲惫、体力和精神上的压力,就谈不上劳动。劳动不可能像游戏、消遣那么有趣。劳动的意义和趣味在于,为工作奉献自己的头脑、双手,创造出一些美好又必不可少的事物,创造生活和美好,在这些事物中树立、表达自己。一个人可以活七八十年,而他亲手栽培的橡树却可以活七百年甚至上千年。在劳动中留下自己的痕迹,你就是幸福的。

5. 从刚一开始劳动就要想着把它做完。不要害怕单调,不要因为今天、明天,连着一个月都做同一件事而被吓跑。劳动就像攀登高山:如果不走过蜿蜒崎岖的石头路,就到达不了风光无限的山顶。

6. 劳动使人成熟勇敢。从六岁就开始做一项需要坚持几年的工作。要这样生活,在十岁的时候回头看,就能看到你亲手做的事情——硕果累累的树木,在那些以前寸草不生的地方培育的肥沃土壤。只有当你的双手劳动,当你知道什么是泪水、劳动的疲惫和手上的老茧的时候,科学的智慧、知识的光芒才会真正向你打开。

7. 只有当你学会在融合了双手技艺和头脑智慧的工作中克服困难,学习成为你的劳动,你才能管理自己,掌握知识。只有在工作时善于思考的人才能学会思维运转的奥秘。记住,很少有人一出生就有牛顿或爱因斯坦那样的天赋。要指望那些不利条件,指望天性没有赋予你的。用劳动和创造培养、发展自己的能力。

8. 永远也不要半途而废,开始了就要坚持做完。如果你习惯于半途而废,从一件事转到另一件,那你就会变成一个游手好闲、不学无术的人。

9.要知道,技艺是无穷的。可以几十次地重复做同一个工作,但每次都要有新的突破。把自己培养成一个大师,要善于不满足于你已经做过的事。世界上有几百种专业,永远也不可能掌握所有。就只掌握其中之一,但应该成为自己所在行业的佼佼者。

只有在一些特定条件下,这些教导才可以深入学生的意识。如果学校里没有一种劳动快乐的氛围,那它们就只会是空话,学生甚至都不能理解,好像你说的是他们不懂的外语。学校里应该充满劳动的快乐。这是指什么呢?劳动的快乐就是在劳动中的自我表达。这是当人惊叹、赞美他们双手的创造,在其中找到自己,在单调乏味、微不足道的劳动中看到自己付出的努力、时间时,所具备的一种复杂的精神状态。要使劳动成为自我教育的一个方面(而没有劳动的自我教育,任何自我教育都是不可能的),应该使每个学生体验到劳动的快乐,使劳动成为他的创造。

在劳动中开始自我探索,这种探索要持续很多年,最终形成个人才能。

劳动的快乐、劳动创造、探索自我,只有在劳动中体现个性的时候,这些才可能实现。劳动自我教育不单单是去挖土豆、收集废金属,而是对自我的深化,是头脑智力和双手技艺的结合,是自觉制定目标、克服困难。我要再强调一次,没有紧张的思想,没有智力创造,没有书籍,没有超越学校基本大纲(而这是才能形成的开始),就不可能有劳动自我教育。没有趣味横生的课堂,学生在课堂上听不出教师充满崇高思想的话语里,是在号召他们在无边的知识海洋里遨游,也不听从这个号召,那么劳动自我教育就是不可能的。教师没有自己的学生,没有出于对科学的热爱而给学生留下自己的影响,那么劳动自我教育同样也是不可能的。

如果这一切都存在,那就请给每个学生分配一些劳动任务,激发他的爱好、高尚精神和想要今天比昨天知道得更多的需要。比如说,你的学生很喜欢土壤学的实验。你注意到,当你讲到土壤里复杂的生化过程时,他的眼睛里散发出好奇的光芒。你有一个生物研究室和一个温室,请把学生带去那里,用实验使他产生兴趣:毫无生气的黏土能变成活土。你和他一起把有益微生物引到土壤里,学生根据你的建议,为微生物的生活创造有利条件。这样就开始了自我教育:少年已经离不开自己的这个角落。他会在这个装土壤的箱子旁,在试管和显微镜上逗留很久,看书看到半夜。现在已经不需要任何的激励:人的内心已经被点亮了。而要担心的是,不要让学生的热情冷淡下来。为此则需要教师细致、巧妙地触动爱好的火苗:应该支持帮助他。

[86]

怎样在脑力劳动中培养自律?

这些建议我们是给七年级以上高年级学生的,关乎学生精神生活的重要领域——学习、思维、解决智力问题。这些建议是否有效,取决于很多前提和条件,其中最重要的就是,在学校里,首先就是在教师集体中要有文化知识兴趣的浓厚氛围;要在多样化的智力生活背景下上课,要让教师的知识储备是他在课堂上讲的知识的一百倍,要让每个学生都有自己钟爱的脑力劳动。如果能做到这些,那么学生就会对有关脑力劳动自律的教导非常敏锐。我们认为最重要的是:

1. 如果你想有足够的时间,就请每天都读书。每天哪怕只读两页你感兴趣的科学文献(这算是你的选修课)。你阅读的一切都是你学习的智力背景,这个背景越丰富,学习就越容易。你每天读得越多,时间储备就越多。因为你阅读的一切,都是上课教材的无数个知识点。这些点可以称之为"记忆锚点",它们使必修知识通向环绕人的知识的海洋。要强迫自己每天阅读,不要把这项工作推迟到明天。今天错过的,明天永远也补不回来。

2. 要善于听讲。在九、十年级的时候,记下重要专题课程的提纲，不用管教科书中是否有这个知识点。记提纲可以教人思考、审视自我、查缺补漏。要学会在课上就思考提纲，每天都看看笔记，哪怕只有半小时。我建议把提纲分成两栏来写：第一栏简要记录课程内容，第二栏就写你要思考的东西，这里要记录关键的问题，这是整个课程知识构建的框架。应该每天都思考这样的框架问题，还要把思考和科学文献的日常阅读联系起来。如果你各科学习中都遵循这个建议，那你就不会有"全体动员"的日子。没有必要在备考时反复重读记住整个提纲。课程框架是一种特殊的大纲，在此基础上所有知识点都能记起来。

3. 早上请早早开始工作，六点的时候就开始。五点半起床，做做早操，喝杯牛奶，吃点面包，就开始工作。上课之前的一个半小时到两个小时，是脑力劳动的黄金时间。在早晨完成最复杂、最具创造性的脑力劳动。想想某个理论的关键问题，读读书，钻研复杂的文章，看看评论报告。如果你要进行基础研究的脑力劳动，就请在早上完成，不需要熬到半夜。这样安排自己每天的作息，至少在晚上12点之前两个小时就睡觉，这是最有益健康的睡眠。

4. 要善于确定自己脑力劳动的体系。这里说的是主次关系，要会分配时间，不要让主要退居到次要之后。主要劳动应该每天都做。要确定最重要的科学问题，对它们的理解决定着你的能力、秉性的形成。它们应该在你清晨的脑力劳动中占据首位。要善于根据主要科学问题找到合适的书和学术著作，在很长一段时间内好好研读。

5. 要善于为自己创造内在的刺激因素。脑力劳动中的许多工作并不那么有趣，却能让你带着极大的渴望去完成。通常，唯一的推动力只是"应该"。正应该从无趣的事情开始脑力劳动。要善于在这些问题理论的细节上集中注意力,让"应该"慢慢变成"想要"。把最有趣的工作留到最后。

6. 你身边要有大量书籍。在选择阅读的书刊时要非常严格。一个求知好学的人想要读完所有书,这是不可能的。要善于控制阅读面,去除掉那些可能破坏劳动制度的阅读。同时应该记住,任何时候都可能有阅读新书的需要,这是无法预料的。为此必须要留出时间。而这个时间是由巧妙的课上脑力劳动和对提纲的学习,防止"全体动员"的日子所创造的。

7. 要善于对自己说不。大量的知识围绕着你,还有自主活动小组、运动队、舞会。要学会果断:在这些类型的活动中有些诱惑,可能会给你带来极大危害。人需要娱乐,需要休息,但不能忘记最主要的:你是劳动者,国家在你身上花了大量金钱,你放在第一位的不应该是跳舞和休息,而是劳动。对于休息,我建议高年级学生下象棋和读文学作品。在绝对安静的环境中全神贯注下象棋,是一种滋补神经系统,使思想有条理的绝佳方法。

8. 不要把时间浪费在无聊的空谈、消磨时间这样的琐事上。会有这样的情况:几个少年聚到一起,如乌克兰人所说,开始"扯闲话"。一个小时过去了,什么也没做成,在这个谈话里没有诞生任何高深的思想,可时间却一去不复返了。要善于把和朋友谈话作为自己丰富精神的源泉。

9. 要学着减轻自己未来的脑力劳动,也就是说为未来创造时间。为此,要养成记事的习惯。我现在有将近40个记事本,每个都是用来记录那些灵光一现的思想的(它们有在脑子里出现一次，再也不回来的"习惯"）。我还会记录读到的一些有趣的东西。所有这些都是未来所需要的，都可以减轻脑力劳动。建立自己的一套记录体系，珍惜书中强调的东西。

10. 要为每项工作找到最合理的脑力劳动方法，要避免老套刻板。不要可惜用来深入思考事例、现象和规律的时间。你思考得越深刻，记忆也就越牢固。在理解之前，不要努力去记忆，这样只会白白浪费时间。不用重复阅读，而只是浏览一下你已经非常熟悉的东西。你要担心的是，只肤浅地浏览没有经过思考的东西。任何的肤浅都会转变成，你未来必须要多次重复各种事例、现象和规律。

11. 如果有人影响你，那你的脑力劳动就不会顺利。在全神贯注进行脑力劳动的时候，每个人都应该完全独立工作，最好是在严格遵守制度的阅览室（读书室）。

12. 脑力劳动要求抽象思维和艺术思维的交替。请交替进行科学文献阅读和小说阅读。

13. 要克服一些坏习惯（比如，在开始工作之前先坐大约15分钟；漫无目的地随意翻翻并不打算读的书；躺在床上睡着了；等等）。

14. "明天"是勤劳最大的敌人。永远也不要把今天应该做完的那部分工作拖到明天。要养成今天就完成明天的工作的习惯，这将是奠定整个未来基调的有效内部刺激因素。

15. 永远也不要停止脑力劳动。每天都要用智力财富丰富自己，这就是为未来的脑力劳动创造时间的方法之一。请记住，你知道得越多，就越容易掌握新知识。

[87]

怎样在体育运动中激励自我教育?

体力、智力、感情、审美和劳动素养都应该作为相互联系的统一体来研究。体育运动是精神生活充实和智力财富丰富的基本条件,同时,体育运动还能提高人类所有其他活动的质量。

在我们全体教师的工作中始终贯穿着一个思想,那就是体育运动方面的教育与自我教育的统一。如果学生不能从小成为我们的助手,那我们根本都无法想象健康的精神寓于健康的体魄。

我们深信,体育运动中教育与自我教育的统一是从很早就开始的,而且还有一种民间教育思想:刚一学会用手拿勺子,用勺子把盘子里的食物送到嘴里,就要开始劳动。我们要做到,使孩子工作的同时思考,思考的同时工作。只有这样,人才能明白体育运动的意义,感觉到自己精力充沛,认识到健康的精神取决于健康的体魄,会把自己的精神力量集中到体力的强健上。如果学生没有从小就劳动,那么任何关于体育运动中自我教育的训导都不可能深入他们的头脑和心灵。但因为我们的学生是劳动者,所以他们很敏感,带着极大的兴趣接受我们的教导,按照我们的建议来做事。这就是我们关于体育运动中自我教育的建议:

1. 健康是精神生活的充实，是快乐，是条理清晰的头脑。你的健康在你自己手上。

2. 最重要的健康源泉是我们周围的自然界：空气、阳光、水、酷暑严冬、茂密的树林和开满三叶草的田野。要在自然中生活和劳动。在日出之前就早早起床，夏天太阳升起得很早，但你应该要起得比太阳还早，去田野里，呼吸新鲜空气，用露水洗手洗脸——这是真正的童话般的活水。空气里弥漫着鲜花以及日渐成熟的粮食香味，这些有益于健康。在夏天呼吸到这种空气的人，永远也不会得肺病。

3. 给自己制定一个规则：每天从梦乡中醒来之后，立刻开始做早操。夏天在院子里的干草或新鲜的麦秸（刚刚打完粮食的麦秸）上睡觉，干草和新鲜麦秸上的植物抗生素可以预防流行性疾病。

4. 强迫自己每天早上用冷水擦身。尽可能多花时间在池塘里游泳，一直到秋天天气转冷。冬天时用雪洗脚（到膝盖），直到感觉温暖从膝盖蔓延到脚底。不要害怕光脚在雪地里待几分钟，这是一种很好的脚部和全身锻炼。

5. 每天都要进行体力劳动。劳动可以矫直身体和心灵，每天不断地劳动还可以长寿。一个从小一直劳动到老的人，在生命的最后时刻仍是一个当之无愧的人，仍然体魄强健、头脑清晰、理解力强、感情充沛。

6. 每天走3～10公里（年龄很小的时候走3公里）。养成去树林、草地、田野里的习惯。如果你要走两三公里去上学，路上还会经过一片草地，那这就是你的幸运。要习惯夏天的时候在日渐成熟的粮食地旁和开花的草丛中走几公里（尤其是在小麦、大麦、燕麦和三叶草地里）。

7. 让朴素、适度、节制成为你的信条。童年时期不要吃太多甜食,最好完全不要碰纯碳水化合物饮料。不要贪嘴,不要吃撑,感觉到你还有点没吃饱的时候,就起身离开饭桌。

[88]

在什么条件下，
集体能够有效发挥教育个人的功能？

首先，这条建议是以一定的理论概括为基础的，在教育工作中很有必要。最重要的是要知道影响个人教育的基本原则，及其复杂的相互依存性，这一点对于构建集体与个人的和谐统一尤其重要。

那么，集体教育力量的源泉是什么？在什么条件下，集体能够顺利、有效地发挥个人教育者的作用？总结一下前面提过的许多建议，我们得出一个结论，其中最重要的是，每个人都明白并感受到一个真理：人是在一起生活、劳动的（我想把这个条件称为"感知人"），他有快乐有悲伤，要以人道主义的态度对待他，理解和感知他在某个时刻的精神世界和状态。

1. 如果每个人不能在人海中用理智和心去辨别方向，那就没有也不可能有集体，没有也不可能有对集体每个成员的尊重，也没有自我尊重。

2. 每个人有能力克制自己的愿望，也有能力拒绝自己的某些愿望，使其与其他人的愿望相符。这个非常重要的内心素质是通过"敏感课""人道课"（前面讲过）培养起来的，这些课在于，人在用心认识另一个人的精神世界时，向他提供帮助，为他献出自己的力量，在另一个人身上留下自己的痕迹。为了其他人的利益克制自己愿望的能力，表现为通常所说的让步。如果人们没有这个能力，那么生活就会变成地狱。如果每个人都只遵从自己任性的愿望，那生活同样也会变成地狱。

3. 不断发展人的道德、感情、智力、审美和创造素养。只有当集体的精神不断提高，它才是一个集体，才能发挥巨大的教育力量。只有当每个人今天比昨天更聪明、更成熟、内心更慷慨，这一切才有可能。这里说的是集体不断的自我精神丰富，让其就像创造新人的众多雕刻师中的一个，永远专注于自己的雕像——专注于自己，用越来越细腻的线条来丰富自己的形象。

4. 要有高度注重的自尊心、自我尊重感。培养、珍惜、爱护每个人对自己的尊重，培养心灵对善意的语言和美的敏锐感知，我们就会提高集体的教育力量。人的精神生活有一个特殊时期，从五六岁到九十岁，我把这称为集体生活的准备时期。在这个时期尤其不能容忍粗鲁、冷淡、冷酷无情，因为这些是对儿童心里最柔软的组织进行击打，在这之后，它就会变得像公牛皮一样坚硬，没有知觉。教师请在这一时期警觉地珍惜儿童内心这个敏感的组织。要知道，如果在学生小时候，你没有使他拥有道德羞耻心，那么晚些时候，等到少年时期，学生就会嘲笑你的那些"严厉斥责"的教育诡计。一个人在童年时期遭受道德的惩罚越少，他对善意的语言反应就越敏感，他良心的守卫者，也就是心脏，也会越忠诚，由这样的人组成的集体也就越强大。

5. 儿童、学生成为好人的愿望，使别人认为他优秀的渴望。

这是集体教育力量最具活力的源泉之一，它充满着鼓舞集体活动的道德关系和思想的财富。当一个人看到自己同伴身上的好，体会到对道德美的惊叹和赞美时，他就会想要变得更好。而且只有在具有崇高思想的集体劳动中，才能开始自我尊重，而这决定着个人的整体精神面貌，及其对别人的态度。教育的智慧和技巧在于，让一个人睁开眼看别人，用高尚的劳动目的鼓舞集体。

6. 不能在集体面前展示个人的不足以供观赏，不能"把灵魂都翻出来"。人应该不害怕集体，而要因为集体发现了他身上的好，认为他很好，而感到高兴。集体管理个人的权力应该以非常细腻的人际关系为基础。只有当集体看到一个人身上的好比不好多得多的时候，这种权力才有效。

7. 集体成员兴趣、爱好、活动的多样性。如果学生千篇一律没有个性，就没有集体。只有当每个人都有自己独一无二的面孔，每个人都以自己的某些方式丰富伙伴之间的相互关系，集体才能获得教育力量。

8. 集体的社会积极性。集体的教育力量，它管理个人的权力，都取决于其对社会思想的表达有多鲜明。学生集体应该经常参与社会事业，参与共产主义物质技术基础的建设和巩固事业，参与完善人的事业。

9. 集体内部的经济关系。如果没有通过个人经验认识到自己对集体财富的责任感，那么，关于责任、义务、自觉服从、结合个人和公共利益的至理名言都只是美好的祝愿。多年的经验表明，集体中组织有效的从属关系——领导和服从正是从这种责任感开始的。

10. 在集体中不能有主动和被动的划分，一个人如果被划分到被动的部分，就会觉得，他只能是消极、不作为的，他的命运只是服从别人。集体成员的主动性不只取决于他会要求和领导别人。主动性应该是丰富多样的。要让集体的每个成员在最能充分展示自己天赋、才能和爱好的活动领域主动表达自己。没有人的全面发展，在现代学校里个人的社会积极性就是不可能的。在集体中不应该有任何一个被动、毫无个性、没有任何自我表现的学生，也不应该有唯一的主动性体现为领导别人的学生。领导权力应该来自于由各种创造性劳动中的天赋、能力、技艺、榜样决定的主动性。在学校集体里领导别人意味着首先要在劳动中成为大家的榜样。

11. 集体的多样性。只有每个人积极参加几个集体，其中的每一个都有各自的任务，集体的教育力量才得以显示。兴趣、爱好、各种各样的活动交织，探索自我，自觉发展自己的禀赋、能力和才干，只有在这些条件下，才能实现集体与个人的和谐统一。没有集体的多样性，就没有全部学生的主动性。如果学生的生活局限在一个基层集体内，他就会"筋疲力尽"，不可避免地会出现消极状况。

12. 儿童、少年、青年对人的关心，尤其是对小孩的关心。只有当每个人为另一个人贡献出自己的精神力量，关心他人，集体才能成为有效的教育力量。尤其是在观点、信念和生活理想形成时期，这种关心的教育意义尤其重大。

13. 集体教育者——教师的智慧。毫无疑问，集体是教师创造的产物，它不可能自己凭空出现，也不可能自己存活。没有聪明的教师，就没有集体。所以，不能严肃地采用"创新"提议，说班级没有班主任、集体充分独立。这就像让病人去治疗病人，是不可能的。教师作为教育者的智慧在于，不要让学生感觉到他管得太多，是形式上的监督者，要让孩子把教师的思想当成自己的思想一样重视，并去实施。孩子们从来不会把一个真正的教育大师当成统治者。但是，学生年龄越大，对教师的要求就越高。少年们已经完全明白，教师应该是他们集体的榜样、典范和良心。所以，少年和青年要求教师有丰富的生活经验和关于人的丰富知识。集体教育者是一种力量，依靠这种力量，集体的精神、道德、智力、感情和审美发展永远也不会停止。为了让这种发展成为现实，教师必须每天都接触学生的理智和心灵，必须不断地向他们开拓生活和人的精神世界的新境界。

[89]

在学校集体里可以讨论什么，不能讨论什么？

多年的教育经验使我相信，不是所有与学生行为举止相关的事情都能拿出来在学生集体中讨论的。不能在集体中讨论的事情有：

1. 儿童（少年、青年）因为家庭中明显或隐蔽的不正常现象，尤其是家长损害社会公益的行为，父母之间的争吵、打架和分歧而出现的不道德行为。在这种情况下尤其不能容忍的是，对青年学生不道德行为的讨论。学生本人非常了解自己的行为和家庭生活之间的关系，而把这种生活的悲伤面暴露在人前，会使他们感到压抑。

2. 孩子由于丧失亲生父亲或母亲而精神沮丧，由此产生不道德表现或个别的负面行为。无论一个孩子怎样故意破坏纪律，但如果他没有父亲或母亲，都不应该在集体中分析讨论他的行为。

3. 一些表现或个别行为，客观表现为孩子对家长，或包括教师在内的其他成年人粗暴、专横的反抗。这一点之所以非常重要，与其说是为了维护成年人的威信，不如说是出于孩子本身的利益。如果一个孩子通过不道德的行为表达自己的抗议，那么他就会把对自己行为的探讨看作是不公。

4. 儿童（少年）因为教师犯错而出现的不道德行为。教师绝对不能在分析学生不道德的行为时说："说的就是你，而不是老师，老师的事情与你无关。"同样不能容忍的是，在讨论学生错误的同时讨论教师的错误。

5. 教师在评定学生的知识时不客观引起的不道德行为。就像在很多情况下一样，我们在这里面临的是儿童的抱怨，而这是一个非常娇气、有些任性的伤口：你越担心它，离伤口越近，就会越疼，最好让抱怨这个伤口归于平静。集体中的一些事情完全不值得说，这不是因为孩子们没有明辨是非的能力（有时候他们对是非问题的解决不比成年人差），而是因为没有必要多次去触痛伤口。在很多情况下，多操心减少出现新的伤口（抱怨）会更有用。

6. 当学生的智力发展异常，或者他很努力，但就是学不会某个知识点的时候，学习就会落后。教师应该永远都能区分出懒惰懈怠和不懂、不会。如果教师做不到这一点，那他就不是一个教育者。当集体把不懂、不会当成懒惰和懈怠，带来的就只有危害、痛苦和抱怨。

7. 有些不正确的行为，要弄明白它，就要讲学生的个人隐私，讲他与同龄人、比自己年龄大或年龄小的朋友的友谊。在这种情况下，要求学生坦白，就会使他意识到、感觉到好像是鼓动他背叛、出卖朋友……在学生的相互关系中，事情并不像一眼看上去那么简单。孩子们对于荣辱有自己的见解、自己的信念，应该尊重这些见解和信念。

8. 有些不道德行为的动机是家庭中的特殊关系，让孩子们知道这些关系还为时过早，也不能向他们解释，应该巧妙、不知不觉地削弱、消除这些行为。

还有许多不能公之于众、公开讨论的不道德行为。很难概括这些行为，也很难为它们找到一个共同的公式化模板、一个完全通用的标准。

当初写下这些话的时候，六年级发生了这样一件事。

一个叫尤尔科的学生平白无故地说自己的同桌弗拉基米尔无耻。我们的少年们很清楚这个词是什么意思。但是如果尤尔科没有任何指责他的理由，弗拉基米尔就会感觉到自己受了委屈。可是相反，他却觉得良心有愧，觉得自己有错。发生什么了？事情原来是这样的，尤尔科眼睛近视，眼镜也不好用：他通过眼镜看到的东西的位置并不是它实际的位置。上绘画课的时候，弗拉基米尔和他开了个玩笑：尤尔科面前放了一些颜料，他刚一低头在课桌上开始认真画画，弗拉基米尔就把颜料盒移动了几厘米，尤尔科画的就不是他想要的那个颜色。

发现这个不怀好意的玩笑之后，尤尔科生气了，在回家的路上大哭起来。全班都听到了"无耻"这个词，但没有人知道弗拉基米尔的把戏，我也是过了两天才知道这个情况，而且不是听尤尔科说的，是弗拉基米尔主动承认了自己的错误。三天之后，尤尔科来找我，请我不要告诉任何人弗拉基米尔的行为……

多年经验使我相信，在我们遇到困难的事情，有时候是极其困难的事情时，应该坚持一条非常重要的规则：如果学生自己知道他们之间复杂的关系，并且也能够弄明白，那就不需要进行集体探讨。

读者可能会有一个问题：那在集体中，哪些是应该、可以进行探究的？答案是哪些都不应该。

我再明确一下：如果说的是过失，那就完全不需要研究讨论。首先是因为，真正的共产主义教育是完全没有或者尽可能减少不正常、不道德的行为；其次，集体作为一种教育力量不是通过对各种行为的探究而存在、影响个人的；最后，集体对各种各样的冲突研究得越少，它具备的教育力量就越强大。

还有一个非常重要的共产主义教育规则：要善于把冲突削弱、消除在萌芽状态，不要让火星燃烧起来，不要让它成为火堆，而要在它刚一开始燃烧的时候就熄灭。

大家可能会说："你是不是在支持'无冲突教育'？"是的，我支持没有那些百害而无一利的整治、冲动、暴力影响措施的儿童教育（这里说的正是儿童教育）。不要从成年人的社会学中照搬概念和规律到儿童世界。儿童教育中的震动、冲突、爆发不是客观需要，最好是在教育中不要使人感到震动。

[90]

集体的自主活动是什么?

精神生活的财富不是取决于自主活动,恰恰相反,集体的自主活动是丰富多彩的精神生活的结果。集体中人的知觉越发达,每个人给自己的同伴带来的精神财富越多,人在另一个人面前越鲜明地表现自己的内在美,这种美在为别人的福利进行的共同劳动中被认识得越充分,集体越能准备好真正关心自己每一个成员,对人与人的关系施加影响,使他们更具人文气息,表达崇高的共产主义原则、严格要求和对"我想做什么就做什么"这样的放纵任性的不可容忍。

年轻的朋友,请尽力做到,集体自主活动基于这样的关系规范,其中集体对个人的每个要求同时也都是集体对个体的关心和保护。我会在学校里的集体关系规范问题上做短暂停留,在严格要求人的同时也关心人。

1. 在班集体中(从四年级开始)每个学季都选出一个家庭作业完成情况和上课出勤情况表现突出的学生。每个学生来上课的时候,告诉这个"教师助手",他是否完成了作业。如果没完成,就说明原因,为什么没有完成。教师助手总结家庭作业检查情况,并告诉教师（比如，3个学生不懂题目条件，一个学生不会算术运算）。每位教师在每个班级都有他所教这门课程的"辅导老师"（可能有好几个）。这是最优秀的学生，通常，他们是超过大纲学习的，他们知道的比成绩优秀要求的知识更多。听完"教师助手"对家庭作业完成情况的汇报，教师立刻就委托"辅导老师"帮某个学生解释某个知识点。教师还应该完成这样的实践工作：

必要的时候，教师也要自己给学生辅导。只在上课之前补课和辅导，下课之后从来不需要任何的补课。所有人下课后马上回家，没有一个人会留下来补课。如果想补课的话，就在上课之前去。但正是因为贯穿整个学校工作的相互信任的精神，因为学习是在尊重人的基础上开展的，每个人首先都对自己要求严格，所以从来也没有不让需要帮助的学生早早来补课或辅导的情况。

2. 集体选出一名学生统计社会公益劳动。我们的各个班级按顺序在学校的教学试验田或集体农庄里工作，每天都有一两个班级工作（这取决于需求量，但一定要全年都劳动）。组织社会公益劳动的学生进行统计：注意看每个人是怎么工作的。如果有人出于正当理由今天不能完成工作，他就可以请社会公益劳动组织者把他安排到明天或后天的另一个班级。如果生病，可以在康复之后完成工作。没有，也不可能有任何正当理由使任何人免除劳动。

3. 从二年级开始，每个班级里都有一名学生负责班级经济（图书室、直观教具、练习本、画册、颜料、打扫教室的笤帚和抹布、在体育馆上体育课的运动鞋和粉笔），也负责统计班级值日。每天安排两名值日生，他们胳膊上绑着带字的袖章。

值日生的职责非常广泛，他们要在上课前15分钟到教室，在门口铺上湿毯子，不让一点灰尘带到教室里，呼吸到灰尘也是不允许的。下课之后再次用湿抹布擦黑板和课桌。

4. 每个班集体每年选出一名学生负责同学的健康。他要统计（在家）做早操的情况。周六的时候，健康负责人会询问，有没有人哪怕只是一天没有做早操。之后班主任会和这些学生进行自我教育谈话。健康负责人同样也会记录下感觉身体不适的学生，并告诉教师，教师会送生病的学生去看医生。

5. 每个班集体中（从三年级开始）选出一名学生负责全班记日记的情况。学生把教师在记分册上给他的评分记到自己的日记里，在日记本上签字的不是教师，而是负责统计日记情况的学生。我们认为集体的这个自主活动意义极其重要，其中表达了集体信任的精神。这里应该有一个前提条件：如果学生做不好作业，我们就不给他任何评分。评分只是一种积极的劳动成果，而没有评分，意味着还没有做到应该做的。这可以预防负责日记统计的学生与全班学生关系中的不正常现象：学生从来不互相在日记中记录不及格分数。如果一个学生的日记本中没有分数，比如说，语法课，对家长而言，这就是一个让人忧虑的信号：儿子（或女儿）在哪个地方学得不好？

6. 每个学季和学年结束之前，班集体（从四年级开始）决定降低哪个学生的表现分。大家开会解决这个对学生非常重要的问题，在会上，教师（班主任）拥有和学生相同的投票权。学校里还有这样一个规则：如果班集体对表现分达不成一致意见，那就交由教务委员会最终决定。但我们还从没有出现过必须由教务委员会决定的情况，表现分并不由教务委员会批准。

7.共青团委员会和少先队委员会分配学校账本上由教学试验田、花园、小树林劳动所得的物质财富，也就是钱。每年这个账本上都会进账两千多卢布，由共青团员和少先队员决定把钱花到哪里。可以用这些钱为需要的人提供物质帮助。如果学生家里发生了什么不幸，告诉自己的同学，他们也会帮助他。还可以用这些钱组织旅游参观，购买乐器，为兄弟共和国的客人买礼物。

这就是集体内部组织有效的物质生活的自主活动训练，它是在集体自主活动的基础上构建的社会政治和智力关系的必要条件。我们力求，让自主活动在精神生活，尤其是在社会政治生活中得到鲜明表达。少年、青年的社会和道德成熟正是取决于此。前文说过的课程小组、跨年龄集体、为居民举办的自然科学知识晚会，所有这些都是生机勃勃、富有创造性的组织和自主活动。

[91]

课堂上的思想教育是什么？

在教育教学工作实践中有这样一个广为人知的论点：一个人掌握知识的同时，也就培养了道德素养，掌握知识本身就是道德发展的过程。教育学上的道德观在许多教师的意识中根深蒂固，以致于让他们摆脱这种僵化的信念非常困难。课上教育被认为是由于学生获得知识而自行发生的事。"通过文化程度来教育""通过知识来培养道德"，以这些信念为基础的教育学道德观同样也是错误的，实际上它会产生自满情绪和盲目乐观。

生活使我们相信，获得知识，理解自然科学和社会规律，好建议和高评价，这些其实还不是道德教育。教育是从知识转变成信念开始的。实践证明，可能只有当真理知识触动灵魂，使内心激动，激发人在工作中捍卫人们认为神圣珍贵的真理，那时候才能谈到信念。

人们拥有知识，珍视信念。缺少这样或那样的具体知识，不代表人的道德不良。没有信念，哪怕是有知识，都表明人的道德缺少个性。

我建议年轻的教师：如果想成为一个真正的教育者，首先就要善于发现知识与信念的差别。要善于为信念创造基础，要善于唤醒大脑对生命的感知，而在神经的跳动中流动的是道德的热血，也就是坚强的信念。

请记住，关于自然界和社会事实的知识是形成科学、社会、政治和道德思想的基础。在事实知识和信念之间有一座桥，这就是思想。知识通过思想变成信念，而思想已经不是简单的知识，思想中有"灵魂的碎片"——一个人对他所知道的事物的态度。可以详尽地了解尤利乌斯·伏契克的悲剧英雄生活和斗争故事，但关于事实的知识还不是思想。当读者在思想上成为英雄忠诚的追随者时，才会诞生思想。如果你的学生准备与英雄肩并肩，准备为英雄共产主义者付出生命的事业奉献出自己生命的时候，你作为教育者，就要与思想打交道。思想的特点在于，在对具体事例思考的基础上得出结论、总结，由于人对事件、现象和事例的个人态度，这些结论具有一种鲜明的感情色彩。

信念诞生于事实知识向思想转变的过程中。教师的任务在于，赋予这个转变鲜明的情感表现力，要做到，让人不要成为冷漠的"知识消费者"，而是切身对原理和真理感兴趣的个体。

任何科学知识都是思想教育的材料吗？不，不是所有知识都是。有一些知识的思想含义是中性的（当然，这不是说课堂上学习的知识就不是教育）。在学习乘法简便算法公式的时候，无论是在资本主义社会的学校里，还是在社会主义社会的学校里，科学真理相对于道德都是一样的。

但是，即使是自然科学课程中，有很大一部分知识本身也有炽热的思想斗争和冲突。许多科学原理是人们付出了珍贵的代价才获得的，甚至有杰出的思想家为此付出了生命的代价。年轻的朋友，我建议你，在学习这些真理时要非常认真。讲到太阳系的时候，语言中要表达出对思想家的深深敬意，他们的思想是对民众的保守、无知和精神奴役的反抗。要塑造鲜明的思想家——战士的形象，向少年的头脑中传导一种思想，即真理永远都是充满革命精神的。

你在物理、化学、生物、数学课上讲解教材时，不能只是冷冰冰地叙述原理，你的讲解中应该充满求知探索的精神，要激励少年研究者为真理而战，在艰难的科学道路上不断前进。请这样教自然科学课（物理、化学、生物、数学、天文学），要让科学知识的认知、思考、掌握，对于少年的头脑和心灵来说，都是一种内在的斗争——理智、心灵反抗经院哲学、无知，反抗使人不抗辩地信赖教条、禁止他人思考和大胆作为的宗教毒害的斗争。要让你的所有课都贯穿着人类的求知精神、永远坚持对真理和认知的热情的思想。

善于思考的教师会非常仔细地研究自然科学课程大纲中的一些章节，这其中可能有新发现，可能有尚未被探索、无法完全用科学解释的东西。空间与时间的关系、物质与能量的本质、光的本性、粒子和反粒子、重力，一个善于思考的教师要用理智的思想把所有这些概念变得高尚。不能让学生在上完讲解浩瀚宇宙的课之后，感到自己只是一粒微不足道的尘埃。

在人文科学各学科的课堂上，没有也不可能有中性思想含义的知识点。我的朋友，如果你教历史，那你的教育任务首先就在于，要让你上课时面对的不是某个抽象的学生（这样的学生在自然界中是不存在的）。

你应该看到自己面前具体的、活生生的、独一无二的人——科利亚、妮娜、瓦利亚和谢尔盖……每个都是有着深刻的个人思想、情感、志向和激情的人。这一点极其重要，因为只有存在活跃的人的个性，思想的鲜活血液才能开始流动。思想只存在于人具体的精神世界中，在他的思想里、行为上和斗争中。无论你给学生讲的是什么——斯巴达克斯率领下的奴隶起义，俄国反抗巴维尔一世的阴谋政变，密谋第二次世界大战的秘密厨房，英勇的斯大林格勒战役，你永远都要直接面向具体的某一个少年、青年的精神世界。一刻也不能忘记，在你面前的是科利亚、妮娜、瓦利亚和谢尔盖。思想只存在于他们的心灵和头脑里，我的朋友，请记住这一点。这就是为什么你作为人文学科的教师，应该关心让科利亚、妮娜、瓦利亚和谢尔盖不要成为冷漠的知识消费者，而要让他们感觉到自己是活生生的事件参与者。人类社会的历史永远都是一部斗争史。在剥削社会，是进步与反动的斗争，而在无阶级的共产主义社会，是人为了掌握自然力量、为了建设共产主义进行的斗争。历史教学的教育技巧在于，要让掌握知识的人受到战士精神的激励。

怎么才能做到让少年、青年听你的讲解时，自己也成为战士？这取决于两个条件。而这些条件又取决于你，作为教育者的教师，取决于教师集体，取决于学校的整体精神生活，取决于学校有多积极参与社会生活。

第一个条件是学校里、集体生活里、学习中和社会公益劳动中的时代精神。只有当人理解感受到我们时代的意义，才能在掌握知识的同时明确自己的位置，永远站在进步、先进的一面。也只有让少年的头脑和心灵明白并感受到，我们的时代是英雄的时代，在我们眼前正在实现最伟大的成就，到那时，课堂上的教育才可能具备思想性。

只有通过现代性的棱镜，才能正确看到并理解任何历史事件的含义。把现代性的精神灌输到青少年的头脑和心灵中，这是学校难度最大的任务之一。

第二个条件是思想与教师个性的和谐统一。用思想意义升华事实，把事实知识转变成信念，没有教师的个性，所有这些都无从谈起。思想存在于书籍中，有些书的内容就像烧红的铁一样滚烫，就像阳光一样耀眼。学校里的共产主义精神，取决于教师有多频繁和怀着怎样的思想和意图来翻看这些滚烫的书页，阅读后又会激发你采取什么行为和进行什么活动。要向学生的头脑和心灵中灌输思想，教师仅仅掌握深刻的知识是不够的，还应该好好思考知识。思考你从人类财富的宝库中汲取了什么，向学生的头脑中灌输了什么。我相信，不是每一个充分了解自己课程的教师，都具有思考知识的宝贵天赋。思考知识，意味着知道、能预见到并期待着每一个真理会触碰人内心的哪个角落，会激发什么样的思想、问题和疑虑。思考知识，意味着让自己站在青少年的角度，能够赞同他们的观点。那些善于思考知识的教师，他们的学生具备一种罕见的宝贵品质：学习教材的时候，他们似乎是从其中抽离出来了，从教材的思想转向关于自己、关于自己命运的思想。

教学的思想性是唤醒对知识的渴望的最重要刺激因素之一。学生越鲜明地确立自己的思想位置，他就越深信人类对真理的不懈追求，越想要知道更多东西。在那些课堂上思想蓬勃迸发的学校里，书籍是青少年形影不离的伴侣。阅读和独立思考书籍，这些都是喷涌的思想源泉。思想和信念的本质就是这样的，人相信也珍视他通过自己的劳动、思考和探索得来的东西。

如果你想让学生的知识变成强烈的共产主义信念，就要像怕火一样，害怕死记硬背、熟记现成的原理，"囫囵吞枣"，不加思索。好好思考一下谢·格·拉佐的至理名言："信念要饱经磨难才能得到，要检验它的生命力，要与别人的信念切磋……与其背弃自己的信念，还不如放弃自己的生命。"[17] 思考知识恰好是，也应该是与别人的信念"切磋"。关于自然和社会的知识不应是一套不容反驳的真理，而应该是斗争的结果，是观点的碰撞。在课后读书的过程中还要让这个斗争、这些碰撞继续存在。请找到适合自己学生的书，在这些书里真理不是现成的、自古有之的烈火，而是由那些为真理而战的胜利者内心的火光所点燃的熊熊火炬。

[92]

怎样让时代精神深入青少年的头脑和心灵？

世界上正在进行尖锐、不可调和的意识形态和政治斗争。受资本家资助的数十万资产阶级思想家在污蔑我们的国家，数百座广播电台无时无刻不在发出数不胜数的谎言，所有这些都以使我们年轻一代精神堕落为目的，要使他们相信，没有也不可能有任何值得为之斗争的思想。资产阶级"自由"生活方式的鼓吹者和保护者暗地里想要使我们的青年人相信思想生活是虚幻的，在共产主义和社会主义社会，人的最高目标是物质富足，而不是什么"虚无缥缈的思想"。使苏维埃青年彻底放弃共产主义思想，这就是资产阶级宣传的主要目的。

我们应该用崇高的共产主义思想对抗这些企图。我们的男女青年应该明白并感受到，在我们国家，在他们周围，他们的父母亲、兄弟姐妹，还有他们本人都是在用自己的双手完成世界上最伟大的道义——建设新的、世界上最公正、最民主的社会——共产主义。

感知共产主义的公正、伟大和美好，这就是时代思想的内核，青年的思想、期望和追求都应该围绕它展开。不积极参与前文讲过的共产主义劳动，就不可能激发这种感知。但这还只是教育工作的一个方面。只有当劳动与思想相结合，当人体验到思想的斗争，自觉分析这个斗争，明确自己位置的时候，才能使现代性的精神深入少年的头脑和心灵，在他们的心中树立共产主义信念。

我们力求，在高年级（九、十年级）进行政治报告时，鲜明地、生动地讲述思想斗争。一周召集一次所有高年级学生，由校长给他们简要讲讲国内外发生的大事。在政治信息中占有很高地位的是，资产阶级思想家在谈论我们的什么，以及他们的谎言是怎样被我们的社会主义现实揭穿的。资产阶级思想家的一些说法引得青年男女们发笑，因为它们实在是太拙劣了。每一次新座谈，都使青年男女们更加相信，真理是站在共产主义思想这边的。

我们的时代思想是感知人道主义精神的伟大和美好。我们的思想活在人类的事业、命运和行为中。每周召集高年级学生的时候，我会给他们讲些一眼看上去微不足道的小事，但如果深入思考这些事情的意义，它们就会震撼人心，激发一种自豪感：有些人虽然只是我们社会上的普通大众，但在自己的事业中却是青年的指路明星，而我们是他们的同胞和同时代人。

我的故事中有一个是关于俄罗斯女性叶皮斯基尼亚·费奥多罗夫娜·斯捷潘诺娃的故事。她的9个儿子全部在我们伟大祖国的自由和独立战争中牺牲了。听到这位母亲的话，没有一个少年不动容："战士们都回到母亲身旁了，我问了他们每一个人，我的儿子们在哪里……我日思夜想，等着他们回家。"

我重复着这位母亲的话，给学生们看她的照片，她的身上体现了全人类的美好、伟大和智慧，我力求使这件事中震撼人心的悲剧声音深入少年的头脑和心灵，让关于这位母亲的话发声，就像为那些没有从战场上回来的人吟唱的安魂曲一样，让我的每个学生都能给自己提一个问题：谁来为这位母亲无辜的眼泪负责？让每一个人在生命刚开始的时候都能因高尚的公民感而激动不安，让每个人更加憎恶祖国的敌人。

还有两个拖拉机手的故事，他们为使国营农场几千公顷的小麦免受火灾而献出了自己的生命。讲这个故事的时候，我给自己定了一个教育目标：让每个少年、青年在英雄被烧死的火场里，发现自己内心最宝贵的角落。"我年轻的朋友们，你们要知道，在我们的社会中，没有什么比人更珍贵的了。但是如果人听从内心的驱使为了什么付出自己的生命，那就意味着有的东西是我们每个人的生命无法与之相提并论的，那高尚神圣的东西，就是祖国。"

每一天、每一周向学生们开启我们的英雄时代的鲜活故事的新篇章，就像这两个故事一样。我的朋友，要善于在青少年面前打开这本书。打开它，不要遗漏这本炙热的书中的任何一页。

[93]

要善于使美德具有吸引力

如果青少年们被一些鲜明的东西所吸引,这就意味着,有必要把我们最高尚的伦理道德原则变得鲜明。有位教师认为:我们的道德原则本身就很完美,不需要任何特殊的呈现形式,不需要加以"修饰"。事实远不是这样。一个原则越高尚,揭示这个原则的活动就应该越鲜明、越具有表现力。要诚实、正直,对伪善不容忍、不妥协,如果我们只是无止境地重复这些话,那它们对学生而言就会变成令人腻烦的教训,他们会认为这些话就像那些有益却令人讨厌的鱼油一样。诚实、正直、不容忍欺骗应该是激动人心、具有吸引力、令人羡慕的活动(这里要说明,活动和美德的结合与统一是实践教育的主要问题之一)。

我们成功做到了,让男女青年在独立完成作业的时候不作弊、不偷偷翻书,因为作弊和翻书会对自己有愧。如果总是翻来覆去地说:靠自己的力量劳动就是好;剽窃、利用别人的劳动成果就是不好,那我们善意的教导就会变成令人厌烦的教训。我们要激励学生去参与那些揭示美德的美好和充满魅力的活动。我们的学生从小每年暑假都会在"蓝天下的学校"住几天,也就是用干草或树枝搭成的窝棚，孩子们在这里度过酷暑。在这里，不仅仅是完完全全的自我服务，还要实现所有必需食物的自给自足。孩子们在去"蓝天下的学校"之前，带一些食物到这个秘密基地（任何事情都需要一种浪漫色彩，这就是我们的秘密基地），把食物装在纸袋子或金属罐子里。秘密基地里不需要悄悄统计每个学生带来的食物，也没有说谁骗人了这样的情况，做这些事情毫无意义。孩子们在这里切身体会到，他们通过自己的劳动、自己的操劳为集体创造了快乐。如果有人想要欺骗集体，那么大家就会认为他有偷盗快乐的企图。

在童年和少年时期，孩子们有自己的物质财富——集体图书室。全班升学的时候，图书室就会转交给下一届的小朋友。在个别情况下，图书会送给某一个低年级学生。这件事使学生们激动不安，终身难忘。

我们的青年男女学生努力为那些丧失劳动能力、独居的人带去快乐。每年春天，高年级学生都会给独居老人建造几个花圃，这项劳动笼罩着美德的浪漫光环。在这些日子，学生们体验到一种思想：我们所有人都会变老，年轻一代也会关心我们。在青少年时期就体验到这种思想是多么有必要啊！它可以美化男青年的心灵，使他成为一个真正的男子汉，使女青年准备好接受伟大的母亲使命。

浪漫、富有吸引力的关怀老人的劳动，这就是最有必要、最高尚的活动。我的朋友，不要放过任何一个机会，触动儿童内心深处某个珍贵角落里对老年人的关怀和忧虑。关怀老人是最动人的爱。漠视老人最终会严重损害社会——人的内心会变得冷酷无情。

[94]

教师的权力是什么?
它应该如何体现?

　　这是最细微同时研究最少的教育问题之一,也就是一个人管理另一个人的权力的问题,是年长者对年幼者的管理权力。在教师拥有的教育手段里,也就是教师管学生的权力中,有最有必要、最普遍、最全面,但同时也最锐利、最危险的手段。这种权力是一把刀,可以有最细腻、不引人注意的操作,但同时也可以触痛伤口。这把刀相当危险,但同时却也是必需的。这是体现教师意志和耐性、培养勇气和智慧的工具,但同时也可能是教坏、曲解学生心灵的工具,一切都取决于,怎样利用这个工具,用什么样的精神激励与人交流。每一年我都更加相信,管孩子的权力是教师最困难的考验之一,这是他教育素养的判断依据和标准。

　　你跨进学校的大门,决定一生致力于创造人的崇高使命,请记住,我的朋友,你可能会陷入反复无常、情绪冲动的危险。成为一条汇集了火热的心和冷静的理性的河流,不做出草率、未加思索的决定,这就是教育技巧的不竭源泉之一。如果源泉干涸了,那么所有书本教育知识都会变成草芥,不值一提。

　　当一个人无限信任另一个人,他在某种程度上就会对人不设防。我在整个教育生涯中都在思考这一真理。而孩子正是这样无限信任一位好教师的。

当孩子走进学校大门，成为你的学生，他就无限相信你，你的每一句话对于他而言都是至理名言，对于他你就是智慧、理性和道德的楷模。珍惜这份信任，意味着珍惜儿童不设防的心理，要让这个教育智慧成为你自我教育的衡量标准。教育上的愚昧无知开始于，教师由于自身的局限性，企图把儿童不设防的心理变成他圈养小鸟的笼子，做他想做的事。不了解儿童不设防的心理，就是教师处境不佳的主要原因之一，他最终会丧失管孩子的权力，因为你不能把人当成笼子里的小鸟，强迫他听话。

当你明白，并用心感受到孩子的无限信任和由此必然出现的儿童不设防心理，而你管孩子的权力是建立在这份信任和不设防的基础之上的，只有到那时，你才有权力成为一位教导员、一位教育者。你应该深思，用心倾听，弄明白无限信任到底是什么。可能，孩子盲目信任教师的时候，他就会有意识地拒绝一切个人的想法，可能会做一切杜绝个人自由、娱乐和欢愉的事情。

不，事情完全不是这样。儿童的信任，无论它是多么无限的信任，这都是一个人的信任，而这个人追求精神财富、丰富多样的个人生活——足够的观感、思想和美的享受，追求丰富的人际交往。孩子们想要让那个聪明、拥有生活经验的长者关心他的利益。请像珍惜无价的财富一样珍惜这种愿望。只要这种愿望还在，你的面前就可以开启通往儿童内心的道路。只要你愿意，儿童愿望的出发点就是好的，而这在于，要珍惜儿童这种想要你成为他的朋友和教导员的追求。

孩子无限信任教师的时候，他就会用心感受到，无论多难，他的大朋友都能找到任何艰难处境的出路。

应该怎样珍惜儿童的无限信任？为使教师与学生之间永远维持诚挚、善意、和谐的人际关系，教师应该成为怎样的明智、慈爱的儿童保护者？教师管人的权力应该有多机智？面对这些问题的时候，永远也不要忘记一点，孩子是和你一样的人。

珍惜儿童的信任，因为它就是孩子对教师的爱，这就是教师管人的明智权力的中心点。孩子努力寻找，并找到教师的保护，正是基于这个中心点，基于这份信任。请像珍惜无价珍宝一样，珍惜儿童的这一追求。只要孩子还满怀希望地看着你、信赖你，那你就是一个真正的教育者、教导员，是生活的导师，是权威，是生活智慧的鲜活体现，是他的朋友和伙伴。请记住，这些事物非常脆弱，很容易就会被破坏。如果你破坏了它们，那么你作为教育者的生涯就到头了。你就只能成为一个监督者，而不是教育者。

[95]

怎样珍惜儿童的信任？

在这个非常细微的教育领域里，最主要的是深刻理解，确切地说，是用心感知儿童世界、感知童年时代。

童年，儿童世界，是一个特殊的世界。儿童有着自己对善恶、好坏的认知，他们对美有自己的标准，甚至对时间也有自己的测量：童年时期一天就像一年，而一年就像一辈子。要进入这座名为"童年"的神奇宫殿，你应该要转变形象，在某种程度上成为儿童，只有这样，你才能获得管人——管儿童的明智权力。

我的朋友，不要认为，我把儿童世界理想化了。我非常清楚，童年是由我们成年人给儿童留下的东西所创造的。但正是因为儿童是株会长成参天大树的娇小幼苗，所以童年也要求对其有极大的尊重。教师权力的智慧首先就是他理解一切的无限能力，在这里不可能有任何的限制。请记住，儿童没有蓄意制造恶的想法。教育上的无知开始于，教师认为儿童是故意做不道德的行为，所以给他强加了这种想法。教师在尽力"砍掉恶根"的同时，也砍掉了所有的根，童年的这株活苗就干枯了。

指责那些实际上并不存在的故意使坏、懒惰和懈怠，会使儿童觉得受到了很大的不公，这会使他远离教师，抛弃对教师的信任。你在破坏儿童对你的信任的同时，促使他开始用执拗、故意不听话、做一切违背你要求的事来保护自己。请记住，当儿童对你的信任出现裂痕的时候，这一切就会出现。

请带着极高的教育智慧对待儿童的各种轻率行为，这些行为并不是故意使坏，而更多的是记性不好、无知，或者无意犯错。在这种情况下，不要急于去公开批评儿童的行为，就让知道这件事的人只有你一个。你有权知道一切，明白一切。你应该明白，为什么一年级学生会拿走同学漂亮笔盒里的彩色铅笔，把它们折断，然后把拿铅笔的手放进口袋。请不要过于担忧，这不是偷窃。你应该明白，为什么孩子们听到上课铃响还不跑进教室，还想在草地上"再玩一会儿，还有一分钟"；为什么费佳不听题目条件，而是屏息看着飞进教室的蜜蜂；为什么在大家朗读课文的时候，奥克萨卡不朗读，而是在吸墨纸上画花朵；为什么去树林游玩的时候，三个爱吵闹的学生——米科卡、皮利普科和彼得里克——故意掉队，藏在了树丛里。

为什么，为什么，为什么……有无数的"为什么"和无数的矛盾冲突。教师与学生之间的冲突是教育无知的极端表现之一。教师缺少如父亲、母亲般宽宏大量的智慧，缺乏足够的教育权力，不理解他是在与儿童行为、儿童思想和观点打交道，到那时就会出现这种现象。绝对不能把孩子和成年人相比较，因为没有可以同时测量成年人和孩子的统一标准。

我记得一个叫德米特里克的小男孩，他当时上三年级。想象一下，正在上语法课，你在黑板上讲语法规则，所有人都在听讲、记例子。德米特里克似乎也在写，可你的心里却在为这个孩子担忧。他眼睛里两颗眼珠在滴溜溜转，他好像在书桌下忙着自己的事，有什么东西使他不能好好学语法。

你悄悄地走到他身边，看到他面前放着一个半开着的火柴盒，里边有什么东西在微微动弹。德米特里克完全沉浸其中，他的眼睛和思想都集中在那个火柴盒里。你仔细看看，发现盒子里有一只甲虫，很小，只有一只角，就像一把锯，它在用力割这座监狱的小门，却怎么都割不断。

当然，你可以生气，可以批评这个小男孩，让他流泪悔过（而自己气得神经发颤），但这有什么用？唯一的效果就是白白浪费时间，甲虫会成为全班的娱乐，孩子们都会羡慕德米特里克，并且嘲笑你的生气。

在这种时候就可以好好思考一下：孩子，你心里在想什么？为什么就不能让自己离开甲虫半小时，学一下语法规则？然后你拿起了火柴盒，盖上盖子，装进口袋，用手摸摸德米特里克的头，再解释一遍规则，让他来写。你就会发现，他懂了。会有这样的孩子，他们一只眼睛看着独角的甲虫，另一只眼睛却在看黑板，毕竟还是有些东西留在他的脑子里了。

下课后德米特里克来到你的讲桌旁，默默地低下了头。他的眼睛里，藏在长睫毛下的黑眼珠还在转。但他瞒不了你，他的眼睛里还有泪花。把甲虫还给德米特里克，并请他讲讲，是在哪儿找到这么奇怪的生物的，是怎么让甲虫"锯"这座监狱的门的，他之后要怎么处理这只甲虫？德米特里克很乐意讲，他会拉着你的袖子带你去灌木丛，按照他的说法，就是在这里，这些甲虫会在光照下爬行,三年里会飞起来一次。

在这样的故事中常常能听到教育者暗示说,在这种情况下,他会从自己教育智慧的顶峰走下来,来到儿童的兴趣世界,让自己善意地对待儿童。但孩子们不能容忍这样的故作宽厚。真正的教育不是说教师从顶峰走下来到平地,而是要攀登上童年的细微真理之峰。向上攀登,而不是向下走。不要模仿孩子,不要按照儿童兴趣的局限性进行调整(如果我们自己不限制儿童兴趣的话,就不会有这样的局限性),而要成为一个有智慧的教导员。

人管人的智慧,尤其是成年人管孩子,是一项巨大的创造,是对儿童思想和情感世界的亲切接触,是善于理解儿童语言,使自己保留一点童年色彩,同时也不要阻碍儿童的发展。当我看到,作为成年人的教师,也是一名学生的父亲,把正在上五年级的孩子叫来,问他:"喂,你为什么上课一直笑?一直要到什么时候?难道少先队员能这样做吗?"我认为,这个教师是突然参与了儿童的游戏,但却不明白,这是什么游戏。小男孩沉默了,一句话也说不出。但是在教师这样提问的情况下,如果一个五年级学生能立马回答上他的问题,那才会令人非常吃惊。通常,学生并不知道自己为什么笑,教师可能也不知道。他没有权力知道为什么孩子会做出这样或那样的行为。结果就互相不理解:教师不理解学生,学生也不理解教师。有时候你看着他们就会想,他们说的是不同的语言吗?

请记住,儿童想要知道在哪里"展示自己",在哪里树立自己的意志、理智、良好的理解能力和发明创造能力,而少年更甚。一个活生生的生命，在你的帮助下认识世界，逐渐长大成人。在这个艰难的成长过程中，教师应该特别谨慎运用自己的权力：大人的意志可能很容易就会变成专横，有时候还会变成对人的摧残。不要压迫和破坏，而应理解和支持，不要使孩子内在的精神力量失去个性，而要树立他的自尊心，只有这样，教师才能实现自己管人的权力，也只有在这个条件下，这种权力才能变得明智。如果孩子做了什么不应该做的，请不要用"暴力""武断"的手段对他施加影响。不要在你复杂的人道主义实验室里，用敲桌子、大声呵斥来发出声响。一个好动、爱笑、永远吵吵闹闹的淘气孩子可能会变得没有热情，眼睛呆滞无神，可能还会驼背、不幸，这是一种不好的情况，不要被它所吸引。请像珍惜至高利益一样珍惜人的自豪感，珍惜人不可侵犯的荣誉。请记住，那些淘气的孩子，他们每个人对于一切都有自己的想法和观点，这就是你作为教育者的幸福。而像影子一样意志薄弱的学生，他们的个人思想会被你的暴力手段从脑子里打碎，他们会永远毫无保留地顺从你，那这就是你的不幸。

要知道，一个控制不住的淘气包和"爱闹事的人"在必要时候会表现出自己的善良热心，而意志薄弱、无条件服从的学生，经常会对一切无动于衷，他也不会觉得自己残酷，不会认为自己会直接无视因为个人利益而产生的不幸。摧毁人意志的"暴力"和"武断"的影响手段会使他变得冷酷无情。

[96]

请用书籍、理智和
信念管理学生的心灵

我曾经有一个叫尤拉的学生，他很聪明，但性情有点古怪。就像细细的芦苇茎对轻轻的微风很敏感一样，尤拉对真理与谎言、荣誉与耻辱很敏感。

我往图书室带去了几本讲遥远国家和自然现象的书籍。当尤拉看到这些介绍海底的书籍鲜艳美丽的封面时，两只眼睛在发光。他请求读读这些书，我把书给他的时候，他激动地问："等我读完了，还能再给我书吗？"

"当然了，"我回答道，"哪怕你能一天读一本书都可以。"

我不小心有些夸大其词了：关于遥远国家、海洋深处、热带雨林和寂静的北极，一些不同寻常的奇遇，当时我并没有足够一天读一本的这种书。而尤拉正好过了一天之后，就来要读新书。几周时间很快就过去了，但书架上使尤拉感兴趣的书已经不多了。后来我总是因为一种思想而心绪不宁：过一周之后该怎么办？因为这个上五年级的小男孩尤拉无法想象，我这里突然就没书了。等他明白过来我骗了他，该怎么办？问题不只在于我们的友谊会破裂，我在自己的这个小房间里，再也看不到儿童信任的目光，听不到他问:"您还有很多书吗?"(隔壁房间当时是我的图书室,我不让尤拉去看那个房间,害怕他会立刻对我失望。)问题还在于,我会失去管理这个性情古怪的孩子心灵的权力,我相信,他具有独特的性格:会接近那些在小细节上言行一致的人。

终于有一天,我去哈尔科夫、波尔塔瓦、基辅这三个城市旅行。我花了两个月的工资,但回家的路上却异常兴奋。好不容易才把所有书捆在一起带回来,我还怕被尤拉看到。

尤拉在七年级毕业之前学习了三年(当时是七年制小学),这三年时间里,我每天都在想,要选哪些有趣的书让他读。我感觉到,小男孩思考的不只是读过的书的内容,他似乎是在根据书来判断,都是谁在读这些书。那时,勤于思考、要求严格的他是我的裁判者。读过的书思想含义越深刻,我们的谈话就越有趣,他就越愿意接近我,这些谈话的时间带给我的快乐也就越多。

这三年对于我来说是真正的磨炼。从那时起,我每年都会有几个像尤拉这样拥有求知的头脑和敏感心灵的学生。如果没有书,我就不可能管理他们的意志。从书籍中燃烧起了儿童和青少年的兴趣,就像小火光一样。我感觉自己处在学生的严密监视之下。如果我有哪怕一天不积极走进书的世界,那我就会失去管理学生心灵的权力。他们就会不需要我,因为我什么也给不了他们。而一个什么都给不了学生的教师,对学生而言,就会变成一个令人懊恼的监督者,他们会忍受他的权力,但并不尊重他。

亲爱的朋友,我想建议你:请管理自己学生的头脑。没有比左右学生的思想更有力地左右学生意志的手段了。只有当你在书的世界里拥有丰富多彩的生活时，你才能管理学生的思想。如果采取了正确的方法，那么最敏感、具有独一无二个性的、性情古怪、"叛逆"、倔强性格的人都会变成书迷。请用书和理智来征服他们。

[97]

怎样规划教育工作？

  这里没有任何的模板和处方。一切转移教师在直接教育工作中注意力的事情，任何为了展示而进行的写作，都是完全不必要的东西。但规划教育工作不属于这样的活动。这是教育工作的一个组成部分。没有规划，我就无法想象有充分价值的教育，尤其是那些我认为难以理解的组成部分。

  规划教育工作，首先就是对教育典范的设想。教师应该设想一下，他在作坊里的这块"大理石块"应该从别人给予的东西里获得什么。这个设想的清晰程度决定着对教育工作本质和规划必要性的理解。

  你刚开始工作教一年级（有时候你的教育工作是从学龄前儿童开始的），要教孩子们到三年级，但你应该设想到教育工作道路的最后——到中学毕业，到学生迈出独立劳动的前几步，到他完全成熟，成为母亲或父亲。请制订一个未来 10～15 年时间内需要的活动计划（不只是在学校学习期间，也包括中学毕业后），以便使你的学生拥有清晰、求知、发达的头脑、高尚的心灵和灵巧的双手。首先要列一个世界文学宝库必读书目，你的学生们应该在学校学习的10年时间里读完这些书。我们还会列一个"储备"书单,这里边是一个人在中学毕业之后,独立劳动时期应该读的书。怎样使学生在中学毕业之后仍然是我们的学生,继续去读哪些应该读的书?关于这一点专门写一本书都嫌少,因为这是一个相当重要的大问题。

之后请思考,并写下来你的学生从学习的第一天开始到成熟,应该用自己的双手为母亲、父亲、其他人做些什么,才能成为一个真正的人,知道什么是劳动、荣誉、尊严、友谊和关怀别人。然后请再列一个社会公益劳动清单,你的学生应该参加这些劳动,以进行最早的公民教育训练。如果没有社会公益劳动,那么阅读这些书将不会带来任何益处。

此外,我还建议列一个介绍可以成为青少年理想典范的杰出人物的书单。

然后,整体设想学校教育的人的标准,应该制订一个更详细具体的计划,用于你和学生共处的整个时期。比如说,低年级教师制订三年计划,九、十年级班主任制订整个带班期间的计划。在这里我建议,要特别注意童年和少年时期。9—10岁的儿童,13—14岁的少年,在回顾以往的时候,看到自己曾经亲手做的事,他应该知道,什么是劳动起的茧子,什么是劳动所得,什么是疲惫和休息,什么是困难。

还有更偏整体的计划——整个中小学教育阶段,更偏具体的计划——一个教师与自己的学生共处的这一段时间的计划,这两个计划在某种程度上,都应该是教师所追求的标准。以标准为基础,还应该规划特定时期内具体的教育劳动。你怎么方便,就怎么制订计划：可以是周计划，也可以是月计划；有的人制订一整个学季的计划，也取得了不错的效果。只是应该永远记住，教育是一项鲜活、流动、永远在变化发展的事业，你的学生也永远都在成长中。规划一段较短时间内的教育工作，似乎是一项固定的、日常的工作，思考每天为了实现标准都做了什么。

计划首先是由生活决定的。当你的学生走进学校大门，你还不知道，他的个性会怎样发展。个性是在活动中、在劳动中和在日常关系中开始的。这就是生活在一步步指引你，要规划集体应该阅读什么书，让学生参加什么劳动，和瓦尼亚和科利亚谈点什么，才能让他们读完应读的书。

教育计划包括各种各样的学生活动，也包括与家长的工作。如果好好思考每种劳动有什么道德含义和目的，那么计划会给教育者带来毋庸置疑的好处。

规划和实践工作的必要特征是与此相关的既得目标的传承和发展。可以说，教育的秘密之一在于，要不断重复做同一件事，但要让学生不怀疑他们做的是同一件事。所以，培养人性、敏感、灵敏和同情心，要求学生不断地为别人做些事，但这个活动形式不应该单一。读者在这里可能会想：如果作者能展示一下怎么具体制订周计划或月计划，这样是不是好一些。我是故意避免谈这个的。传授经验，是传授思想，而借鉴经验是在思想基础上的个人创造。

[98]

怎样与集体进行教育谈话？

每一次教育谈话都有自己的目的，有时候是关乎到所有学生的普遍性目的，有时候是为了对整个集体产生影响，同时也对个别学生产生特别的影响。

思考集体的精神生活和个别学生的思想、情感和表现，考虑教育谈话的内容时，你永远都不应该忘记，你最主要的影响手段是语言，你通过语言接触到自己学生的理智和心灵。而语言可能强大、尖锐、热烈，也可能脆弱、无力，所有这一切都取决于你谈话的一个极其重要的特征——具有崇高精神、能鼓舞激励学生。在树立坚强信念，激励儿童、少年和青年男女进行自我教育的过程中，鼓舞激励是教育的重中之重。请记住，你在自己的话中向学生传达的不只是你所讲的内容，形象地说，更是你自己的一份真心。

要使你的教育谈话热情洋溢、充满崇高精神，首先就要深信你所讲的东西，深信你用尽全部心血捍卫的东西。只有当你捍卫一些东西，为一些东西而斗争的时候，才会出现这种热情洋溢。

比如说，你注意到集体中有一些冷漠的苗头。根纳季生病了，在家里已经躺了两天,却没有一个人去他家看望他。每个人寄希望于已经有别人做了这件事。维克多的奶奶住院了,两周时间里他只去看望过奶奶一次,可是医院离得并不远。这些事情使你不安,你准备进行一次教育谈话,但你不会讲这些事情。有一条极其重要的教育与自我教育的规律:道德法庭(对自己行为的道德评价实际上就是道德法庭)的力量取决于谁是法官,教师还是被告本人。如果被告只听判词,那么教师语言的教育效果就会被折折扣。人应该是自己的法官。我认为谈话的教育技巧在于,要让那些有不道德行为的学生不用我提醒,就意识到自己的行为,并进行思考。

为此还必须遵守教育谈话的另一条非常重要的规则:必须在生活中、在人际关系中找到体现你语言思想的鲜明事例。你的教育谈话的力量在于,让思想找到通往维克多和那些住得离根纳季家不远的人心灵的道路。这个事例的鲜明程度本质上决定着你的语言是否热情洋溢、充满崇高精神:只有当你的语言有完美、崇高的思想,真心才能从一个人传递给另一个人。请珍惜那个使你感到惊讶、震惊的教育谈话事例。这儿就有一个这样的事例。在我们州的一个村子里,战争之后不久有一个年轻的拖拉机手受了很严重的伤。他打了四年的仗,平安无事,回家之后开拖拉机,被水雷炸伤了。年轻的拖拉机手整日愁眉苦脸。如果不是他的妻子,这位忠诚、勇敢的女性、慈爱的母亲,他未必还能站起来。最终一个没有双腿、没有右手的人重新站起来了,他学会了用假肢走路,又重新开拖拉机了。勇敢、坚强、在痛苦中不屈不挠、忠诚,你刚一知道这个鲜明的事例,就被这些特征所鼓舞,你要把自己的精神振奋传递给学生。

教育，意味着迫使人思考自己。讲到那个令你震惊的事例时，你直接望向了维克多、尼古拉、亚历山大和尤里，望向那些不知道为什么内心空虚，并且种下了对人冷漠的种子的人。在你面前的不是什么抽象的学生，自然界中没有这样的人，而是具体的维克多、尼古拉、亚历山大和尤里。你知道他们现在在想什么。你希望自己的话对他们有所影响，力求使他们像你一样被这个忠诚的事例所震撼、鼓舞，让他们抛开这个事例去思考一种思想。只有思想成为思考的对象，人才会开始思考自己。

而且不能直接跟学生说：想想自己的生活，想想自己……应该在逻辑思维中号召他们思考。只有关于自己的思想能在少年的心里激发灵感，也就是说你的灵感传达给少年们。灵感也就是人在思维、创造过程中力量和能力的提高。人通过理智和心来进行认知，这就是真正的创造。这种提高的特点是意识清晰，有源源不断的思想、方法和追求。个人关于周围世界，首先是关于自己的思想流，就是最终引起教育谈话的东西。学生可能会忘记你讲的事例，但教育谈话留下的感情痕迹，只要它是真正具有教育意义的谈话，那就永远也不会被忘记。你用高尚思想激励学生的程度越高，这里指的是一个人忠于另一个人的思想，是敏感、热诚的思想，那你就越能激励自己的学生进行自我教育、自我分析。你在某个瞬间可能会对上维克多的目光（不能主动用眼睛来寻找这种目光相交，它应该是偶然发生的），在已经非常熟悉的这双少年的眼睛里看到了两种情感：探索自己的目光和慌乱。这意味着,你的语言进到他的心里了。复杂的内心活动,复杂的头脑和心灵工作就这样开始了。让处于慌乱中的学生远离你,这是有必要的。就让他在你的讲话留下的印象中待几天,让他在你点燃的这束思想的强光下看到,隐藏在他内心角落里别人看不到的什么东西在消融。

"谈话"只是一个假设的名称,实际上这里并没有谈话:只是学生在听教师讲。无论如何都不应该跟他说:喂,你来讲讲,你是怎么看待这个十年来为自己爱人斗争的妇女的?遗憾的是,有个别教师有时候会这么做。这样结束谈话会破坏已经取得的成果。教育不是转述读到的或者教师讲过的东西。教育技巧首先在于,让人想要成为好人,而为此,他应该明白,并且感受到自己是什么样的。

有时候会这样做:少年(或青年)中的某个人因为淘气惹出了许多事,教师就以这个事例进行谈话,从它开始谈起,之后抛开它再讲。正如我认识的一位教师说的:"用好事例。"乍一看,这似乎很诱人,可以好好"刺激一下","使他们大为震惊"。但这可以和什么做个比较呢?想象一下,你的上衣满是灰尘,有人拿起棍子拍打后背,要清理掉上面的灰尘。好处当然是有的,衣服上没有灰尘了,但是难道会有人同意这样的"清理"吗?毕竟最好还是把衣服脱下来,好好地洗洗……教育不应该是惩罚,也不应该变成惩罚。要不断向教育技艺的顶点靠近。

如果你认为与集体的教育谈话意义只在于批判恶,那你就不会有任何的教育。因为你是在和集体说,但恶习和缺陷并不是整个集体都存在的。一个教师忘记了,接触人的恶习要求高度谨慎和巧妙,甚至忘了我们是在与学生打交道,这一切都非常细腻、脆弱,那他就会经常犯错。不能想着一下子就改掉恶习,用激烈、怒气冲冲的语言一次就把它烧干净。请记住,集体把一个有恶习的人看作是受苦的人,如果你认为,号召集体用自己全部的愤怒来反对那个至今还不能去除恶习的人,就实现了既定的目标,那你就错了。你要获得集体对那个受苦的人的同情,而不是集体愤怒。

这是完全合乎规律的。所以,请不要试图一下子把伤疤突然揭开,这样只会使伤口出血。教育是一门非常精细的医学,它可以治疗,并完全医好伤口和脓疮,而不需要撕裂。无论如何,在我们的教育谈话结束之后,学生都不应该带着出血的伤口离开。这会震撼集体,但这种震撼完全不是你所期待的。

进行集体教育谈话的时候,要指望集体像对待痛苦和不幸一样对待道德陋习(准确地说,要考虑到这一点)。而且,请努力加深学生对受苦的那个人的同情。把这种集体感觉变成想要看到自己的同伴道德美好、没有恶习的愿望。

[99]

怎样与懒惰作斗争？

把这个问题放在倒数第二个并不是偶然。为了没有懒汉，应该做到前面98条建议里提起的好方法。要治好懒惰并不容易，预防也并不比医治简单，但预防懒惰转变成勤劳，比因为治好懒惰而获得的勤劳更有价值得多。所以，年轻的朋友，我们一开始就要弄明白，怎么预防懒惰。为此就要知道它的根源在哪儿。

懒惰是游手好闲和虚度光阴的产物。一个人在童年时期，愿望被长辈的关心所满足，而孩子只需要命令和挑剔，他就会变得懒惰。一切都很容易得到，不知道什么是困难，就会出现懒汉。把一个正常孩子变成懒汉最有利的土壤就是无忧无虑、小康生活的童年氛围，在这种氛围中，孩子会认为，童年是永恒的。在这种情况下，家长们通常会在某一天突然醒悟过来：怎么会这样，我们都没发现，我们的孩子什么时候长成大人了？昨天还害怕天黑的时候出门，今天就已经在追女孩了，在外边玩到半夜……懒惰是无忧无虑的浪潮中的泡沫。这是深刻的精神习惯的现象，它的根源在于心灵的无所事事。一个人对什么都不上心就会变得懒惰。

懒惰有时候接近于没有自尊心：一个人根本不关心别人是怎么看他的。

懒汉通常是其他人创造的财富的挥霍者，但他们消耗的福利，形象地说，就是他们有很好的物质生活条件，并不代表精神生活富有。懒汉是一些精神空虚贫乏的人，懒惰的基础之一就是精神兴趣的空虚和贫乏。懒汉首先会让人觉得他可怜，而根治懒惰的方法之一就是，让那个不幸成为懒汉的人审视自己，看到自己的不幸，用心去感受自己的不幸。不要忘记，这里说的也是儿童的懒惰。

预防懒惰最重要的一个条件是，不应该游手好闲和虚度光阴。在人的精神生活中，不应该有这样什么都不创造的时期。所有关系中最畸形的就是，成年人专门为游手好闲、无所事事创造条件，把这种游手好闲称为儿童的夏日休息。休息只应是积极的，是改变了活动性质。应该把孩子从闷热的城市里叫到乡村里去，让他们在这里，在田野和草地间做一些力所能及的工作，锻炼自己的毅力。

预防懒惰的一个有力手段是克制愿望。要让人从童年起就通过自己的经验认识到"不能""应该""可能"这些概念的本质。应该和家长们一起努力，让孩子从小就能在生活上自理。让他从小就体验到困难，用一定的体力和脑力劳动来克服困难。用体力和毅力的结合培养出勤劳、积极、活跃、坚毅的人。

如果家长把孩子看作是未来的成年人，认为他是个成年人，能够想一想，如果他在青春期和成年之后仍然有懒惰、懈怠、畏惧困难的恶习，那他以后如何在社会上生存？那么懒惰就不会进入孩子的心灵。

预防懒惰的另一个有力手段就是使孩子有成年人一样的操心事。如果一个人在刚进入青春期的时候，不通过自己的经验知道人的生命最重要的元素就是，通过自己的双手挣钱买衣服、鞋和食物，那就根本谈不上严肃的勤劳教育。

懒惰不只是身体上的无所事事，更是思想上的懒惰。当思想以一种现成的形式获得，他们不需要任何条件去获取知识，那个时候思想懒惰就会占据人的心灵。就像不加思索地消费别人创造的物质财富，就会使人不愿意进行体力劳动一样，生吞活剥地接受现成的思想，也会产生懒惰的思想。强迫人获取知识，这意味着要预防思想惰性。

通往预防懒惰的道路在丰富的精神需要中。只有当人在童年，尤其是少年时期在自己心里培养了这种需求，比如对劳动快乐、书籍、与其他人交流、创造、创作的需求，他才有懒惰的解毒药。把需求作为个人最重要的精神财富进行积极教育，就是教育理论和实践最有意思的问题之一。

你会问：如果一个人已经是懒汉了，那该怎么办？比如说现在，五年级的学生斯捷潘的妈妈来学校说对孩子束手无策："我该怎么办？他一回到家，放下书，吃完午饭，就出去玩到晚上。"

在这种情况下应该怎么办？

要挽救孩子。我建议母亲：如果你已经养育了一个懒惰的孩子，就请坚定地重新教育他。强迫他坐着学习两个小时。他会习惯的，自己能感受到完成劳动的快乐。不要斥责，不要惩罚：因为你给他的是善，而不是恶。完成课业之后，让他做两个小时的体力劳动。早上5点就把他从床上叫起来，告诉他："我要给全家准备早饭，是在劳动，你去预习功课，也去劳动。"所有这一切都不能斥责孩子，也不要提醒他，说他是个懒汉。从他5点起床，学习到7点的那天开始，他就已经不是懒汉了，应该夸夸他勤快。

这样简单的措施不可能起不到重新教育人的作用，重新教育懒汉的道路上唯一的阻碍可能就是家长的懒惰。

我并非偶然说到家庭中懒汉的重新教育，实际上，懒惰的出现和根除首先就是在家庭中。

如果家中没有勤劳的氛围，那么学校也不可能通过自己的努力取得积极的效果。在家长学校的各个班级里，我们都会研究这样一个问题：懒惰是从哪儿来的？我们会对大人和小孩的表现、劳动、学习和关系进行心理教育学分析。预防懒惰是结合学校和家庭努力最重要的一个点。

[100]

最后一个建议
——关于保密

我在这本书中提的所有建议，应该只有作为教师的你知道，你的学生则没有必要知道。学生对教育的了解，教育学"程度高"通常带来的是弊端，而不是益处。问题在于，教育影响高效的条件之一就是这种影响不是故意为之。换句话说，学生在任何时候都不需要知道，教师在教育他。教育意图应该被友好、随意从容的关系隐蔽起来。

为什么人不应该知道、感受到自己在被教育？因为真正的教育是自我教育。在教育者与受教育者之间应该这样交流，让每一个针对年轻头脑和心灵的词都能唤醒内心的精神力量，引起头脑和心脏工作，进行自我认知和自我完善。如果人在每一步都感受到，明白他在被教育，那他自我认知和自我完善的能力就会让步。他就会产生一种思想："我应该成为什么样的人？""我应该做些什么？"这些是成年人思考的问题，我要做的就是等待建议和指示。

苏联优秀教育家安·谢·马卡连柯不止一次说过，教育者不向被教育者展示他们受到了什么样的专门教育，是多么重要。

[18] 我一生都在向我的老师学习这一点,并且相信,使自己的教育构思不易被察觉,就是教育技巧非常重要的元素之一。

年轻的朋友,必须要让教育孩子、爱孩子和尊重孩子、对他们提要求和与他们的友谊,这一切都成为你精神生活的要点。

注释

本书原文为俄文,写作于1965—1967年,至今并未全部发表。其中部分片段在《人民教育》杂志(1969年第5、6、9、12期)和《苏联教育》上发表(1971年第75、76、78、79、83、86、90、94、99、103期,1972年第4、8、10、15、19、23、39期)。

本书根据俄语手稿印制,略有删减。

本书中就教育教学工作的组织、内容、方式、方法等问题,以及学生的自我教育,共产主义理想的形成,公民责任感,社会主义人道主义精神的培养等问题为教师提出了一些建议。巴夫雷什中学在这方面的经验被广泛借鉴。

1. Писарев Д. И. Погибшие и погибающие. Избр. пед. соч. М., Изд-во АПН РСФСР, 1951, c. 338.

2. Кунанбаев А. Назидание.— В кн.: Собр. соч. М., Гос

литиздат，1954，с. 387.

3. 瓦·阿·苏霍姆林斯基的这一说法与让·雅克·卢梭的观点相呼应，他提出要力求使其作品《爱弥儿——论教育》中的学生爱弥儿"眼睛在手指尖上"。（Руссо Ж.-Ж. Эмиль，или о воспитании. М.，1896，с. 157.）

4. 康·德·乌申斯基在给学生的书《母语》中指出："如果可以这样表达，儿童是用形式、颜色、声音和感觉来思维的，而且如果有人想强迫他用另一种方式思维，那他只能是徒然，会违背儿童的天性。"（Ушинский К. Д. Собр. соч. М.，Изд-во АПН РСФСР，1949，т. 6，с. 266）

5. 伊·彼·巴甫洛夫论述人类思维的其他类型时提出："……需要明确一点，由于两个信号系统和长期存在的各种生活方式，人群被分成为艺术类型、思维类型和中间类型。"（Павлов И. П. Поли. собр. соч. 2-е изд. М.—Л.，Изд-во АПН СССР，1951，т. 3，кн. 2，с. 346.）

6. 瓦·阿·苏霍姆林斯基在这里可能借用了格·萨·斯科沃罗达关于人本身的"无领导"、永恒和普遍性原因的话："……无领导罪恶感无处不在，决定着一切，它也是由自身产生的，并且会永远存在。"（Сковорода Г. Твори. В 2-х т. К.，Вид-во АН УРСР，1961，т. 1，с. 259.）

7. 引用有删减，其完整表述为："总之，就让女性明白自己在人类生活的花园中的崇高使命。让她们明白，她们照看摇篮中的婴儿，为他制订童年游戏，教他牙牙学语，是社会的主要建筑师。是她们的双手奠定了基石。"（Пирогов Н. И. Избр. пед. соч. М.，

Изд-во АПН РСФСР，1952，с. 83.)

8. 马克思在《1844年经济学哲学手稿》中介绍了共产主义社会，并强调说，共产主义伴随着人道主义，他写道：我们看到，富有的人和人的丰富的需要代替了国民经济学上的富有和贫困。富人同时也是一个需要人类生活全部充实的人，是一个把实现自我看作是内心需要……在社会主义，人获得的不只是富有，还有人的贫穷，就社会意义来说，他们都是同样的人。它就是使人感受到对最伟大的财富的需求、感受到别人是什么样的消极联系。(Маркс К., Энгельс Ф. Из ранних произведений. М., Госполитиздат，1956，с. 596.)

9. Ушинский К. Д. Три элемента школы. Собр. соч. М., Изд-во АПН РСФСР，1948，т. 1，с. 63-64.

10. Луначарский А. В. Что такое образование ? — В кн.: А. В. Лупачарский о народном образовании. М., Изд-во АПН РСФСР，1958，с. 61.

11. 马克思在《资本论》第1卷中介绍了劳动过程中的体力和智力游戏，写道：除了从事劳动的那些器官紧张之外，在整个劳动时间内还需要有作为注意力表现出来的有目的的意志，而且，劳动的内容及其方式和方法越是不能吸引劳动者，劳动者越是不能把劳动当作他自己体力和智力的活动来享受，就越需要这种意志。(Маркс К., Энгельс Ф. Соч. 2-е изд., т. 23，с. 189.)

12. Маркс К., Энгельс Ф. Соч. 2-е изд., т. 23，с. 62.

13. Белинский В. Г. Взгляд на русскую литературу 1847 года.— В кн.: Избр. статьи. М., Детская литература，1973，с. 207.

14. 苏霍姆林斯基删减转述了陀思妥耶夫斯基的小说《卡拉马佐夫兄弟》中的片段，原文为：受戒者自愿接受这种考验，接受这种可怕的试炼，希望在长期的考验之后战胜自我、控制自我，直至通过终身修炼最后能达到完全自由即不受自身制约的境界，免蹈一辈子始终未能找到自我的那些人的覆辙。（Достоевский Ф. М. Братья Карамазовы. М.— Л.，Гослитиздат，1970，с. 32.）

15. 这里说的是列·尼·托尔斯泰在《阅读范围，1904—1908，第 1 卷》作品集中的阐述，其完整原文为："好好思考，思想会成熟，变成善良的行为。"（Толстой Л. Н. Полн. собр. соч. М.，Гослитиздат，1957，т. 41，с. 559.）

16. 作者指的是马克思对 1865 年 4 月 1 日关于他"最珍视人的什么品格"这一问题的回答。（Маркс К.，Энгельс Ф. Соч. 2-е изд.，т. 31，с. 491.）

17. 引自谢·格·拉佐于 1915 年写给其一位兄弟的信，信中写道："……当一个人出现自觉的信念，虽然书籍在这里占据明显地位，但并不是书创造的信念。信念是比知识更重要、更有意义的东西，我不是说它更难。信念，只有信念才能使我们的个性完整而独特。信念是阅读和与周围生命的相互作用的复杂结果。信念要饱经磨难才能得到，要检验它的生命力，要与别人的信念切磋……与其背弃自己的信念，还不如放弃自己的生命。"（Лазо С. Дневники и письма. Владивосток. Приморское книжное издательство，1959，с. 94-95.）

18. 这里指的是安·谢·马卡连柯在《教育过程的组织方法》一书中所提起的："教育者应该永远都清楚地知道：尽管所有学

生都明白，在儿童机构中，有人在教他们学习，在教育他们，但是他们并不是很喜欢接受专门的教育方法，也不喜欢有人一直跟他们说教育的好处，宣传大道理。所以教育者教育立场的本质应该向学生隐瞒，不要表现明显。总是不停地找学生进行专门的谈话，会使学生讨厌，几乎永远都会起到反作用。"（Макаренко А. С. Собр. соч. М., Изд-во АПН РСФСР, 1951, т. 5, с. 93.）